五訂版

前科登録と犯歴事務

冨永康雄 [著]
TOMINAGA, Yasuo

日本加除出版株式会社

五訂版はしがき

　四訂版刊行以降，犯罪人名簿の調製等の事務に関して少なからぬ影響を及ぼす法令の改正等があった。その一つが，刑法等の一部を改正する法律（平成 25 年法律第 49 号）及び薬物使用等の罪を犯した者に対する刑の一部の執行猶予に関する法律（平成 25 年法律第 50 号）で，本年 6 月 1 日までに施行された。刑法等の一部改正法は，①いわゆる初入者等に対する刑の一部の執行猶予制度の導入，②保護観察の特別遵守事項の類型に社会貢献活動を加える規定の新設等を内容とするものであり，薬物法は，いわゆる初入者等以外の薬物使用等の罪を犯した者について，刑の一部の執行猶予制度の適用を可能とすることなどを内容とするものである。その二つが，公職選挙法等の一部を改正する法律（平成 27 年法律第 43 号）で，本年 6 月 19 日から施行された。これは，選挙権有する者の年齢が満 20 歳以上から満 18 歳以上に改められるとともに，年齢満 18 歳以上満 20 歳未満の者であるときに犯した罪に係る公職選挙法等の規定の適用については，当分の間，少年法 60 条（人の資格に関する法令の適用）の規定は適用しないことなどを内容とするものである。

　これらに対応するため今回の改訂に当たっても，本書のこれまでの特性と所産を活かし，犯罪人名簿の調製等の事務に関して今日の要請にできるだけ応えるようにした。

　犯罪人名簿の調製等の事務に携わる全国市区町村の職員の方々を始め多くの関係者に執務の参考として活用されれば望外の喜びである。

　なお，本書の改訂に当たっては，参考資料の収集などについて，竹村浩一君に大変お世話になった。この場を借りてお礼を申し述べたい。

平成 28 年葉月　那須の寓居にて

冨 永 康 雄

五訂版 **前科登録と犯歴事務**——目　次——

第1編　解　説

Ⅰ　前科の意義 ………………………………………………………………………… 2

Ⅱ　前科の及ぼす影響と前科登録制度の趣旨 ……………………………… 4

Ⅲ　検察庁における犯歴事務 ………………………………………………… 7

　1　沿革 …………………………………………………………………………… 7

　2　犯歴把握の目的 ……………………………………………………………… 11

　3　犯歴把握の方法 ……………………………………………………………… 13

　　(1)　電算処理対象犯歴 …………………………………………………………… 13

　　(2)　非電算処理対象犯歴 ………………………………………………………… 14

　　(3)　非電算外国人等犯歴 ………………………………………………………… 15

　　(4)　道交犯歴 ……………………………………………………………………… 16

　4　事務処理の概要 ……………………………………………………………… 17

　　(1)　既決犯罪通知書の作成事務 ………………………………………………… 18

　　(2)　電子計算機への登録事務 …………………………………………………… 20

　　(3)　犯歴票の作成・整理保管事務 ……………………………………………… 20

　　(4)　市区町村長に対する既決犯罪通知事務 …………………………………… 21

　　(5)　刑執行状況等の通知・登録事務 …………………………………………… 22

　　(6)　前科等犯歴事項照会に対する回答事務 …………………………………… 25

　　　ア　前科の照会・回答の方法 ………………………………………………… 25

　　　イ　行政官庁等からの前科照会 ……………………………………………… 26

　　(7)　戸籍事項・犯歴事項の訂正事務 …………………………………………… 28

　　(8)　犯歴票の保管替え事務 ……………………………………………………… 29

4 目　次

(9)　とん刑者等の登録及び犯歴の抹消事務 ……………………… 30

5　各種通知書等の作成名義人 …………………………………… 31

6　検察庁において保有する犯歴に係る個人情報といわゆる
　　行政機関個人情報保護法との関係について ………………… 33

(1)　対象情報等 …………………………………………………… 34

(2)　行政機関における個人情報の取扱い……………………… 34

(3)　個人情報ファイル…………………………………………… 34

(4)　開示・訂正・利用停止請求………………………………… 35

(5)　罰則 …………………………………………………………… 35

Ⅳ　市区町村における犯歴事務 ……………………………………… 36

1　沿革 ……………………………………………………………… 36

2　犯罪人名簿の調製者 …………………………………………… 43

3　犯罪人名簿調製の対象となる者（犯歴） …………………… 47

Ⅴ　犯罪人名簿への登録事項 ………………………………………… 50

1　犯罪人名簿の書式 ……………………………………………… 50

2　既決犯罪通知書に基づく登録………………………………… 51

3　電算処理対象犯歴用既決犯罪通知書に基づく犯罪人名簿
　　登録上の留意事項 ……………………………………………… 61

4　刑の執行状況等通知書に基づく登録 ………………………… 72

(1)　刑執行猶予言渡しの取消し通知 ………………………… 73

(2)　恩赦事項通知 ………………………………………………… 74

(3)　刑の分離決定通知…………………………………………… 77

(4)　刑の時効完成通知…………………………………………… 78

(5)　再審結果通知 ………………………………………………… 79

(6)　非常上告結果通知 ………………………………………… 81

(7)　既決犯罪通知撤回通知 …………………………………… 82

(8)　財産刑執行終了通知 ……………………………………… 82

(9)　仮釈放期間満了通知 ……………………………………………… 83

　　　(10)　自由刑等執行終了通知 …………………………………………… 85

　　　(11)　不定期刑執行終了決定通知……………………………………… 87

Ⅵ　少年の犯歴 ………………………………………………………………… 89

　　1　少年犯歴の由来 ……………………………………………………… 89

　　2　少年の既決犯罪通知………………………………………………… 91

　　3　少年と人の資格 ……………………………………………………… 94

Ⅶ　選挙に関する犯歴 ……………………………………………………… 96

　　1　公職選挙法違反又は政治資金規正法違反等の罪に係る犯歴

　　　と公民権 ………………………………………………………………… 96

　　　(1)　公民権停止の趣旨……………………………………………………… 96

　　　(2)　公職選挙法違反事件等の既決犯罪通知 ………………………… 101

　　　(3)　公民権の停止期間…………………………………………………… 102

　　　(4)　刑の執行猶予と公民権 …………………………………………… 105

　　　(5)　公民権停止の具体的事例 ………………………………………… 108

　　　(6)　犯罪時少年の者と公民権 ………………………………………… 115

　　2　公職選挙法違反以外の罪に係る犯歴と公民権 ……………… 117

　　3　選挙管理委員会への通知 ………………………………………… 121

　　　(1)　選挙権及び被選挙権の停止事由の発生に関するもの ………… 122

　　　(2)　選挙権及び被選挙権の停止事由の変更に関するもの ………… 123

　　　(3)　選挙権及び被選挙権の停止事由の消滅に関するもの ………… 124

Ⅷ　刑の消滅 ………………………………………………………………… 133

　　1　刑の消滅制度の趣旨及び刑法34条の2制定の経緯 ………… 133

　　2　刑法34条の2による刑の消滅 ………………………………… 136

　　　(1)　刑の消滅の対象となる刑 ………………………………………… 136

　　　(2)　刑の消滅の時期 …………………………………………………… 138

6 目　　次

(3)　刑の消滅期間の起算日 ……………………………… 139

(4)　刑の消滅の効果 ……………………………………… 140

(5)　刑の消滅の中断 ……………………………………… 142

(6)　刑の消滅の具体的事例 ……………………………… 144

3　刑法27条による刑の消滅 …………………………… 151

4　恩赦による刑の消滅 ………………………………… 153

(1)　恩赦の種類と実施方法 ……………………………… 153

(2)　恩赦の種類とその概要 ……………………………… 156

(3)　恩赦の効力 …………………………………………… 158

5　刑の消滅照会 ………………………………………… 160

IX　犯罪人名簿に基づく身分証明 ……………………… 165

1　身分証明の根拠とその沿革 ………………………… 165

2　身分証明の範囲 ……………………………………… 171

3　栄典のための身分証明 ……………………………… 174

X　犯罪人名簿の閉鎖 …………………………………… 178

1　閉鎖の事由 …………………………………………… 178

2　閉鎖の方法 …………………………………………… 180

3　関係機関への通知 …………………………………… 182

(1)　新本籍地を管轄する市区町村長への通知 ………… 182

(2)　検察庁への通知 ……………………………………… 183

XI　昭和天皇崩御に伴う恩赦事務 ……………………… 186

1　概説 …………………………………………………… 186

2　大赦に関する事務 …………………………………… 187

3　復権に関する事務 …………………………………… 190

(参考)

(1)　昭和天皇の崩御に際会して行われる恩赦と選挙事務

の取扱いについて ……………………………………………………………… 194

(2) 今上天皇即位に伴う復権令 ……………………………………………… 196

(3) 徳仁親王御結婚に伴う特別基準恩赦 …………………………………… 197

(4) 恩赦先例一覧表 …………………………………………………………… 199

第2編　資　　料

Ⅰ　犯歴事務概略図 ……………………………………………………………… 202

Ⅱ　犯歴事務規程 ………………………………………………………………… 204

Ⅲ　刑の一部の執行猶予の言渡しがあった場合の通知等関係 ……………… 253

Ⅳ　人の資格制限に関する法令一覧表 ………………………………………… 257

第3編　先　　例

犯罪人名簿（目次） …………………………………………………………… 342

犯罪人名簿 ……………………………………………………………………… 346

第1編

解　　　説

解説

I　前科の意義

　世間でよく前科者と呼んでいるのは，刑の執行を終えて刑務所から出所したいわゆる刑余者を指している場合が多い。しかし，前科という用語は，正確な法律上の用語ではなく，通俗的に使用されているにすぎないので，その意味は必ずしも明らかではないが，ここにいう「前科」とは，前に刑に処せられた事実を俗に前科と称している。

　「前に刑に処せられた」とは，全ての有罪の確定判決をいい，その刑が死刑，懲役，禁錮，罰金，拘留，科料である場合はもちろん，刑の免除（必要的なものとして刑法 43 条，80 条，93 条等及び任意的なものとして同法 36条，37 条，170 条等），刑の執行免除（刑法 5 条ただし書を指し，同法 31 条及び恩赦法 8 条の場合を除く）が言い渡された場合を含むものである。なお，裁判所で言い渡されたものであっても，過料等の行政罰（注 1）及び没収（刑法 19 条，197 条の 5），追徴（刑法 19 条の 2，197 条の 5）等のいわゆる付加刑は前科ではない。

　また，前科は，刑の言渡しの効力が失われていないものであることを要する。刑の言渡しの効力が失われていない前科は，再犯加重事由，執行猶予取消事由，選挙権・被選挙権の停止事由，一定資格の制限事由など，法律上種々の効果をもたらすことになるが，刑法 34 条の 2 若しくは 27 条の規定により又は恩赦により，刑の言渡しの効力が失われたものは法律上何らの効果もなく，一般には前科と呼ばれていない。しかし，このような刑でも，以前刑罰に処せられたという事実そのものは消えることはなく，将来における捜査，公判の情状資料等として必要性が認められるところから，検察庁では，これらの刑をも併せて犯歴又は前歴として把握する体制が整えられている。

（注 1）　**過料**

　　　　過料は，その性質から，秩序罰たる過料（民事上，行政上又は訴訟上の秩序維

持のために法令上の義務違反者に対する制裁として科されるもの），執行罰たる過料（行政上の強制執行の方法の一つとしての間接強制であって，公法上の義務を履行しない者に対してその履行を強制するために科するもの。現行法これを認めているのは砂防法（36条）のみ），懲戒罰たる過料（公法上の特別の監督関係の紀律を維持するためにその関係に属する者に対して科する制裁。例えば，公証人法80条）の3種類に大別される。

　過料の裁判及びその手続に関しては，その一般法である非訟事件手続法の定めによるものと同法の定めによらないもの（例えば，法廷等の秩序維持に関する法律による過料は，本案事件を審理する裁判所の裁判として同法の定める手続に従って科され，裁判官の命令によって執行する。また，民事訴訟手続や刑事訴訟手続に関し証人等に科される過料の裁判は，各訴訟法上の裁判としてその訴訟法における決定手続により科され，検察官の命令によって執行される）がある。さらに，地方自治法（255条の3）などの法律で別段の定めをしているものがある。

Ⅱ　前科の及ぼす影響と
　前科登録制度の趣旨

　前科を有する者が，とかく世間から冷たい態度で差別待遇され，前科があるという理由で就職，婚姻や，子弟の入学が妨げられるなど，法が予定しない有形，無形の不利益を受ける傾向が古くから社会の一部に存在することは否定できない事実である。しかし，前科は，このような事実上ともいうべき不利益のほかに，法律上においても，法律で定める一定の不利益をもたらすことになるのである。例えば，①執行猶予を付し得ない事由（刑法25条，27条の2），②執行猶予の取消事由（刑法26条，26条の2，26条の3，27条の4，27条の6），③再犯加重の事由（刑法56条，59条），④仮釈放の取消事由（刑法29条1項），⑤常習犯の認定事由（刑法186条，暴力行為等処罰ニ関スル法律1条ノ3，2条，盗犯等ノ防止及処分ニ関スル法律2条ないし4条），⑥必要的保釈を消極とする事由（刑訴法89条2号，3号），⑦特定の法令が定める資格制限事由（裁判所法46条1号，検察庁法20条1号ほか）等である。

　ところで，この⑦は，個人が特定の職業や地位に就いたり，特定の営業活動等を行おうとする場合に，法律が前科の存在を理由としてこれらの資格に就くことを制限するもので，例えば，国家公務員及び地方公務員についていえば，禁錮以上の刑（執行猶予の場合を含む）に処せられた者は，刑の執行を終わり又はその執行を受けることがなくなるまで公務員となる資格を有せず，在職中にこれらの刑の言渡しを受けた者は，自動的にその地位を失うとされているのがそれである（国家公務員法38条2号，4号，地方公務員法16条2号，4号）。

　このように，前科の存在を理由として，人の資格を制限したり，一定の権利を制約する規定を置く法律は極めて多いが，これらの法律で定めている欠

格事由となる前科の内容は，①罰金以上の刑とするもの（医師法 4 条 3 号ほか），②禁錮以上の刑とするもの（弁護士法 7 条 1 号，裁判員の参加する刑事裁判に関する法律 14 条 2 号ほか），③〇年以上の禁錮刑又は懲役刑とするもの（検察審査会法 5 条 2 号，勲章褫奪令 1 条ほか），④禁錮以上の刑の執行終了までとするもの（公職選挙法 11 条 1 項 2 号ほか），⑤罰金又は禁錮以上の刑の執行終了まで及びその後一定年数の経過前とするもの（麻薬及び向精神薬取締法 3 条 3 項 2 号，司法書士法 5 条 1 号ほか），⑥執行猶予刑を除くとするもの（公職選挙法 11 条 1 項 3 号ほか），⑦特定の犯罪に係る刑とするもの（地方自治法 182 条 4 項ほか）など多岐に分かれる。なお，少年のときに犯した罪により刑に処せられた者については，少年法 60 条の規定により，刑の執行を受け終わり又は刑の執行の免除を受けた場合及び刑の執行猶予期間中は，人の資格に関する法令の適用については将来に向かって刑の言渡しを受けなかったものとみなすこととされているので，受刑中，仮釈放中，とん刑中等刑が未執行である場合を除き前科が資格制限事由になることはない。

　前科は，このように刑罰法令や人の資格に関する法令を適正に運用していくための重要な基礎資料であるから，この業務を所掌する機関では，前科を的確に把握しておく必要があり，業務を円滑に運営するために前科の事実の登録が行われているのである。この前科の登録に関する業務が，通常「犯歴事務」又は「犯罪人名簿事務」といわれている事務であるが，前科の登録は，その目的の差異により次の二つに区分されている。すなわち，

　その 1 が検察運営の適正及び裁判の適正に資することを目的として，検察庁で行っている「電子計算機又は犯歴票等への前科の登録」であり，

　その 2 が従前から実施されている身分証明事務及び公職選挙法 4 章で規定する選挙人名簿調製事務に資することを目的として，前科を有する者の戸籍事務を管掌する市区町村で行っている「犯罪人名簿への前科の登録」である。

　このように有罪の確定裁判を受けた者の氏名，刑の内容等を登録した名簿

6 第1編 解 説

のことを通常「犯罪人名簿」といっているが，その呼び方については，各市区町村間で必ずしも一定しておらず，検察庁でも，既決犯罪表，犯罪人名簿，犯罪人名カード，犯罪票，犯歴票というように，その名称に変遷がみられる。

ところで，犯罪人名簿は前記のように検察庁と市区町村の2か所でそれぞれ整備保管されているが，検察庁と市区町村とではこれを整備保管する目的が異なるから，整備保管の対象となる名簿の範囲にもおのずと差異が生じてくる。すなわち，検察庁における犯罪人名簿整備保管の目的は，専ら検察事務及び裁判事務の適正な運営に資することにあり，このためには，自然人，法人を問わず有罪の確定裁判を受けた者全ての犯歴を把握する必要性があるのに対し，市区町村における犯罪人名簿整備保管の目的は，後述するように身分証明事務及び選挙人名簿調製事務に資することにあるから，把握しておくべき犯歴の範囲もその事務を行うために必要な範囲内のものに限定されることになる。

市区町村の犯罪人名簿とはいかなるものか，前記の前提を踏まえた上であえて定義付けるとすれば，「身分証明事務及び選挙人名簿事務に資するため，検察庁から送付された既決犯罪通知書に基づき，罰金以上の刑に処する有罪の確定裁判を受けた者の犯歴事項を登載した名簿」ということになろう。

Ⅲ　検察庁における犯歴事務

1　沿　革

(1)　現在，検察庁で整備保管している犯歴票は，明治15年1月1日施行の治罪法（現在の刑事訴訟法に当たる）の規定にその淵源を発する。

すなわち，治罪法464条の

裁判言渡確定シ又ハ闕席裁判アリタル時ハ其刑ノ言渡ヲ為シタル裁判所ノ書記既決犯罪表ヲ作リ左ノ条件ヲ記載ス可シ但大審院ニ於テ刑ノ言渡ヲ為シタル時ハ其執行ヲ為シタル裁判所ノ書記之ヲ作ル可シ

一　犯人ノ氏名年齢職業住所及ヒ出生ノ地

二　罪名刑名

三　再犯

四　裁判言渡ヲ為シタル年月日

五　対審裁判又は闕席裁判

との規定及び同法465条の

既決犯罪表ハ二通ヲ作リ一通ヲ司法省ニ送致シ一通ヲ其裁判所ノ書記局ニ蔵置ス可シ，違警罪ノ既決犯罪表ハ一通ヲ作リ其裁判所ノ書記局ニ蔵置ス可シ

の規定がそれであり，有罪の確定裁判（いわゆる前科）を把握する方法として初めて既決犯罪表に関する規定が設けられ，この既決犯罪表が今日の犯歴票及び既決犯罪通知書の原型となったのである。

そして，既決犯罪表の取扱いについては，治罪法の施行に合わせ，さらに，同14年12月19日付けで「犯罪人名ヲ犯人本籍へ通知及犯人前科調ニ関スル件」と題する司法卿通達（注2）が発せられ，既決犯罪表は，刑の言渡しをした裁判所（現在の刑の言渡しをした裁判所に対応する検察庁に相当）と，

8 第1編 解 説

刑の言渡しを受けた者の本籍地を管轄する裁判所（現在の本籍地を管轄する検察庁に相当）の2か所において，それぞれ既決犯罪表の裁判言渡し年月別又は受理年月別に，かつ，氏名のいろは順に整理編てつしてこれを犯罪人名簿として保管するものとされ，前科照会の必要があるときは，刑の言渡しを受けた者の本籍地を管轄する裁判所（現在の検察庁）に照会するものとされたのである。

　その後，治罪法は明治23年旧刑事訴訟法の施行に伴って廃止されたが，以後，法律や規則で犯罪人名簿や既決犯罪通知に関する事項が定められたことはなく，犯歴に関する事務は，専ら前記の司法卿達及び大正，昭和の年代にわたって発せられた幾多の通達を根拠とし，また，具体的な事務処理は，各検事長又は検事正が定めた事務の細則に基づいて行われ，この間，既決犯罪表が既決犯罪通知に名称変更されたり，既決犯罪通知の登載事項の一部に追加，修正が加えられたりしたものの，検察庁における犯罪人名簿の保管整備の体制は，大変長期間にわたり明治の当初と同一の方式が踏襲されてきたのである。

（注2）　犯罪人名ヲ犯人本籍ヘ通知及犯人前科調ニ関スル件

　　　　　　　　　　　　（明治14. 12. 19丁第33号司法卿通達，昭和33年廃止）

　　　刑事裁判言渡ヲ犯人ノ本籍ヘ通知シ及ヒ犯人前科取調ノ儀是迄区々相成候処来明治15年1月ヨリ左ノ通相心得此旨通達候事

　　　刑事裁判言渡アリタル時ハ治罪法第464条ニ掲クル既決犯罪表写ヲ犯人本籍地ノ軽罪裁判検事ニ送致ス可シ右送致ヲ受ケタル検事ハ「其旨ヲ犯人ノ本籍地ノ戸長ニ通知シ」該表ハイロハ標号ニ従ヒ区別編纂致置可シ犯罪人ノ前科取調ヲ要スル時ハ犯人本籍地ノ軽罪裁判所検事ニ照会シ検事ハ編纂致置タル既決犯罪表写ヲ送致ス可シ

　（「　　」内ノ16字ハ明治25年参刑甲第41号乙訓令但書ニ依リ削除）

（2）　戦後に至り，刑法の改正，現行刑事訴訟法，犯罪者予防更生法，検察庁法の制定等相次いで法制の整備が行われ，犯歴関係事務についても，新たな取扱い基準の制定が望まれながら容易にその実現をみず，このため，各検

察庁では，それまでの大福帳式犯罪人名簿をカード式・連記式のものにするなど，従来の通達を適宜新制度に合致するように解釈して対応してきたが，昭和31年3月，外国人犯罪人名カード制度の実施により，外国人の前科は，法務省刑事局において集中管理するものとされ，次いで，同33年10月，新たに犯罪票事務取扱要領（昭和33.8.30刑事第14510号刑事局長通達）が実施され，ようやくにして前科の登録，管理の全国統一基準の制定をみるに至ったのである。この犯罪票事務取扱要領では，前科の登録，管理は，有罪の確定裁判の言渡しをした裁判所の所在地を管轄する地方検察庁及び有罪の確定裁判の言渡しを受けた者の本籍地を管轄する地方検察庁において，それぞれその内容を犯罪人名カードに登載して行うものとされ，犯罪人名カードの保管は原則として地方検察庁本庁とするいわゆる地検本庁主義がとられることになったが，なおその他の最高検察庁，高等検察庁（支部を含む），地方検察庁支部においても，その庁の対応する裁判所で言い渡した確定裁判については，犯罪人名簿を作成しこれを保管することが認められていた。

このようにして，前科の登録，管理体制の一応の整備が図られたものの，昭和35，6年ころから道路交通法違反事件が急増し，従来の方式のままではその犯歴を適正かつ的確に登録，管理することが不可能になったため，同37年6月には，道路交通法違反の罪に係る裁判で罰金以下の刑に処したものについては，市区町村長に対する既決犯罪通知をしない取扱いが実施され，さらに，同40年10月には，犯歴事務規程（昭和40.8.20刑事（総）第610号法務大臣訓令）が施行されて犯歴事務のなお一層の合理化が図られることになり，これによって，犯罪人名カードは犯歴票とその名称が改められるとともに，犯歴票の保管は，有罪の確定裁判を受けた者の本籍地を管轄する地方検察庁（ただし，外国人については東京地方検察庁）1庁のみとするいわゆる犯歴票保管庁一本主義がとられることになったのである。

（3）ところが，犯歴事務規程の制定された昭和40年ころから，世間一般では情報化時代が到来したとして次々にコンピュータを導入し，これが研究

10 第1編 解 説

開発や生産管理，営業活動，経営計画等広範囲に利用され始めるようになったため，法務省刑事局でも，総数 3000 万枚を超える膨大な犯歴票を集中管理し，かつ，迅速的確な事務処理を行うための方策として電子計算機の活用，すなわち犯歴事務の EDPS 化（Electronic Data Processing System の略で，電子計算機を中核とした一連のデータ処理システムのこと。以下「犯歴電算システム」ともいう）構想の検討が開始されたのである。そして，昭和 46 年 4 月，まず東京地方検察庁保管に係る犯歴票について EDPS 化のための移行作業が実施され，同 47 年 7 月から法務省電子計算機室（その後昭和 61 年 4 月に「法務省大臣官房秘書課情報管理室」とされた。以下同日前の事実についての記述であっても便宜「情報管理室」という）と同庁間で日サイクルバッチ処理方式（1 日分一括処理方式）による前科照会回答事務が，さらに，同 49 年 4 月からは情報管理室と，東京，大阪両地方検察庁との間でいわゆるオンライン・リアルタイム方式（情報管理室の電子計算機と検察庁の端末機器とを直結した即時処理方式）による前科照会回答事務が開始され，この処理方式が次第に全国の検察庁に拡充されていったのである。

　この間，電子計算機による犯歴事務の処理については，電算処理方式に移行する庁がある都度刑事局長通達が発せられ，各検察庁ではこの通達に基づいて事務処理が行われていたが，昭和 58 年 3 月には，全国検察庁で保管する犯歴票のうち，道路交通法違反等の罪により罰金以下の刑に処された者に係る犯歴，明治生まれの者に係る犯歴及び外国人等の犯歴を除くその余の全ての犯歴についてその EDPS 化が完了し，情報管理室において犯歴の集中管理が行われるようになったため，犯歴票の大部分については，その保管の犯歴票保管庁一本主義が機能しないことになり，同 59 年 4 月犯歴事務規程の全部改正（昭和 59. 4. 26 刑総訓第 329 号法務大臣訓令）が行われ，同年 6 月 1 日から施行され，現在に至っている。

　この結果，電子計算機で集中管理することとなる犯歴は，有罪の確定裁判の言渡しをした裁判所の所在地を管轄する地方検察庁において直接電子計算

Ⅲ　検察庁における犯歴事務　*11*

機への入力手続がとられることになり，検察庁間の犯歴事務に関しては，有罪の確定裁判の言渡しを受けた者の本籍地を管轄する地方検察庁（以下「本籍地検」という）は全く関係がないことになったが，市区町村に対する既決犯罪通知については，従前から本籍地検と本籍市区町村との間で培われてきた良好な協力関係を維持する必要上，全て本籍地検を経由してこれを行うものとされ，同様に，検察庁，市区町村間における犯歴に関する諸事項の照会，回答事務についても，たとえそれが他庁の言渡しに係る犯歴であったとしても全て本籍地検において処理することとされたのである。なお，検察庁では，平成元年2月をもって全国各地方検察庁への犯歴電算端末機設置計画が完了し，どの裁判所の言渡しに係る犯歴であっても，即時にその照会，回答に応ぜられるよう体制の整備が行われている。

　(4)　その後，犯歴電算システムは，コンピュータの性能の急速な向上に鑑み，これまで情報管理室が運用管理していたメインフレーム（中央集中処理）方式からクライアント・サーバ（分散処理）方式に移行させること等により，データ更新や更新処理時間の短縮等を実現し，効率的な運用が可能となった。また，平成12年4月，その運用管理が情報管理室から最高検察庁（情報システム管理室）へ移管された。

　さらに，従来犯歴票によって把握されていたいわゆる外国人犯歴についても，平成13年10月からそのほとんどを電算システムで管理するようになった。

2　犯歴把握の目的

　検察庁では，有罪の確定裁判を受けた者の犯歴事項等を電子計算機又は犯歴票等に登録して把握しているが，犯歴把握の目的は，専ら検察事務及び裁判事務の適正な運営のためにこれを利用しようとすることにある。その具体的な利用方法としては，

①　検察官の起訴，不起訴の処分（刑訴法247条，248条）及び求刑等の情

12 第1編 解 説

状資料

② 裁判所の量刑資料

③ 執行猶予を付するための条件（刑法25条，25条の2，27条の2，27条の3，薬物使用等の罪を犯した者に対する一部の執行猶予に関する法律（平成25年法律第50号。以下「薬物法」という。）3条）該当の有無の判断資料

④ 執行猶予取消事由（刑法26条，26条の2，26条の3，27条の4，27条の5，27条の6，薬物法5条）の有無の判断資料

⑤ 併合罪の関係（刑法45条）の有無の判断資料

⑥ 累犯加重の原因となる前科（刑法56条）の有無の判断資料

⑦ 仮釈放の取消事由（刑法29条1項）の有無の判断資料

⑧ 常習犯（刑法186条，暴力行為等処罰ニ関スル法律1条ノ3，2条，盗犯等ノ防止及処分ニ関スル法律2条，3条，4条）の常習性の有無の判断資料

⑨ 既判力（刑訴法337条1号）の有無の判断資料

⑩ 必要的保釈を消極とする事由（刑訴法89条2号，3号）の判断資料

⑪ 刑の執行指揮（刑訴法472条）の参考資料

⑫ とん刑者，逃亡被告人等の調査資料

⑬ 恩赦該当の有無（恩赦法施行規則6条，7条）の判断資料

⑭ 犯罪統計資料

⑮ 犯罪傾向の分析，量刑傾向の分析等刑事政策の基礎資料

⑯ 市区町村保管に係る犯罪人名簿の基礎資料

⑰ 市区町村からの前科照会，刑の消滅照会等の判断資料

等としての活用を挙げることができる。犯歴は，このように検察事務及び裁判事務の適正な運営を行うための資料として広範囲にわたって利用されており，検察庁における犯歴把握の必要性は極めて大なるものであるということができる。

3 犯歴把握の方法

検察庁において把握すべき犯歴は，有罪の確定裁判を受けた者の出生の年代，自然人，法人の別及び国籍並びに有罪の確定裁判の言渡し年月日及び罪名のいかんにより①電算処理対象犯歴，②非電算処理対象犯歴，③非電算外国人等犯歴，④道交犯歴（後記(1)⑤参照）の４種類に区分した上，電子計算機又は犯歴票等に，有罪の確定裁判を受けた者の氏名，生年月日，本籍，裁判をした裁判所，裁判年月日，確定年月日，罪名，刑名，刑期・金額，刑の執行状況，恩赦事項等を適時登録する方法により把握されている。

(1) 電算処理対象犯歴

電子計算機に入力して把握する犯歴は，次の①から⑤に掲げる犯歴を除くその余の全ての犯歴であり，検察庁では，これを「電算処理対象犯歴」と呼んでいる。

① 本邦に本籍のある明治以前の出生者に係る犯歴

② 昭和 22 年 12 月 31 日以前に有罪の確定裁判の言渡しがあった者に係る犯歴

③ 法人又は団体に係る犯歴

④ 本籍が明らかでない者又は本邦に本籍がない大正以前の出生者に係る犯歴（以下これらの犯歴を「非電算外国人等犯歴」という）

⑤ 道路交通法，道路交通取締法，道路交通取締法施行令，道路交通取締令又は自動車の保管場所の確保等に関する法律違反の罪により罰金以下の刑又は刑の免除に処せられた者に係る犯歴（以下これらの犯歴を「道交犯歴」という）

この電算処理対象犯歴の電子計算機への登録（入力）手続は，有罪の確定裁判の言渡しをした裁判所の所在地を管轄する地方検察庁（例えば，八王子簡裁，東京地裁立川支部，東京高裁，最高裁等の言渡しに係る犯歴は東京地方検察庁）において行われる。したがって，有罪の確定裁判があったときは，

14 第1編 解 説

当該裁判をした裁判所に対応する検察庁（例えば，八王子簡裁の場合は八王子区検）の犯歴担当事務官は，既決犯罪通知書（甲）（3枚複写式のもので，1枚目は市区町村長への通知，2枚目は電算入力用のデータ・シート，3枚目は警察署等への処分結果通知として使用される）を作成した上，必ずこれを当該検察庁の所在地を管轄する地方検察庁に送付するものとされており，市区町村長に対する既決犯罪通知は，当該地方検察庁における電子計算機への入力手続の終了後，本籍地検を経由して通知されることになる。なお，既決犯罪通知など各種の犯歴事項通知は，電算処理対象犯歴に係るものについては○○通知書（甲），非電算処理対象犯歴に係るものについては○○通知書（乙）が使用されることになっている。

電算処理対象犯歴の照会に対する回答業務は，各地方検察庁の本庁で行われる。各地方検察庁では，照会データを自庁に設置してある端末装置（クライアント）から通信回線を通じて最高検察庁（情報システム管理室）の電子計算機（サーバー）へ送信すると，前科の有無及び前科の内容が前科調書の形式で打ち出されるので，これにより回答することになっている（11頁参照）。

(2) 非電算処理対象犯歴

前記(1)の①から⑤に掲げる犯歴は全て電子計算機で把握されない非電算犯歴であるが，検察庁において「非電算処理対象犯歴」という場合は，①本邦に本籍のある明治以前の出生者に係る犯歴，②昭和22年12月31日以前に有罪の確定裁判の言渡しがあった者に係る犯歴，③法人又は団体に係る犯歴のみをいい，④の非電算外国人等犯歴及び⑤の道交犯歴とを区別している。

非電算処理対象犯歴は，各本籍地検において犯歴票に登録し，各地方検察庁単位で集中管理を行っている。このため，有罪の確定裁判が非電算処理対象犯歴に係るものであるときは，当該裁判をした裁判所に対応する検察庁の犯歴担当事務官は，本籍地検に既決犯罪通知書（乙）を送付する（例えば，大阪地方裁判所で有罪の確定裁判を受けた者の本籍地が東京都内であるとき

Ⅲ 検察庁における犯歴事務 *15*

は，大阪地方検察庁の犯歴担当事務官は，東京地方検察庁本庁の犯歴担当事務官に既決犯罪通知書（乙）を作成して送付する）ものとされており，本籍地検では，これに基づいて犯歴票を作成する。犯歴票は，その氏名を犯歴事務規程（以下「規程」という）別表２で定める五十音換数表により氏名の読みに従って数字化し，その数字の順にキャビネットに整理保管している。すなわち，氏及び名の上位の４音を換数表によって各４桁の数に換数する。この場合，氏又は名の換数が３桁以下のときは，４桁の数になるまで末尾に「0」を付ける。例えば，「甲野一郎」であれば「2150　1491」となり，「乙山二郎」であれば「1487　3910」となる。なお，法人及び団体に係る犯歴については，その法人及び団体の本店又は主たる事務所の所在地を管轄する地方検察庁においてこれを把握することとされているが，規程７条１項１号では，この場合の検察庁をも含めて本籍地検というものとしている。

したがって，非電算処理対象犯歴についての前科照会は，本籍地検に対して行う必要がある。

なお，沖縄の復帰前の行為について，沖縄に適用されていた刑罰に関する規定により科せられた刑は本土の刑法総則にいう刑ではないが，検察庁では，検察官が行う起訴・不起訴処分等の参考資料としてこの犯歴を必要とするため，非電算処理対象犯歴と区別し，別個にこれを把握している（昭和47.5.15刑事（総）第241号刑事局長通達）。

(3) 非電算外国人等犯歴

本邦に本籍がない者（外国人）及び本籍が明らかでない者を「外国人等」といい，これらの者（昭和以降に出生した外国人を除く）に係る犯歴を「非電算外国人等犯歴」として東京地方検察庁において犯歴票に登録することとし，全国の外国人等犯歴の集中管理を行っている。なお，前述のとおり平成13年10月から，外国人の犯歴については，本邦に本籍のない大正以前の出生者に係る犯歴を除き電算化されている。

「本邦に本籍がない者」とは，日本国籍を有しない外国人及び無国籍者を

16 第1編 解 説

いい，日本と外国の二重国籍者はこれに該当しない。外国国籍の取得により
日本国籍を喪失したとき（国籍法 11 条）又は日本国籍を離脱したときは
（同法 13 条）本邦に本籍がない者となり，また，外国人又は無国籍者が帰化
又は就籍により日本国籍を取得したときは（同法 4 条）本邦に本籍を有する
者となるので，必要に応じ犯歴票の管理換え又は犯歴の登録換えが行われる。
なお，ここでいう「本邦」には，本州，北海道，九州，四国，沖縄及びこれ
に付属する島しょのほか，歯舞群島，色丹島，国後島，択捉島のいわゆる北
方領土が含まれる（昭和 58. 6. 20 刑総第 418 号刑事局長通達）。

　また，「本籍が明らかでない者」とは，日本国民であると認められるが本
籍がない者及び本籍が判明していない者をいう。しかし，本籍が判明してい
ない者については，自称する本籍の市名，町名，村名，又は特別区名が実在
する場合は，たとい地番が不明確であっても本籍が明らかでない者として取
り扱わず，犯歴は，その内容に応じ電算処理対象犯歴，非電算処理対象犯歴
又は道交犯歴として把握される。

　なお，外国人等については，次の道交犯歴についても外国人等の道交犯歴
として東京地方検察庁において全国分の集中管理が行われている。

(4) 道交犯歴

　道交犯歴は，各本籍地検において既決犯罪通知書（丙）並びに道路交通法
等違反事件迅速処理のための共用書式の第 2 枚目及び反則金不納付事件迅速
処理のための共用書式の第 1 枚目（以下「交通切符原票」という）により把
握されている。

　道路交通法等違反事件については，その数が膨大であり，かつ，これらの
罪に係る事件の大多数は，道路交通法等違反事件迅速処理のための共用書式
又は反則金不納付事件迅速処理のための共用書式（いわゆる交通切符）によ
り処理される事件であるため，交通切符原票をそのまま道交犯歴の犯歴票と
して利用することとしているのである。また，いわゆる交通切符が使用され
ない事件については，罰金以下の刑に処する確定裁判があったときに既決犯

罪通知書（丙）を作成するが，これも本籍地検においてそのまま道交犯歴の犯歴票として利用することとするため，交通切符原票と同じ大きさのものとなっている。

　道路交通法等違反の罪に係る有罪の確定裁判であっても，禁錮以上の刑に処するものや，例えば，電算処理対象裁判である業務上過失傷害罪と併合審理された場合のように他の罪について同時に裁判の言渡しがあった場合には，道交犯歴として取り扱われず一般犯歴（電算処理対象犯歴又は非電算処理対象犯歴。以下同じ）として処理されるので注意を要する。

　道交犯歴の整理保管方法は，非電算処理対象犯歴とほぼ同じであるが，その事務の取扱いについては，市区町村長に対する既決犯罪通知を行わないこと，犯歴票の保管期間を10年と定めていること（昭和52.12.23刑総第794号刑事局長通達）等一般犯歴と若干取扱いを異にしている。また，道交犯歴の照会に対しても，裁判が確定した年の翌年1月1日から起算して5年を経過した道交犯歴については，原則としてその調査を行わず，回答もしない取扱いとされている（昭和53.1.18刑総第25号刑事局総務課長通知）。

4　事務処理の概要

　検察庁には，最高検察庁，高等検察庁，地方検察庁，区検察庁の四つの種類があって（検察庁法1条2項），最高検察庁は最高裁判所に，高等検察庁は各高等裁判所に，地方検察庁は各地方裁判所及び各家庭裁判所に，区検察庁は各簡易裁判所に，それぞれ対応して置かれており，さらに，高等検察庁及び地方検察庁には，高等裁判所，地方裁判所又は家庭裁判所の支部に対応してそれぞれ検察庁の支部が置かれているが（同法2条），犯歴事務は，検察庁で取り扱う事件，令状，証拠品，執行，徴収等一連の検務事務（注3）の一つとして，所掌する事務の内容，事務量の程度に差異はあるものの，犯歴事務規程に基づいて上記の全ての検察庁においてこの事務が取り扱われている。

18 第1編 解 説

(注3) 検務事務は，事件の受理から検察官本来の職務である捜査，公判，刑の執行に至るまでの刑事手続に関連して生じる事務であるが，これを列挙すると，おおむね次のとおりである。

　○事 件 事 務…事件の受理，処理に関する事務

　○令 状 事 務…令状（逮捕状，勾留状等）の請求，その執行に関する事務

　○証拠品事務…証拠品の受入れ，保管，処分に関する事務

　○執 行 事 務…自由刑等に係る裁判の把握，その執行に関する事務

　○徴 収 事 務…財産刑（罰金刑等）に係る裁判の把握，その執行に関する事務

　○犯 歴 事 務…有罪の裁判を受けた者の犯歴の把握及びその調査に関する事務

　○記 録 事 務…確定記録，裁判原本等の管理（当該記録等の保管又は閲覧）に関する事務

　検察庁における犯歴事務処理の概要はおおむね次のとおりである（犯歴事務概略図については第2編資料（202・203頁）参照）。

(1) **既決犯罪通知書の作成事務**（規程3条1項，7条1項，9条1項）

　既決犯罪通知書の作成事務は全ての検察庁で行われる。裁判所で有罪の裁判の言渡し（略式命令の送達を含む）があり，その裁判が確定（上訴提起期間又は判決訂正申立期間が経過したとき（自然確定），上訴の放棄又は上訴の取下げがあったとき，略式命令にあっては，正式裁判の請求期間の経過又は正式裁判の請求の取下げがあったときで，通常の手続による不服申立手段がなくなりもはや争い得なくなった状態をいう）すると，裁判所からその裁判所に対応する検察庁に確定記録が返還され（注4），これが先の証拠品担当，執行担当，徴収担当など検務各担当で必要な事務処理（例えば，証拠品の処分，自由刑の執行，罰金の徴収などに関する事務処理）を行うために巡回される。確定記録には，裁判書（判決，決定，略式命令等裁判内容を記載した書面），起訴状，検察官・被告人・弁護人等の訴訟関係人が提出した書面，裁判所が作成した書面など裁判に顕出されたあらゆる書類が編てつされているので，検務各担当では，これを見分して事件終結に伴う事務処理に必要と

する事項を記録する。

　犯歴担当では，犯歴担当事務官が確定記録中の裁判書の記載により裁判言渡し年月日・宣告略式の別・罪名・刑名・刑期・裁定未決勾留日数等の裁判内容を，上訴申立書・同取下書・上訴権放棄申立書・裁判書・裁判書送達報告書等により裁判確定年月日・確定事由・法定未決勾留日数を，裁判書・身上調査照会回答書・戸籍謄（抄）本により本籍・氏名（異名）・生年月日を，その他の資料により指紋分類番号・外国人登録番号等をそれぞれ調査確認した上，既決犯罪通知書を作成する。既決犯罪通知書は，電算処理対象犯歴については同（甲の1）又は同（甲の2），外国人既決犯罪通知書を，非電算処理対象犯歴及び非電算外国人等犯歴については同（乙）を，道交犯歴については同（丙）をそれぞれ作成する。既決犯罪通知書（甲の2）は，略式命令に係る確定裁判にのみ使用されるもので，同（甲の1）の様式中から略式命令に係る確定裁判の通知に必要な事項を抜き出して作られた簡易な書式である。

　既決犯罪通知書の作成に当たっては，それが電子計算機又は犯歴票に犯歴を登録する基本データとなるものであり，かつ，その過誤は直ちに人の名誉や人権に重大な影響を及ぼすことになるため，特に正確な事務処理が要求されており，各庁では，文字の明瞭な記載及び記載事項の対査点検を励行し誤りなきを期している。

　なお，最高検察庁では，最高裁判所において破棄自判（刑訴法413条ただし書）した事件の既決犯罪通知書のみが作成されており，上告棄却等により確定した事件については，同庁から上告審の裁判結果の通知を受けた検察庁において既決犯罪通知書を作成するものとされている。

　このようにして作成された既決犯罪通知書は，それが電算処理対象犯歴に係るものであるときは作成庁の所在地を管轄する地方検察庁へ，非電算処理対象犯歴及び道交犯歴に係るものであるときは本籍地検へ，非電算外国人等犯歴に係るものであるときは東京地方検察庁へそれぞれ送付し，当該検察庁

において電子計算機又は犯歴票に犯歴を登録することになる。

（注4） 刑事確定訴訟記録法2条により，刑事被告事件に係る訴訟の記録は，訴訟
終結後は，当該被告事件について第一審の裁判をした裁判所に対応する検察庁の
検察官が保管することとされている。

(2) 電子計算機への登録事務（規程3条2項）

犯歴の電子計算機への登録（入力）事務は，有罪の確定裁判の言渡しをした裁判所の所在地を管轄する地方検察庁において行われる。

当該地方検察庁では，端末機を操作して情報システム管理室のサーバーへ既決犯罪通知書（甲）及び外国人既決犯罪通知書のデータを送信する。入力データは，端末機から前科調書の形式で打ち出されるが，前科がある場合は旧データへの犯歴の追加として，前科がない場合は新規登録の犯歴として更新データに登載されている。そして，更新データの記載に誤りがないときはそのまま，誤りがあるときは更に更正の手続をとって入力手続を完了し，犯歴データを確定する。以後犯歴は情報システム管理室において管理することになるのである。

(3) 犯歴票の作成・整理保管事務（規程7条1項，2項，5項，9条2項）

犯歴票は，有罪の確定裁判の言渡しをした裁判所に対応する検察庁から送付された既決犯罪通知書（乙）に基づき，非電算処理対象犯歴については本籍地検において，非電算外国人等犯歴については東京地方検察庁においてそれぞれ作成される。道交犯歴については，交通切符原票及び既決犯罪通知書（丙）がそのまま犯歴票になり，別途に犯歴票を作成することはない。

この犯歴票は，各人ごとに1枚の連記式のものとなっているので，犯歴担当事務官は，既決犯罪通知書（乙）が送付されると，保管中の犯歴票の中に同一人の犯歴票があるか否かを調査し，該当する犯歴票があるときはこれに所定の犯歴事項を追加記入し，該当する犯歴票がないときは新たな犯歴票を作成する。同一人の犯歴を1枚の犯歴票にまとめて記入するのは，前科照会を受けた場合等における犯歴調査を容易にするとともに，別刑の存在を見逃

し，執行猶予を付すべきでない刑に執行猶予を付したり，刑法 45 条後段を適用して 2 個以上の刑を言い渡すべきであるのに 1 個の刑を言い渡したりする過誤の発生を防止するためである。

また，犯歴票は，前科照会等多数回の索出事務に堪え得るようその紙質は上質で丈夫なマニラ紙を使用するものとされ，その大きさも，有罪の確定裁判を受けた者の本籍の変更等に伴う保管換えに備え縦 15 センチメートル，横 21 センチメートルのものに統一する等の配慮が加えられている。

犯歴票の整理保管は，既に説明したとおり規程別表第 2 により氏名の読みに従って換数化し，数字の順に整理して犯歴用キャビネットに保管する。

なお，非電算外国人等犯歴に係る犯歴票（氏名を漢字で表示するものを除く）及び法人・団体に係る犯歴の犯歴票の整理保管については，適宜な方法によることができるものとされているが，これは，例えば，法人及び団体についてはその名称の読みに従って換数化した上，数字の順に整理し，外国人については国籍別に分類した上，生年月日順に整理するなど，事務処理上最も便利な方法によることができるという趣旨である。

(4) 市区町村長に対する既決犯罪通知事務（規程 3 条 4 項，7 条 4 項）

有罪の確定裁判が罰金以上の刑に処するものであるときは，その裁判内容を既決犯罪通知書（甲の 1），同（甲の 2）又は同（乙）により本籍地検を経由して（注 5）裁判を受けた者の戸籍事務を管掌する市区町村長に通知する。しかし，有罪の確定裁判が罰金以上の刑に処するものであっても，それが少年のときに犯した（注 6）罪に係る裁判であって，確定のときにその刑の執行を受け終わったこととなるもの（本刑に満つるまで未決勾留日数を算入する旨の裁判，あるいは，刑の言渡しと同時に言い渡された仮納付の裁判の執行後に確定した罰金の裁判等をいう），刑の執行を猶予するもの及び刑の執行を免除するものについては，少年法 60 条 1 項，2 項の規定により，既決犯罪通知を行う時点で既に人の資格に関する法令の適用に関しては将来に向かって刑の言渡しを受けなかったものとみなされているので，市区町村長に

対する既決犯罪通知は行われない。また，罰金以下の刑に処するいわゆる道交犯歴についても，昭和37年6月以降引き続き市区町村長に対する既決犯罪通知は行わないことになっている。

通知の時期は，電子計算機又は犯歴票への登録完了後速やかに行われるが，例えば，公職選挙法違反の罪等に係る犯歴のように特に緊急の通知を要するものについては，登録の完了を待たず確定後直ちに既決犯罪通知を行うものとされている。なお，この場合には，通知書の授受を明らかにするため，市区町村長から受領書を徴することとしている検察庁が多いものと思われる。

また，共犯者複数の事件について，そのうちの一人について有罪の裁判が確定し，他の者が上訴したような場合には，共犯者全員の確定を待つことなく，まず確定した者について既決犯罪通知が行われる。有罪の確定裁判の一部の刑が確定し一部について上訴の申立てがあった場合も，前同様である。

> (注5) 犯歴事務に関しては，従前から本籍地方検察庁と本籍市区町村との間に培われてきた良好な協力関係を維持するとの観点から，当該犯歴担当事務官が本籍地方検察庁以外の地方検察庁の本庁の犯歴担当事務官であるときは，本籍市区町村長に対し自ら作成した既決犯罪通知書（甲）又は送付を受けた既決犯罪通知書（甲）を直接送付することなく，本籍地方検察庁を経由して送付することとされている。
>
> (注6) 「少年のとき犯した」とは，犯行時少年の意味である。

(5) 刑執行状況等の通知・登録事務（規程4条，8条，10条）

検察庁では，電子計算機又は犯歴票に登録された犯歴について，その後裁判内容を実質的に変更する新たな裁判があったり，刑の執行の終了等刑の執行に伴う新たな事実が生じたときは，これらの事実を刑執行状況等として有罪の確定裁判の言渡しをした裁判所の所在地を管轄する地方検察庁又は犯歴票保管庁へ通知し，当該検察庁において電子計算機又は犯歴票にこの事実を登録することにより，犯歴の整備が行われている。犯歴に関連する刑の執行状況等に関する事項は相当数にのぼるが，規程では，犯歴の的確な把握のた

めに最小限必要な次の事項を刑執行状況等として電子計算機又は犯歴票に登録を要するものとし，これらの事項はその各右側に示す通知書により通知するものとされている。

① 刑の執行猶予の言渡しを取り消す裁判——刑執行猶予言渡し取消通知書

② 恩赦法の規定による大赦，特赦，減刑，刑の執行の免除又は復権——恩赦事項通知書

③ 刑法52条の規定による刑を定める裁判——刑の分離決定通知書

④ 刑の時効の完成——刑の時効完成通知書

⑤ 再審の審判によりなされた裁判——再審結果通知書

⑥ 非常上告により原判決が破棄され更になされた裁判——非常上告結果通知書

⑦ 上訴権又は正式裁判請求権の回復請求を認める裁判——既決犯罪通知撤回通知書

⑧ 財産刑の執行の終了——財産刑執行終了通知書

⑨ 死刑の執行——死刑執行通知書

⑩ 仮釈放——仮釈放通知書又は犯歴事項通知書

⑪ 仮釈放の取消し——仮釈放取消通知書又は犯歴事項通知書

⑫ 仮釈放期間の満了——仮釈放期間満了通知書又は犯歴事項通知書

⑬ 自由刑の執行の終了（⑭の場合を除く）——自由刑執行終了通知書又は犯歴事項通知書

⑭ 更生保護法78条1項の規定による刑の執行を受け終わったものとする地方更生保護委員会の決定——不定期刑執行終了通知書又は犯歴事項通知書

⑮ 仮釈放中の者に対する保護観察の停止又は停止の解除若しくは取消し——保護観察停止（停止解除・停止取消）決定通知書又は犯歴事項通知書

⑯ 刑の執行猶予期間中保護観察に付された者に対する保護観察の仮解除又は仮解除の取消し——保護観察仮解除（仮解除取消）通知書又は犯歴事項

24 第1編 解 説

通知書

⑰ 補導処分の執行の終了──補導処分執行終了通知書又は犯歴事項通知書

⑱ 婦人補導院仮退院中の者に対する補導処分残期間の経過──仮退院期間満了通知書又は犯歴事項通知書

　検察庁では，この①から⑱までの各種の通知書を総称して「刑執行状況等通知書」といっているが，これらの通知書を最初に作成するのは，当該事項を最初に知り得る立場にある機関である。したがって，①から⑨の事項に関する事務は，検察庁において直接取り扱われている事務なのでその通知書は検察庁で作成するが，⑩⑬⑰の自由刑の執行に関する通知書は矯正機関（刑務所）において，⑪⑫⑭⑮⑯⑱の仮釈放等に関する通知書は保護機関（地方更生保護委員会，保護観察所）においてそれぞれ作成することになる。そして，検察庁の中でも，①から⑨の事項を最初に知り得る立場にある者は，例えば①の事項は執行担当に，②の事項は犯歴担当又は恩赦担当に，③④の事項は執行担当又は徴収担当にそれぞれ所属する検察事務官である等区々にわたっているが，犯歴事務の運用面では，規程で定める事務を取り扱うときは，たとい他の担当に所属する者であっても全て犯歴担当事務官としてその事務を行うものとされている（注7）ので，検察庁で実際に上記の事項の通知をする場合は，執行，徴収，事件担当等に所属する検察事務官がそのそれぞれが所掌する事務について犯歴担当事務官として当該通知書を作成する。矯正機関で作成した自由刑の執行に関する通知書は「被収容者等の釈放に関する訓令」（平成18. 5. 23法務省矯成訓第3372号法務大臣訓令）により，また，仮釈放等に関する通知書は「犯罪をした者及び非行のある少年に対する社会内における事務規程」（平成20. 4. 23法務省保観訓第261号法務大臣訓令）により，当該刑の言渡しをした裁判所に対応する検察庁にそれぞれ送付されることになっているので，これを受理した検察庁では，所定の帳簿に必要事項を記入した上，前記⑩から⑱右欄の通知書を作成してその所在地を管轄する地方検察庁又は犯歴票保管庁へ送付し，電子計算機又は犯歴票への登録手続がとら

Ⅲ 検察庁における犯歴事務 25

れることになる。

なお，前記①から⑧の事項については本籍地検から，⑬⑰の事項について
は刑事施設の長から，⑫⑱の事項については保護観察所長から，⑭の事項に
ついては地方更生保護委員会から当該有罪の確定裁判を受けた者の戸籍事務
を管掌する市区町村長に対しそれぞれその旨の通知が行われるが，通知事項
の内容の詳細は，市区町村における犯罪人名簿の刑の執行状況等通知書に基
づく登録の項で後述する。

(注7) 犯歴係事務官

　　　規程において従来用いられてきた「犯歴係事務官」とは，他の検務関係事務規
程におけるのと同様に，規程に定められた具体的な事務を掌りないし分担するこ
ととなる検察事務官を指称し，組織機構上の犯歴係に属する検察事務官のみに限
られる趣旨ではない。しかして，平成13年4月1日の検察庁の組織改編により地
方検察庁及び区検察庁の検務部門に置かれていた課が廃止され，検務監理官・統
括検務官・検務専門官等の検務官制が導入された（検察庁事務章程第17条ないし
第19条）ことに伴い，規程における「犯歴係事務官」は「犯歴担当事務官（犯歴
の把握等に関する事務を所管し，又は分担する検察事務官をいう。）」に改められ
た（同25年3月19日）が，従前の「係事務官」を「担当事務官」にそのまま置
き替えたものであり，その位置付けに違いはない。

(6)　前科等犯歴事項照会に対する回答事務（規程13条）

　ア　前科の照会・回答の方法

　前科等犯歴事項の照会に対する回答事務は，照会を要する者の生年が明治
年代であるときは本籍地検，大正・昭和・平成年代（ただし，外国人は大正
年代を除く）であるときは各地方検察庁，大正以前に出生した外国人等であ
るときは東京地方検察庁において，また，照会犯歴が道交犯歴であるときは
本籍地検においてそれぞれ取り扱われている。したがって，検察庁では，照
会を要する前科が一般犯歴と道交犯歴の双方である場合において一般犯歴の
照会先が本籍地検でない場合は，別途本籍地検に対しても道交犯歴の照会を
要するものとされている。

26 第1編 解 説

　前科照会を受けた検察庁では，それが電算処理対象犯歴に係る照会である
ときは端末機を操作して照会データを送信する方法により，その他の犯歴の
照会であるときは犯歴票を検索する方法により前科の調査を行い回答する。
回答は，前科照会の回答書又は前科調書により行われるが，前科調書を用い
る場合は，電算処理対象犯歴については前科調書（甲），非電算処理対象犯
歴及び非電算外国人等犯歴については同（乙）又は同（丁），道交犯歴につ
いては同（丙）が使用される。前科調書（丁）は，転記の手数を省き犯歴票
の複写を利用する場合に用いられる。

　ところで，検察庁における前科の照会・回答業務の運用に当たっては，原
則として道交犯歴の調査を行わないものとされており，したがって，前科調
査の際，犯歴票に規程施行前の古い道交犯歴が登載されていたとしても，こ
れを回答書に記載せず，他に道交犯歴以外の前科がないときは「犯歴票に登
載されていない」として回答する取扱いとなっている。どうしても道交犯歴
の回答を得る必要がある場合は，照会書の余白に「道交犯歴についても回答
されたい」旨を明記することが要求されているが，この場合でも，裁判が確
定した年の翌年1月1日から起算して5年を経過した道交犯歴については，
原則としてその調査も回答も行われない（17頁参照）。要するに，道交犯歴
の照会を抑制する趣旨の取扱いが実施されているということである。

　なお，市区町村長からなされる刑の消滅に関する照会については，道交犯
歴要調査の付記がなくても，当然に道交犯歴を調査した上で刑の消滅の有無
の回答が行われる。

　　イ　行政官庁等からの前科照会

　検察庁における前科の調査回答は，検察，裁判の事務処理上これを必要と
するものについて行われるものであることは犯歴把握の目的からみて当然の
ことであり，みだりに前科が他の目的に利用されることはない。したがって，
一般人からの照会に対してはもちろん，法令に基づいて付与される特定の資
格が前科のあることを欠格事由とする場合において，これを取り扱う主務官

庁が欠格事由の有無の判断資料として前科を知る必要がある場合であっても，原則としてその照会には応じていない。行政官庁等からの法令上の欠格事由の調査のための前科照会に対する回答事務は，従前から地方公共団体が行ってきた身分証明事務に属するものと考えられているからである。なお，この場合，市区町村の犯罪人名簿の記載のみでは，恩赦に該当しているか，刑の言渡しの効力が失われているか等が明確でないときは，市区町村長から検察庁に照会が行われれば回答することになるが，この場合でも，道交犯歴については原則としてその調査は行われない。道交犯歴自体が法令上の欠格事由となることはごくまれにしかないからである。

　しかし，法令が罰金の刑を欠格事由としている場合及び叙位，叙勲又は褒章用の刑罰等調書作成のために道交犯歴の回答を必要とする場合は，道交犯歴をも調査するものとして運用されているので，この照会に際しては，照会書に前科の利用目的及び道交犯歴の回答を要する旨を，例えば「叙勲のため道交犯歴要回答」等と明記する必要がある。なお，検察庁では，前科の利用目的が栄典を目的とするものであっても，各省の大臣表彰，知事表彰，市区町村長表彰等表彰を目的とする前科照会には一切応じていない。条例等で前科を表彰の欠格事由としている場合でも，検察庁における犯歴把握の目的外の利用と認められるからである。したがって，この場合は，市区町村において，道交犯歴以外の前科を備付けの犯罪人名簿により回答するか否かは，市区町村が独自の判断で決することになる。

　また，照会の対象者が法人及び外国人である場合にも若干の問題が残されている。それは，法人及び外国人の前科関係については，検察庁を除く他の行政官庁においてこれを把握する方策が全く講ぜられていないため，検察庁が行政官庁等からの前科照会には一切応じないとの前記の方針を貫くとすると，法令の規定により前科の存在を欠格事由としている場合に，これを調査する方法がないということで，本来不適格であるべき者に資格を与えるがごとき不合理を生ずるおそれのあることである。このような不合理な結果を避

けるため，犯歴事務の運用面で，行政官庁等からの法人及び外国人の前科照
会に対しては，個別的に人の名誉の保持，人権の尊重を十分に考慮しつつ，
照会を求める事項，回答を必要とする理由，回答の使用目的等を慎重に検討
した上，他に調査の方法がなく，真にやむを得ないと認める場合には，前記
の方針を若干緩和して照会に応ずる取扱いとしている。

　なお，市区町村を含む行政官庁等からの前科の照会に対しては，特赦・大
赦・復権のあった前科，刑法34条の2の規定により刑の言渡しの効力が失
われた前科，執行猶予期間を経過した前科及び少年法60条1項又は2項の
適用がある前科については回答されない。しかし，照会事項が恩赦になって
いるか，刑が消滅しているか等ということであれば，これについて回答され
ることは当然である。

(7) 戸籍事項・犯歴事項の訂正事務（規程5条，6条，11条，12条）

　電子計算機及び犯歴票に登録されている犯歴を常に正確なものとして整備
しておくため，規程では戸籍事項の訂正及び犯歴事項の訂正事務が規定され
ているが，ここで戸籍事項の訂正とは，有罪の確定裁判を受けた者の氏名，
生年月日及び本籍の訂正をいい，犯歴事項の訂正とは，有罪の確定裁判及び
前記(5)の①から⑱に掲げる事項を把握するために必要な全ての事項（戸籍事
項を除く）の訂正をいう。訂正の通知は，戸籍事項については戸籍事項訂正
通知書（甲）又は同（乙）により，犯歴事項については犯歴事項訂正通知書
（甲）又は同（乙）により行われる。

　市区町村長に対するこの通知は，電子計算機又は犯歴票の登録事項を訂正
した後，他の通知の場合と同様本籍地検を経由して行われるが，もともと既
決犯罪通知の行われていない前科に関するものは当然通知されない。なお，
自由刑の執行終了に関する通知及び仮釈放期間の満了に関する通知等は検察
庁が行うものではないが，訂正を要する事項がこれに関するものであり，か
つ，刑事施設の長又は保護観察所の長から市区町村長に対し訂正の通知が行
われるか否か明らかでない場合には，念のため検察庁から訂正通知書を送付

することがある。

(8) 犯歴票の保管替え事務（規程11条）

　検察庁における犯歴把握の方法は，非電算処理対象犯歴及び道交犯歴については本籍地検において，非電算外国人等犯歴については東京地方検察庁においてそれぞれ集中管理することとされているので，有罪の確定裁判を受けた者について本籍，国籍の異動があったときは，前科照会に即応できるよう犯歴票を新たな犯歴票保管庁へ保管替えする必要が生ずる。犯歴票の保管替えは，有罪の確定裁判を受けた者に次の事由が生じたときに行われることが多い。

　　ア　国籍の変更

　　　①日本国籍の取得（帰化）（国籍法4条），②外国国籍の取得による日本国籍の喪失（同法11条），③日本国籍の離脱による国籍の喪失（同法13条），国籍の選択による日本国籍の喪失（同法14条）

　　イ　本籍の変更

　　　①婚姻による新戸籍の編製（戸籍法16条），②養子縁組による入籍（同法18条），③離婚，離縁による復籍又は新戸籍の編製（同法19条），④分籍による新戸籍の編製（同法21条），⑤無籍者の新戸籍の編製（同法22条），⑥転籍（同法108条，109条），⑦就籍（同法110条〜112条）

　　ウ　法人又は団体の本店又は主たる事務所の所在地の変更（一般社団法人及び一般財団法人に関する法律303条，301条2項，302条2項，会社法911条〜916条）

　　エ　本籍が明らかでない者（規程7条1項）の本籍の判明

　検察庁では，これらの事由を市区町村長からの通知若しくは戸籍謄（抄）本又は身上調査照会回答書の記載により知ることが多いが，これが確認されたときは，犯歴票の記載を訂正した上，犯歴票等保管庁変更通知書に犯歴票を添付し，新たな犯歴票保管庁にこれを送付して犯歴票の保管替えの手続が

30 第1編 解説

とられる。なお，前記事由があっても，それが同一地方検察庁の管轄区域内
での本籍の変更にとどまる等犯歴票保管庁の変更を伴わない異動である場合
は，前記(7)の戸籍事項の訂正事務として処理することになる。

　次は，この事務に関連する市区町村長に対する既決犯罪通知の取扱いであ
る。以前どこの市区町村長に対しても既決犯罪通知が行われていない外国人
及び本籍が明らかでない者について，前記ア，①の帰化，イ，⑤の無籍者の
新戸籍の編製，イ，⑦の就籍等の事由により新たに本籍が設けられた場合及
びエの本籍判明により新たに本籍が明らかになった場合には，新たに本籍地
検となった検察庁から市区町村長に対し既決犯罪通知が行われるが，既にど
こかの市区町村長に対し既決犯罪通知が行われている者については，イのい
ずれかの事由により本籍の変更があり，検察庁において犯歴票の保管替えの
手続がとられた場合でも，改めて既決犯罪通知は行われない。これは，通常，
検察庁で既決犯罪通知をしている者について本籍の変更があったことを知る
のは，市区町村長からの通知に基づくことが多いと予想される上，市区町村
では，検察庁へその旨の通知をすると同時に，大正6年4月12日付け内務
省訓令第1号「市町村長ヲシテ本籍人ノ犯罪人名簿ヲ整備シ及転籍者ニ関ス
ル通知ヲ為サシムル件」に基づき転籍先の市区町村長に対し犯歴事項の通知
を行い，このことが確実に励行されていると考えられているからである。

(9)　**とん刑者等の登録及び犯歴の抹消事務**（規程15条，17条，18条）

　とん刑者及び逃亡被告人等の所在を発見し国家刑罰権の適正な実現を図る
ため，犯歴事務を利用して電子計算機及び犯歴票等にとん刑者等の登録が行
われている。とん刑者とは，有罪の確定裁判を受けながらその刑の執行を終
わらないで逃亡している者をいい，その犯歴は電子計算機又は犯歴票に必ず
登録されているので，これにとん刑者である旨を登録し，さらに，とん刑に
係る有罪の確定裁判が，電算処理対象犯歴に係るものであるときは，とん刑
者等カードにより非電算の犯歴票の中に，また，それが非電算処理対象犯歴
に係るものであるときは，電子計算機にもその旨を登録する。

逃亡被告人等とは，あらゆる事件の被告人，被疑者でその所在が不明となった者をいい，これらの者については，いまだ有罪の裁判が確定したわけではないので当然犯歴の登録はないが，とん刑者の場合と同じ方法で電子計算機及び犯歴票に逃亡被告人等である旨の登録が行われる。

犯歴（道交犯歴を除く）の抹消は，有罪の確定裁判を受けた者が死亡した場合にのみ行われる。電算処理対象犯歴については，登録を抹消したのち，10年間，別途死亡者犯歴として把握するものとされているが，その余の非電算犯歴票については，死亡した年の翌年1月1日から起算して1年，道交犯歴票については，裁判が確定した年の翌年1月1日から起算して10年を経過した後に廃棄される（昭和59. 4. 26刑総第330号，平成12. 9. 29刑総第1153号及び昭和52. 12. 23刑総第794号の各刑事局長通達）。

5　各種通知書等の作成名義人

検察庁から市区町村長等に対して行われる既決犯罪通知，刑執行状況等通知，身上調査照会，犯歴事項の回答等の通知・照会・回答事務は，全て犯歴担当事務官がその名において行うものとされている。

検察庁におけるこれらの事務は，検察庁法施行前の昭和22年5月までは裁判所検事局の名で，その後同33年10月犯罪票事務取扱要領の制定に至るまでは検察庁の名で，また，その後同40年10月旧犯歴事務規程の施行に至るまでは検察官の名でそれぞれ行われていたのである。

ところが，旧犯歴事務規程立案の過程において，実際にこの種の事務を取り扱うのは犯歴係事務官であり，既決犯罪通知書等への検察官の記名押印も犯歴係で保管している検察官の記名印及び職印を犯歴係事務官が押捺し，検察官はこの種の事務に実質的に関与していないという事務処理の実情が問題点として提起された。もちろん犯歴係事務官としてはこのような通知・照会・回答事務を行うについて，検察官の包括的な命令があればその都度個別の命令を受ける必要はないので，前記のような事務処理をしていても問題と

32 第1編 解 説

なることはないが，一旦事故が起こると，たとえ検察官名義の文書による過誤であったとしても，検察官の監督責任は別としてこれを取り扱った犯歴係事務官が第一次的責任を問われることは明白なので，事務処理の実態に合致させ併せて責任の所在をも明確にする方法として，これらの通知・照会・回答文書の名義人を犯歴係事務官とすることの適否が検討されることになった。その結果，この種の事務は，検察庁法 27 条 3 項の規定により検察事務官をして行わしめることのできる「検察庁の事務」に該当するとの公権的解釈が出され，犯歴係事務官の名において行うこととされたのである。

　ところで，「検察庁の事務」は，検察事務と検察行政事務（注8）に大別されている。検察事務は，検察権を行使するために直接必要とされる事務で，具体的には，検察庁法 4 条，6 条に規定する犯罪の捜査，起訴・不起訴の決定，公判の維持遂行，裁判の執行の監督等がこれに当たる。

　そして，検察事務は，検察官が自ら行う本来の捜査及び公判に関する事務とこれに付随する検務事務に分けられるが，犯歴事務は本来の検察事務に付随する検務事務に該当する上，この付随事務は検察庁法 27 条 3 項の規定により検察事務官をして行わしめることのできる「検察庁の事務」に該当し，しかも前記の通知・照会・回答等は犯歴係事務官の名において行うのが相当な事務とされたということである。通知・照会・回答等の名義人が犯歴係事務官とされても，これは犯歴係事務官に固有の権限が与えられたということではなく，検察官の権限に属する事項について検察官の命を受けその補助機関としての立場で職務を行うものであることはいうまでもない。実務の運用に当たっては，事務の適正を期するため，その庁の長がこれらの事務を担当する課長たる検察事務官を指定し，その者をして通知・照会・回答等の事務を行わせるものとされていたが，検察庁における組織改編により，地方検察庁及び区検察庁の検務部門に置かれていた課が廃止され，検務監理官以下（統括検務官，検務専門官など）の検務官制が導入されたことに伴い，通知等の事務を行わせるものとされていた課長たる検察事務官は，検務監理官な

いし統括検務官たる検察事務官にされている。

（注 8）　検察行政事務

　　検察庁における検察事務以外の事務をいい，検察行政事務には，検察事務の運営上，当然これに随伴し検察事務遂行のため必要な間接的補助的行政事務，例えば，総務，会計，人事，文書等の事務や検察庁の長による統括事務がある。

6　検察庁において保有する犯歴に係る個人情報といわゆる行政機関個人情報保護法との関係について

　平成 15 年 5 月 30 日，行政機関の保有する個人情報の保護に関する法律（以下「行政機関個人情報保護法」という）及び個人情報の保護に関する法律等のいわゆる個人情報保護関連 5 法が公布された。これに伴い官民における個人情報の適正な取扱いが法律で規律されることとなった。行政機関個人情報保護法は，行政機関の保有する電子計算機処理に係る個人情報の保護に関する法律（昭和 63 年法律第 95 号。以下「電磁的個人情報保護法」という）の全部を改正したものであり，その施行は，公布の日から起算して 2 年を超えない範囲において，政令で定める日からとされていた（行政機関個人情報保護法附則 1 条）。また，行政機関個人情報保護法は，公的部門における個人情報の取扱いを定めているところ，その対象となる行政機関のうち検察庁等の特別の機関等については政令にゆだねられていた。これらに係る政令は，同 15 年 12 月 25 日，行政機関の保有する個人情報の保護に関する法律の施行期日を定める政令（平成 15 年政令第 547 号）及び行政機関の保有する個人情報の保護に関する法律施行令（平成 15 年政令第 548 号）として公布され，いずれも同 17 年 4 月 1 日から施行されることとなった。

　これにより，行政機関個人情報保護法施行後は検察庁もその適用を受けることから，取り分け，行政機関個人情報保護法における犯歴に係る個人情報の取扱いについて見てみることとする。

(1) **対象情報等**

　電磁的個人情報保護法が専ら電子計算機処理に係る個人情報であったのに対して，行政機関個人情報保護法は紙等の媒体に記録されている個人情報（生存する個人に関する情報であって，当該情報に含まれる氏名，生年月日その他の記述等により特定の個人を識別することができるもの（他の情報と照合することができ，それにより特定の個人を識別することができることとなるものを含む）2条2項）も含めてその対象としている。

(2) **行政機関における個人情報の取扱い**

　行政機関個人情報保護法は，行政機関の保有する個人情報の取扱いに関し，①個人情報の保有の制限等（3条），②利用目的の明示（4条），③正確性の確保（5条），④安全確保の措置（6条），⑤従事者の義務（7条），⑥利用及び提供の制限（8条），⑦保有個人情報の提供を受ける者に対する措置要求（9条）を定めている。

　これらの規定は，刑事手続における個人情報の取扱いにも適用される。個人情報の目的外利用については，行政機関の長は，法令に基づく場合を除き，利用目的以外の目的のために保有個人情報を自ら利用し，又は提供してはならない（8条）とされているが，同条2項1号から4号までにおいて目的外利用又は提供が認められる場合が定められている。捜査，裁判，刑の執行に関する保有個人情報は，原則として，これらの目的以外のために利用又は提供されることはない。

(3) **個人情報ファイル**

　行政機関が，個人情報ファイル（保有個人情報を含む情報の集合物であって，氏名等により容易に検索できるよう体系的に構成したもの（2条4項））を保有するには，あらかじめ，総務大臣に対し，個人情報ファイルの名称等一定の事項を通知しなければならず（10条），かつ，保有する個人情報ファイルについて事前通知事項を記載した個人情報ファイル簿を作成し，公表しなければならない（11条）。しかしながら，犯罪の捜査又

は公訴の提起若しくは維持のために作成し，又は，取得する個人情報ファイルについては，総務大臣への事前通知及び個人情報ファイル等の作成及び公表の規定は適用除外とされている（10条2項2号，11条2項1号）。

(4) **開示・訂正・利用停止請求**

何人も，行政機関の長に対し，当該行政機関の保有する自己を本人とする保有個人情報（行政機関の職員が職務上作成し，又は取得した個人情報であって，当該行政機関の職員が組織的に利用するものとして，当該行政機関が保有し，行政文書に記録されているもの（2条3項））についての開示，訂正及び利用停止の各請求をすることができることとされた（4章）。

しかしながら，裁判や刑の執行等に係る保有個人情報については，これら請求の対象から除外された（45条）。

その趣旨は，裁判や刑の執行等に係る保有個人情報の典型例は個人の前科情報であるところ，これら個人情報は訴訟に関する書類以外にも記載されていることから，これらの情報を開示対象とすると，例えば個人が就職や婚姻に際して前科等がないことの証明を求める危険性があり，前科をチェックできるシステムとなってしまい，本人の社会復帰や更生に対する支障となるおそれがあることから，開示等の対象から除外されたものである。

(5) **罰則**

①個人の秘密に属する事項が記録された個人情報ファイルを提供する罪（2年以下の懲役又は100万円以下の罰金。53条。国家公務員法の秘密漏洩罪の加重規定である），②保有個人情報の不正提供・盗用罪（1年以下の懲役又は50万円以下の罰金。54条），③個人の秘密を収集する罪（1年以下の懲役又は50万円以下の罰金。55条），④国外犯処罰規定（56条）の罰則が規定された。

36 第1編 解 説

Ⅳ 市区町村における犯歴事務

1 沿 革

(1) 江戸時代，幕府が天主教の禁を厳にするため寺院に壇家の宗旨人別改めを行わせて作った宗門改帳，名主に人別改めを行わせて作った人別帳，浪人取締りのため諸藩で作った人別帳（いずれも3部ずつ作り1部を町奉行又は藩主に提出するものとされていた）は，いずれもその頃の戸籍とみなされていたものであるが，犯罪に関する事項は，その人数を除きこれら台帳の必要的記載事項とはされていなかった。しかし，当時，現在の裁判所と市区町村役場の双方の事務を取り扱っていた町奉行及び各藩には，「既決囚人の罪質により調査しおき，赦令あるときこれが名簿を製し，その取扱いをなし及び撰要類集（八代吉宗当時から作られていた法令集，判例集）の編纂を掌り，また，人別帳（戸籍簿）のことを管する」ことを職務内容とした「赦帳撰要方人別調掛」が置かれていたことからみると，その頃から戸籍事務と犯罪人名簿事務とは深いつながりがあったものとみられるのである。この制度は，慶応3年10月の大政奉還後もしばらくの間存在したが，明治に入り急速に全国的な戸籍制度の樹立の必要性が唱えられ，明治4年4月，それまでの宗門改帳等に代わり六年一校制の戸籍とする戸籍法三三則（実施の年を基準に明治五年式戸籍又は干支によって壬申戸籍ともいわれている）が公布され，明治5年2月から施行された。この戸籍は，居住者等の本籍，氏名，年齢や婚姻，縁組などを登載してその身分関係を明らかにするほか，行政取締りを主目的として居住者等の職業，印鑑，宗旨，犯罪などの行政上の諸事項を登載したものであるが，この戸籍法三三則の施行に併せ明治5年1月13日太政官布告第4号が発せられた。

現在市区町村で備え付けられている犯罪人名簿の起源は，この太政官布告

第4号であるとみられている。すなわち，その囚獄人及徒流人ノ事の項には，「囚獄及徒流人等其管内ニ戸籍アル者ハ戸籍表ヘ載セ他管内ノ者ハ寄留表中ニ記載スヘキコト」と定められ，監獄に身柄を拘束された者及び徒刑（現在の懲役刑に当たるもので，刑期は1年，1年半，2年，2年半，3年の5段階に分けられており，徒刑場で苦役に服する）又は流刑（いわゆる島流しの刑で，刑期は1年，1年半，2年の3段階に分けられており，北海道へ送って獄に幽閉し，刑期が満了するとその地に籍を編入するものとされていた）に処せられた者については，その旨を戸籍表又は寄留表（本籍地外に90日以上逗留する場合に作られた）に直接登載すべきものとされたが，その記載事項は現在とは比べようもないほど不完全なもので，犯罪人名簿と呼ぶにふさわしい内容のものではなかった。なお，当時，一定の身分を有する者及び一定の条件を満たす者が一定の金銭を支払うことにより五刑（笞，杖，徒，流，死の刑）を免れる贖罪，収贖は，今日の罰金，科料の刑とは異なるものであり，いまだ罰金，科料の刑は存在しなかったので，戸籍表又は寄留表で把握する犯罪人の範囲は，前記のように身体の自由を拘束された者に限定されていたのである。

(2) その後，明治15年1月1日新律綱領，改定律例に代わって旧刑法が施行され，これにより有罪の確定裁判の言渡しを受けた者の公権が著しく制限されることが明文化された。旧刑法第31条以下の規定によると，重罪の刑すなわち死刑，徒刑（無期若しくは12年以上15年以下の刑期のもので，島地で定役に服する），流刑（無期若しくは12年以上15年以下の刑期のもので，島地の獄に幽閉する），懲役（6年以上11年以下の刑期のもので，重懲役と軽懲役があり，内地で定役に服する）又は禁獄（6年以上11年以下の刑期のもので，重禁獄と軽禁獄があり，内地の獄に幽閉する）の刑に処せられた者は，判決言渡しの際別に宣告がなくても，自動的に終身公権がはく奪されることになり，また，禁錮（11日以上5年以下の刑期のもので，禁錮場に留置する）に処せられた者はその刑の期間，軽罪の刑（禁錮又は罰

金）において監視に付された者はその監視の期間，いずれも公権が停止されることになったが，この規定により剥奪又は停止されることとなる公権は，

① 国民の特権
② 官吏となる権利
③ 勲章，年金，位記貴号，恩給を有する権利
④ 外国の勲章を佩用する権利
⑤ 兵籍に入る権利
⑥ 裁判所において証人となる権利（単に事実を陳述するにすぎない場合を除く）
⑦ 後見人となる権利（親族の許可を受けて子孫のためにする場合を除く）
⑧ 分散者（破産者）の管財人となり又は会社及び共有財産を管理する権利
⑨ 学校長及び教師学監となる権利

などがあり，このほか重罪の刑に処せられた者は，刑の執行が終了するまで禁治産者になるものとされたのである。

　一方，旧刑法と時を同じくして治罪法が施行されたが，その464条及び465条（7頁参照）で既決犯罪表に関する規定が設けられるとともに，治罪法の施行に併せて「犯罪人名ヲ犯人本籍ヘ通知及犯人前科調ニ関スル件」と題する司法卿通達（8頁参照）が発せられ，ようやく裁判所から戸長役場に対し裁判結果の通知を行うことが制度化された。この通達によれば，刑の言渡しをした裁判所の書記から既決犯罪表写しの送付を受けた犯人本籍地の軽罪裁判所検事は，既決犯罪表写しによって知り得た裁判内容（裁判の言渡し年月日，対審裁判又は闕席裁判の別，罪名，刑名・刑期，再犯）を犯人の本籍地の戸長に通知するものとされており，通知の方法については明らかではないが，罰金，拘留，科料に処せられた者を含め全ての者につき新たに既決犯罪表写し1通を作成し，これにより通知を行っていた。当時，戸長役場では，軽罪裁判所と同じように，この既決犯罪表を編てつして犯罪人名簿とし，特に徴兵調査のために大いに活用されたといわれている。

Ⅳ　市区町村における犯歴事務　*39*

(3)　次いで，明治 21 年 4 月には旧町村制（現在の地方自治法に当たる），同 22 年 2 月には大日本帝国憲法の公布とともに旧衆議院議員選挙法が公布されたが，その中で，選挙人名簿は郡市町村長において調製するものとされたため，このころから，犯罪人名簿が選挙人・被選挙人の資格調査のために利用されるようになったのである。

その後，市町村長に対する既決犯罪通知は，明治 25 年 2 月司法省訓令刑甲第 41 号の乙により，刑の執行をなすべき裁判所検事局から，犯人の本籍地を管轄する裁判所検事局に対する通知とは別に直接通知するようになるとともに，通知の対象から拘留及び科料に処せられた者を除くこととされ，以後この取扱いは，方法論に若干の差異はあるもののその後数多く発せられた通達の中で維持され，さらに，昭和 33 年 10 月施行の犯罪票事務取扱要領，同 40 年 10 月施行の旧犯歴事務規程及び現行の犯歴事務規程に受け継がれている。その間，明治 41 年 10 月には現行刑法が施行されて，前述した旧刑法の規定により剥奪又は停止された公権は刑法の施行に伴い効力を失うとするとともに，刑法には公権を制限する規定を置かないものとされたのであるが，なお旧刑法以外にも刑罰を受けたことにより人の資格を制限する規定を置く法律がいくつか存在した上（衆議院議員選挙法，貴族院令，弁護士法〈明治 22 年勅令第 11 号〉，公証人法，町村制等），その後もこのような規定を置く法律が次々と制定されたため，これらの資格調査（身分証明）及び選挙人の住所地を管轄する市区町村長の権限とされていた各種選挙における選挙人名簿調製の必要上，市区町村では依然として犯罪人名簿備付けの必要性が認められたのである。

(4)　市区町村では長い間先に述べた司法卿通達，司法省訓令の趣旨に基づき，いわば受動的に犯罪人名簿の調製整備を行ってきたのであるが，大正 6 年 4 月 12 日に至り「市町村長ヲシテ本籍人ノ犯罪人名簿ヲ整備シ及転籍者ニ関スル通知ヲ為サシムル件」と題する内務省訓令第 1 号（**注9**）が発せられ，有罪の確定裁判を受けた者の戸籍事務を管掌する市区町村長は，裁判所

40 第1編 解 説

検事局，軍法会議又は他の市区町村長からの通知に基づいて犯罪人名簿を整備するものとされ，その調製整備をしなければならないことが初めて規定化されたのである。現在市区町村で調製されている犯罪人名簿の備付けの根拠は，実にこの内務省訓令にあるのである。

その後は，昭和2年1月，住所地の市区町村長に犯罪人名簿を整備させることを内容とした内務省訓令（注10）が発せられたほかは，事務処理の大綱を規定する訓令，通達等は発せられず，各市区町村では，上記大正6年の内務省訓令を唯一の根拠とし，また，具体的案件の処理に関して単発的に発せられる内務省，自治省の通達を僅かにそのよりどころとして，思い思いに事務処理を行ってきたというのが実情であった。しかし，昭和30年代後半から犯歴事務について全国統一処理を図る必要があるとの意見が次第に強まり，現在まで統一処理要領制定の実現こそみないものの，各都道府県総務部において，事務処理要領の作成，配布，研修・会議の実施等市区町村の事務担当者に対する指導を積極的に行った結果，都道府県単位ではあるが共通した事務処理の実施に至っているところが多くなっている。

なお，現在は，各市区町村において，犯罪人名簿の調製等の事務の適正な処理等に期するため，「○○市犯歴事務取扱規程」，「○○市犯罪人名簿取扱規程」等の訓令を独自に制定している例もみられる。

(5) 今日において犯罪人名簿の調製に関する事務は，地方公共団体の自治事務として実施されているものであり，法律又はこれに基づく政令の根拠を必要とするものではなく，各地方公共団体において，個人情報の保護に関する法律（平成15年法律第57号）の趣旨を踏まえて制定した個人情報保護条例等に基づき，個人情報の適切な取扱いを確保すべきものと考えられている（注11）。

(注9)　市町村長ヲシテ本籍人ノ犯罪人名簿ヲ整備シ及転籍者ニ関スル通知ヲ為サシムル件

（大正6.4.12内務省訓令第1号）

市町村長（市制第 6 条及第 82 条第 3 項ノ市ニ在リテハ区長，市制町村制ヲ施行セサル地ニ在リテハ市町村長ニ準スベキ者以下同シ）ヲシテ裁判所検事局，軍法会議又ハ他ノ市町村長ノ通知ニ依リテ本籍人ノ犯罪人名簿ヲ整備セシムヘシ但シ裁判所検事局，軍法会議又ハ市町村長ノ通知書ヲ編綴シテ犯罪人名簿ニ代用セシムルモ妨ケナシ

本籍ヲ他ノ市町村長ノ管轄内ニ転シタル者アルトキハ除籍地ノ市町村長ヲシテ入籍ノ市町村長ニ転籍者ノ刑罰（拘留，科料ヲ除ク），身代限，破産，家資分散，兵役，種痘ニ関スル事項ヲ遅滞ナク通知セシムヘシ

（注 10）　市町村長ヲシテ他ノ市町村長ノ通知ニ依リ入寄留者犯罪人名簿ヲ整備セシメ及出寄留者ニ関シ通知セシムル件

（昭和 2. 1. 29 内務省訓令第 3 号）

市町村長（市制第 6 条及第 82 条第 3 項ノ市ニ在リテハ区長，市制町村制ヲ施行セサル地ニ在リテハ市町村長ニ準スヘキ者以下同シ）ヲシテ他ノ市町村長ノ通知ニ依リ大正 6 年 4 月内務省訓令第 1 号ニ準シ入寄留者犯罪人名簿ヲ整備セシムヘシ出寄留者アルトキハ本籍地ノ市町村長ヲシテ入寄留地ノ市町村長ニ寄留者ノ犯罪事項ヲ遅滞ナク通知セシムヘシ

（注 11）　「犯罪人名簿に関する質問主意書」

平成二十二年三月二日提出

質問第一九一号

犯罪人名簿に関する質問主意書

提出者　木村太郎

全国の市区町村自治体が，罰金以上の有罪判決が確定した人の氏名や罪名・量刑などを記載した「犯罪人名簿」を作成し，運用している実態がある。大正六年の内務省訓令で選挙資格を調べる目的で，「犯罪人名簿」の整備を指示したことが背景となって，今日の実態に繋がっていると思われるが，全国の市区町村による「犯罪人名簿」の作成・運用・管理において統一されていないのが実態である。我が国の治安の維持や罪を犯した人の更生・社会復

42 第1編 解説

帰を考えたとき，「犯罪人名簿」の取り扱いに関して統一することが，極め
て重要であると考える。

　従って，次の事項について質問する。

一　「犯罪人名簿」の作成・運用・管理を全国の市区町村自治体において統一す
べきと考えるが，国はどう考えるか。

二　全国連合戸籍事務協議会は，「法的根拠がない犯歴事務は，個人情報保護法
に抵触する」と指摘しているが，このことについて国はどう考えるか。

三　一と二に関連して，法的整備が必要と考えるが，国は今後どのように対応す
る考えか。

　　右質問する。

平成二十二年三月十二日受領

答弁第一九一号

　　内閣衆質一七四第一九一号

　　平成二十二年三月十二日

　　　　　　　　　　　　　　　　　　　内閣総理大臣　鳩山由紀夫

　　　　衆議院議長　横路孝弘　殿

　　衆議院議員木村太郎君提出犯罪人名簿に関する質問に対し，別紙答弁書を
送付する。

衆議院議員木村太郎君提出犯罪人名簿に関する質問に対する答弁書

一から三までについて

　　お尋ねの「犯罪人名簿」について，その調製に関する事務は，地方公共団
体の自治事務として実施されているものであり，法律又はこれに基づく政令
の根拠を必要とするものではなく，各地方公共団体において，個人情報の保
護に関する法律（平成十五年法律第五十七号）の趣旨を踏まえて制定した個
人情報保護条例等に基づき，個人情報の適切な取扱いを確保すべきものと考
えている。

　　したがって，「犯罪人名簿」の調製に関する事務について，御指摘のよう
に法的整備を要するものとは考えていない。

（参考）質問主意書……国会の各議院において，議員が国政一般について内閣に事実又は所信をただすこと（国会法第8章）。

2 犯罪人名簿の調製者

(1) 市区町村で備え付けている犯罪人名簿の調製者は，大正6年4月12日付け内務省訓令第1号（40頁参照）で定めているとおり，有罪の確定裁判を受けた者の戸籍事務を管掌する市区町村長である。ここでは，従来慣用している「本籍地を管轄する市区町村長」という表現をあえて避けているが，「本籍地を管轄する」という表現は市区町村長の権限からみて妥当な用語ではないので，戸籍法1条及び平成11年法律第87号による改正前の地方自治法148条3項，別表4，2(4)で規定している「戸籍事務を管掌する」という用語に従うこととし，さらに，特別区の区長及び政令指定都市の区長もこの事務を行うことができるものとされているので，「戸籍事務を管掌する市区町村長」としたのである。

なお，犯罪人名簿事務は，戸籍事務が地方自治法の規定の上で市区町村長の事務とされている（同法148条3項，別表4，2(4)）のとは異なり，身分証明事務を行うための付随事務として市区町村の事務に属すると解されていたものであり，また，市区町村の戸籍係において取り扱われているにもかかわらず，調製者を市区町村とせず市区町村長としたのは，市区町村長は当該地方公共団体の事務全般についての統轄者であり，その事務について管理執行権を有する（同法147条，148条1項）ものとされていたからである。

(2) 次に，市区町村等の通達集，先例集等に登載されている昭和2年1月29日付け内務省訓令第3号「市町村長ヲシテ他ノ市町村長ノ通知ニ依リ入寄留者犯罪人名簿ヲ整備セシメ及出寄留者ニ関シ通知セシムル件」（41頁参照）の効力いかんにより，有罪の確定裁判を受けた者の住所地を管轄する（住民基本台帳事務を取り扱う）市区町村長においても犯罪人名簿を整備する必要があるか否かが問題となるが，これについては見解が分かれる。住所

地の市区町村長には犯罪人名簿備付けの義務がないとする見解（新田豊編「犯罪人名簿取扱先例集」35頁ほか）は，上記訓令は寄留法の廃止により又は地方自治法の施行により効力を失ったということを理由とするものであり，一方，備付けの義務があるとする見解（成毛鐵二編著「犯罪人名簿と身分証明」16頁 帝国地方行政学会 昭和41. 10. 5）は，この訓令の廃止通達が発せられていない限りなお効力を有するということを理由とするもので，「この訓令が効力を失っているとする説は，この事務が現在市区町村において訓令どおり実施されていない実状を理論づけようとする詭弁にすぎない」とさえ力説しているが，いずれの見解も十分に首肯し得る説明に欠ける。この問題を検討するには，単に形式的な面で訓令の効力を論ずるのではなく，訓令の施行当時，この訓令がいかなる目的で，何を根拠として発出されたのかなど実質的な面からの考察が必要であり，これによりおのずから結論を導くことができよう。

　市区町村の犯罪人名簿は，明治21年の旧町村制（明治21年4月25日法律第1号）の施行前は専ら身分証明のみを目的として整備されていたが，前記の旧町村制第18条の規定及び同22年施行の旧衆議院議員選挙法第5章第18条以下の規定により選挙人名簿の調製は市町村長の権限に属するものとされて以来，身分証明及び選挙人名簿の調製を行うために整備するものとされてきたので，新たに寄留地の市町村長にも犯罪人名簿を整備させることとしたこの訓令は，身分証明事務又は選挙人名簿調製事務のいずれかの事務の円滑を図ることを目的として発せられたものであることが明白である。ところで，明治22年以降全国各地の市町村長は，各種の選挙の実施の都度選挙人名簿の調製を行ってきたが，当時，全国の有権者総数は，明治22年45万人余，同23年98万人余，大正8年に至っても300万人余にすぎず，加えて人の異動も今日のように激しいものではなかったので，選挙人名簿の調製も比較的容易に行えたものとみられるのである。ところが，その後，第一次世界大戦（大正3年〜7年）後における民主主義的風潮が我が国にも大きな影

響を及ぼし，一方，ようやく軌道に乗った政党政治の発達と多年にわたる選挙制度の運用の実績から，選挙権の拡大，その他選挙制度全般にわたって法律の整備が相次いで行われるようになった。中でも，この訓令の発せられる直前の大正14年には衆議院議員選挙法の全面改正（大正14年法律第47号），同15年同法の一部改正（大正15年法律第81号），同市制（明治44年法律第68号）及び町村制（明治44年法律第69号）の一部改正（大正15年法律第74号，第75号）がそれぞれ行われて，選挙権者の納税要件を撤廃する男性普通選挙制が実施されることになり，その結果，全国の有権者総数は一挙に1240万余人と増加するに至った。このため，選挙地の市町村における選挙人名簿調製の事務量が一気に激増し，名簿調製のために行う戸籍事務を管掌する市町村長に対する犯歴事項等の照会事務は，どの市町村でも，容易ならざる負担となったことが推測できるのである。

　一方，身分証明に関しては，そのころ，特に寄留地の市町村で行わなければならないとするなんらの社会的事情も認められない。なお，この訓令の発せられた当初，訓令の趣旨の説明がないため，寄留地の市町村の犯罪人名簿を身分証明のために利用できると解釈し，そのような運用を行った市町村があったが，寄留地の市町村において身分証明のために犯罪人名簿を利用すべきでないことは，ずっとのちの昭和17年2月17日法曹会第一科決議でもこれを肯定している。

　このようにみてくると，この訓令は，選挙地の市町村長が選挙人名簿調製のために行う犯歴事項等の照会の手数を省くことを目的として発せられたものであり，その基盤は，選挙人名簿の調製は市町村の権限に属すると定めた衆議院議員選挙法（大正14年法律第47号），市制（明治44年法律第68号）及び町村制（明治44年法律第69号）にあると考えることができる。

　ところが，訓令の基盤となっていた市制及び町村制は昭和22年5月地方自治法の施行とともに廃止され，さらに，衆議院議員選挙法も同25年5月公職選挙法の施行とともに廃止されたばかりでなく，同法では，新たに選挙

人名簿の調製は市区町村の選挙管理委員会において行う旨の規定が設けられ（同法19条2項，266条1項，269条。なお，地方自治法施行当時の27条には，補充選挙人名簿の調製は市区町村の選挙管理委員会が行う旨の規定があったが，この条文は昭和25年公職選挙法の施行に伴い削除されている），市区町村長は選挙人名簿の調製には全く無関係となってしまったのである。なお，市区町村長と市区町村の選挙管理委員会は別個独立の機関であり（地方自治法138条の2），たとえ市区町村長に権限事務の委任，職員の融通，勧告等の権限が認められているとしても（同法180条の2～4），これにより機関の独立性が損なわれるわけではなく，また，指揮監督権が生ずるわけでもない。

　したがって，寄留地の市町村長に選挙人名簿調製のために犯罪人名簿を整備させることとした昭和2年の内務省訓令は，少なくとも昭和25年5月の公職選挙法の施行以後は，その効力の有無を論ずるまでもなく存在意義を失ってしまったものと考えられるので，有罪の確定裁判を受けた者の住所地を管轄する市区町村長には，犯罪人名簿備付けの義務はないと考えるのが相当である。

　なお，有罪の確定裁判を受けた者の住所地市区町村の犯罪人名簿は，実際には，戦後間もなく本籍地市区町村長からの通知がなんとなく行われなくなってその整備が休止されてしまったため，それ以後，昭和37年に公職選挙法の一部改正により11条3項の規定が設けられ，本籍地市区町村長から住所地市区町村の選挙管理委員会に犯歴事項等の通知が行われるようになるまでの間は，市区町村の選挙管理委員会は，選挙人名簿調製のために，「いちいち本籍地市区町村長に照会を行って欠格条項に関する調査をしていた」（自治省選挙局内選挙制度研究会「改正公職選挙法解説（昭和37年）」74頁第一法規出版株式会社　昭和37. 6. 5発行）のが事務処理の実態であったのである。

3 犯罪人名簿調製の対象となる者（犯歴）

犯罪人名簿は，通常，検察庁からの既決犯罪通知又は前本籍地の市区町村長から通知される転籍者等に係る民刑事項通知（大正6年内務省訓令第1号〈通知書の標題は，例えば「転籍者等戸籍事項変更通知書」等と市区町村により異なる〉）に基づいて調製される。したがって，これらの通知により犯罪人名簿を調製することとなる者は，検察庁から既決犯罪通知の行われる罰金以上の刑に処する有罪の確定裁判の言渡しを受けた者（自然人）に限られる。しかし，罰金以上の刑に処する有罪の確定裁判の言渡しを受けた者であっても，少年のときに犯した罪（犯罪時少年）に係る裁判であって，確定のときに刑の執行を受け終わったとされるもの（本刑に満つるまで未決勾留日数の算入が行われた裁判，刑の言渡しと同時に言い渡された仮納付の裁判の執行があった後に確定した罰金の裁判等），刑の執行を猶予されたもの及び刑の執行を免除されたものについては，いずれも検察庁から既決犯罪通知が行われないことになっているので犯罪人名簿は調製されない。これらの有罪の確定裁判について既決犯罪通知が行われないのは，既決犯罪通知を行う時点で，人の資格に関する法令の適用に関しては既に将来に向かって刑の言渡しを受けなかったものとみなされているからである（少年法60条1項，2項）。なお，刑の執行を猶予された者について，後日，執行猶予の言渡しを取り消す裁判が確定した場合は，刑執行猶予言渡し取消通知書により，また，刑の分離決定（刑法52条），再審の裁判又は非常上告の裁判の結果，前に言い渡された刑が変更され，かつ，執行猶予の言渡しがない場合は，刑の分離決定通知書，再審結果通知書又は非常上告結果通知書により，それぞれ検察庁から市区町村長に犯歴事項が通知されるので，これにより犯罪人名簿を調製する場合がある。

ところで，ここでいう犯罪人名簿の調製の対象となる罰金以上の刑に処する有罪の確定裁判とは，死刑，懲役，禁錮，罰金の刑が言い渡された裁判の

みならず，懲役，禁錮又は罰金の刑について刑の言渡しと同時に言い渡される執行猶予の裁判（拘留，科料の刑に付することはできない）及び刑の執行を免除する裁判（刑の時効により執行の免除を受ける場合〈刑法31条〉，恩赦により刑の執行が免除される場合〈恩赦法8条〉ではなく，外国判決による刑の執行があった場合に，刑法5条ただし書の規定により刑の執行を免除する裁判が行われる場合をいう）が含まれるが，刑の免除の裁判及び罰金以下の刑に当たる拘留，科料の裁判はこれに該当しない。刑の免除，拘留，科料の裁判も有罪の確定裁判であり，人の資格に影響を及ぼす法令が存在する以上，これらの刑に処せられた者につき市区町村長においても犯罪人名簿を調製しておく実益は認められるが，これらの刑を資格制限事由としている法令は極めて少なく（沖縄振興開発金融公庫法12条の2，2項2号），その上これらの法令でも，資格制限事由を「刑事事件により有罪の判決の言渡しを受けたとき」と包括的な規定をしていて，拘留・科料の刑が資格制限事由に当たると明記しているわけではないので，検察庁では，従前からこれらの刑に関する既決犯罪通知を行っておらず，したがって，犯罪人名簿の調製も行われない。

　さらに，罰金の刑に処する有罪の確定裁判であっても，それが道路交通法違反又は自動車の保管場所の確保等に関する法律違反の罪に係るものであるときも，検察庁から市区町村長に対する既決犯罪通知は行われないので，犯罪人名簿調製の対象犯歴に含まれない。検察庁が罰金の刑に処する道路交通法違反の罪等に係る犯歴について既決犯罪通知を行わないこととしたのは昭和37年6月からであるが，これは，人の資格につき法令が特定の前科のあることを欠格事由としている場合に，その適格性判断のため市区町村長から身分証明（犯歴事項の回答を含む）を受けた主務官庁では，法令が罰金以上の刑に処せられたことを相対的な欠格事由としているにもかかわらず，道路交通法違反及び自動車の保管場所の確保等に関する法律違反の罪に係る罰金の前科については，必ずしもこれを適格性判断の対象としているとは限らな

いという運用の実情を考慮するとともに，道路交通法違反事件の激増に伴う
犯歴事務の増大に対処するためであったのである。この結果，罰金の刑に処
する道路交通法違反の罪等に係る犯歴は，検察庁のみにおいて整備保管する
ことになり，もし市区町村長においてこの裁判の内容を知る必要があるとき
は，可能な限りいつでも照会に応ずるということで，検察庁及び市区町村に
おけるこの種事務の軽減を図ったのであるが，現在，その反動として，本籍
市区町村から本籍地方検察庁に対し，身上証明上，あるいは犯罪人名簿整理
上の必要から，非常に多くの犯歴照会がなされている実情にある。

V 犯罪人名簿への登録事項

1 犯罪人名簿の書式

　犯罪人名簿の書式については，特にこれを定めた通達等は発出されていないが，最近では，都道府県総務部の指導により都道府県単位で統一された書式のものを使用している市区町村が多い。数年前までは，大正6年内務省訓令第1号に基づき検察庁から送付された既決犯罪通知書を編てつして犯罪人名簿としていた市区町村が見受けられたが，各都道府県による指導の徹底と既決犯罪通知書のサイズの大型化（電算入力用のデータ・シートと併用のため）によりこの取扱いは見られなくなったようである。

　犯罪人名簿の書式には，少なくとも次の事項を記載する欄を設けておく必要がある。

① 戸籍の表示欄（本籍，筆頭者の氏名）

② 氏名及び生年月日欄

③ 裁判言渡し年月日及び確定年月日欄

④ 裁判言渡しの裁判所名欄

⑤ 罪名欄

⑥ 刑名，刑期，金額欄

⑦ 名簿の調製事由及び抹消（閉鎖）事由欄

⑧ 備考欄

　市区町村の犯罪人名簿を見ると，①の戸籍の表示欄に筆頭者との関係を示す続柄欄を，②の氏名欄に性別欄を設ける書式を見受ける。このほか，住所欄を設ける庁があるが，この場合は，戸籍の附票により記入しているものとみられる。⑥の刑名，刑期，金額欄には，既決犯罪通知書と同じように執行猶予○年，裁定未決勾留日数○日，法定未決勾留日数○日，公民権停止○年

の不動文字を印刷する例が多い。なお，でき得れば裁判確定事由欄を設ける
とよい。その必要性については後述する（52頁参照）。

2　既決犯罪通知書に基づく登録

　検察庁から既決犯罪通知書を受理したときは，まず，戸籍簿により本籍，
氏名，生年月日を確認した上で犯罪人名簿の調製を行わなければならない。
検察庁において既決犯罪通知書を作成する場合は，裁判書原本のほか，必ず
市区町村長からの身上調査照会回答書又は戸籍の謄（抄）本を照合して本籍，
氏名，生年月日を記載するなど正確を期しているが，戸籍簿との照合の際そ
の記載に多少でも相異があるときは，たとえ同一人と断定できる場合であっ
ても検察庁へその旨の通知が必要である（昭和40.9.7自治行第112号行政課長
通知）。在籍しない場合及び転籍している場合は，既決犯罪通知書にその旨
を表示して返送することになる。

　犯罪人名簿への裁判関係事項の登録事項は次のとおりである。

　(1)　裁判の年月日欄には，判決及び即決裁判については宣告の日が，略式
命令については略式命令の日がそれぞれ記載される。宣告とは，通常，判決
言渡しの際，裁判所に出頭した被告人に対し直接判決を言い渡す意とされて
いるが，ここでは，裁判の手続を公判手続と略式手続（刑訴法第6編）に分
け，公判手続において裁判の主文（通常は刑）が言い渡された場合を「宣
告」とし，略式手続において略式命令があった場合を「略式」としている。
既決犯罪通知書（甲）には，このような区分に従い宣告の場合「1」，略式の
場合「2」が記載されている（既決犯罪通知書（乙）は，宣告，略式の別の
文字が〇で囲まれて記載されている）が，事務処理に当たっては特に，沖縄
振興開発金融公庫法12条の2，2項2号のように，刑事事件により有罪の判
決を受けたことを資格制限事由としている法律もあるので，このことに留意
して正確に宣告，略式の別の記載を行う必要がある。なお，略式命令は，被
告人の同意に基づき簡易裁判所で特定の罪（裁判所法33条1項2号参照）

について 100 万円以下の罰金に処する場合の裁判手続である（刑訴法 461 条，461 条の 2）。

(2) 確定の年月日欄には，当該裁判が確定した年月日が記載される。確定とは，裁判がもはや通常の上訴（控訴，上告）又はこれに準ずる不服申立（刑訴法 415 条，428 条 2 項，385 条 2 項，386 条 2 項，403 条 2 項，429 条等）をもって争うことのできなくなった状態をいい，裁判の確定により刑の執行を開始することが可能となる（同法 471 条）。確定日の記載に当たっては，確定事由との関係を判明し得る程度にできる限り詳細に記入することが望ましく，特に，上訴棄却の裁判の場合には，裁判の日と確定の日との間に相当の日数を要することがあるので，確定の経過を明らかにするため，控訴（上告）棄却決定又は控訴（上告）棄却判決の旨及びその年月日を備考欄に記載しておくことが望まれる。

(3) 確定事由欄には，自然確定（上訴申立て期間の経過），上訴権放棄，上訴取下げ等裁判が確定するに至った事由が記載される。破棄自判（上級裁判所が下級の裁判所が言い渡した判決を破棄し自ら有罪又は無罪の判決を言い渡すこと）により確定した裁判については，下級の裁判所名を備考欄に記載しておく必要がある。このような場合，下級の裁判所と上級の裁判所とで異なった刑が言い渡されることが多く，過去にこれを誤って二つの犯歴として取り扱った事例があるので，このような過誤を防止する意味からもその記載を必要としよう。

なお，既決犯罪通知書には，訂正判決があった場合（刑訴法 415 条）又は訂正判決が棄却された場合（同法 417 条）は，確定事由欄に訂正判決又は訂正判決申立棄却の旨の記載が行われるので，犯罪人名簿にも，この旨の記載が必要である。

(4) 裁判言渡しの裁判所名欄には，懲役・罰金等の刑又は刑の免除若しくは刑の執行の免除を言い渡した裁判所名が記載される。したがって，第一審で言い渡した刑に係る裁判について上訴の申立てがあった場合において，例

えば，上訴審が控訴棄却，上告棄却の言渡しをしたときは，実体的な刑の言渡しをした第一審裁判所名が記載され，上訴審が下級審の裁判を破棄し新たに刑の言渡しをしたときは，原裁判破棄の言渡しをした裁判所名が記載される。なお，裁判所名が地方裁判所支部又は高等裁判所支部であるときは，支部名まで正確に記載する必要があるし，また，連記式の犯罪人名簿を使用している場合，たとい裁判所名がたまたま前の犯歴と同一であったとしても，事務処理の正確を期するため「同上」，「〃」の記載を避け，平素からその都度明確に記載する取扱いを心掛ける必要がある。

　既決犯罪通知書（甲の1）及び同（甲の2）の裁判所コード番号の記載は要しない。コード番号は，電子計算機へ入力するための番号であり，裁判所名をコード番号で入力しておくと前科調書の形式で出力した際，正しい名称で印字されることになっている。

　(5)　罪名欄には，当該確定裁判の罪名が記載されるが，既決犯罪通知書に記載されている全ての罪名を正確に記載する必要がある。罪名が複数ある場合，「○○等」として罪名の記載を一部省略する取扱いは相当でない。

　検察庁でも，犯歴把握の正確を期するため，犯歴票や既決犯罪通知書の作成に当たっては，裁判書に記載されている適用条文を精査し，全ての罪名を正確に記載するよう特に徹底した指導が行われている。全ての罪名を記載することにより，罪名と刑名，刑期，金額の間に矛盾がある場合は，容易にこれを発見することができるからである。なお，このことに関連し，不利益変更禁止の原則（刑訴法402条）や違法判決の看過等特別の理由により，罪名と刑名，刑期，金額との間に明らかな矛盾があるにもかかわらず既決犯罪通知書に矛盾のままの記載がなされる場合がある。このような事例は極めて少ないが，例えば，窃盗罪で懲役刑とされた第一審判決が被告人のみの上訴により上訴審において盗品等有償譲受け罪（法定刑は懲役刑と罰金刑の併科）と認定されたものの，不利益変更禁止の原則により更に罰金刑の言渡しをすることができない場合や，法定刑が罰金刑である場合に法定刑にない科料の

刑を科するなどの違法判決を看過して確定させてしまった場合等である。このような場合，検察庁では，既決犯罪通知書の備考欄に罪名と刑名，刑期，金額が矛盾する理由を必ず記載することになっているので，犯罪人名簿にもそのことを記載しておく必要がある。

　罪名が条例違反の場合には，単に「〇〇市条例違反」とのみ記載することなく，その条例名の全部を記載しなければならない。さらに，罪名が公職選挙法違反，政治資金規正法違反又は地方公共団体の議会の議員及び長の選挙に係る電磁的記録式投票機を用いて行う投票方法等の特例に関する法律（以下「電磁記録投票法」という）違反である場合は，選挙権及び被選挙権停止の事実，その停止期間の延長又は短縮の事実を明確にするため，罪名のほか適用法条をも併せて記載しておく必要がある。

　罪名コード番号の記載は不要である。

　(6)　刑名，刑期，金額等の欄には，当該確定裁判の刑名，刑期，金額のほか，裁定未決勾留日数，法定未決勾留日数，執行猶予の期間，保護観察の旨，補導処分の旨，公民権停止期間，刑の免除の旨，刑の執行の免除の旨等が記載される。この欄に記載する事項は，確定裁判の主文となっている最も重要な事項であるから，特に，正確かつ明瞭な記載が要求される。

ア　懲役，禁錮については，その刑名と刑期を記入する。有期の懲役及び禁錮の刑期は，通常，1月以上20年以下であるが，加重又は減軽の事由があるときは，法律上，最高30年，最低7日の懲役又は禁錮となることがある（刑法14条，68条3号，70条，71条，72条）。裁判時少年である者に懲役又は禁錮の実刑を言い渡すときは，不定期刑が言い渡される。この場合には，「懲役〇年〇月以上〇年〇月以下」と記入する。また，複数の罪を犯した中間の時期に他の罪の確定裁判が介在するため，1個の裁判で2個以上の刑が言い渡されたときは（刑法45条，50条），一つの刑名，刑期，金額欄に，例えば「第1の事実につき懲役〇年〇月，第2・第3の事実につき懲役〇年〇月」等と記入する。この場合，刑が二つ以上あっても，

1個の裁判で言い渡されたものであるから，前科で数えれば当然のことながら前科1犯である。これが前科2犯となることのないよう必ず一つの刑名，刑期，金額欄内に併記しなければならない。この点に関する既決犯罪通知書（甲の1）の注意事項については後述する。

イ　罰金については，その刑名と金額を記入する。罰金の額は，通常，1万円以上（刑法15条，罰金等臨時措置法2条2項）であるが，減軽の事由があるときは最低で2,500円となることもある（刑法15条，68条4号，71条，72条）。罰金額の上限については，一応諸法律の罰則規定で定める法定刑による制限はあるものの，具体的な金額の上限はない。例えば，所得税法238条1項，法人税法159条1項のように，一応法定刑を1000万円以下の罰金と規定して上限を設けているものの，免れた税の額又は不正に還付を受けた税の額が1000万円を超えるときは，情状により1000万円を超え免れた税の額又は還付を受けた税の額以下の罰金刑を科する旨の規定（所得税法238条2項，法人税法159条2項）もあるので，罰金について具体的な金額で示された上限はないということができるのである。

犯罪人名簿への罰金刑の記入に当たっても，アの場合と同じように，1個の裁判で2個以上の罰金刑が併科されたものであるとき，1個の裁判で懲役刑と罰金刑が併科されたものであるときは，一つの刑名，刑期，金額欄内にそれぞれの刑の併記を要することはいうまでもない。なお，盗品等運搬，盗品等保管，盗品等有償譲受け，盗品等処分あっせんの各罪（刑法256条2項）については，必ず懲役刑に罰金刑が併科される。

科料及び拘留の刑については，通常の場合，これが犯罪人名簿に登録されることはないが，懲役，禁錮又は罰金の刑に併科された場合は（刑法53条），これらの刑とともに名簿への登録が必要となる。科料の額は，1,000円以上1万円未満（刑法17条，罰金等臨時措置法2条3項），拘留の刑期は，1日以上30日未満（刑法16条）であるが，科料又は拘留に当たる罪が複数あるときは，複数の科料又は拘留が併科される（刑法53条

56 第1編 解説

2項)。

　既決犯罪通知書（甲の1），同（甲の2）に関する注意事項については後述する。

ウ　犯罪人名簿には未決勾留日数が記載される。未決勾留は，刑とはその本質を異にする。しかしながら，未決勾留が，被告人の自由をはく奪し，苦痛を与える点において自由刑の執行に類似しているので，公平の観念から，一定の場合にその日数を本刑に通算できることとしている。したがって，その性質も，刑の内容（刑期・金額）を変更するものではなく，通算日数を刑の執行を受け終わったものとみなす，つまり刑の執行に関するものとされている。

　未決勾留には，裁判所の裁量によって行ういわゆる裁定未決勾留（刑法21条）と法律をもって当然通算されるいわゆる法定未決勾留（刑訴法495条）があるから（法律の規定では，前者の場合は算入，後者の場合は通算の語が用いられている。しかし，本刑に通算される限りにおいて両者に特段の差異はない），犯罪人名簿への登録に当たっては，この区別を明確にしておく必要がある。

　裁定未決勾留とは，裁判所が裁判の主文の中で，勾留の初日から裁判言渡しの日の前日までの勾留日数中，裁量により刑期に算入する日数を定めて言い渡すものである。裁判所の裁量によるものであるから，どんなに長い未決勾留日数があっても，裁判所が本刑に算入する必要がないと認めれば未決勾留日数算入の言渡しをしなくても差し支えないし，反対に，未決勾留日数の全部を本刑に算入することもできる。裁定未決勾留日数算入の裁判は，有期の懲役又は禁錮の実刑の言渡しをするときに多く行われるが，刑の執行を猶予するとき，罰金，科料又は拘留の刑を言い渡すときに行われることもある。なお，刑の執行猶予を言い渡すときに未決勾留日数を算入するのは，将来執行猶予の取消しがあったときに実益があるからである。また，罰金，科料への算入は，本刑たる罰金，科料に対して認められてい

るものであって，換刑処分たる労役場留置に対するものではない。法定通算については，未決勾留の1日を金額 4,000 円に折算して通算するものとされており（刑訴法 495 条 3 項），裁定通算については，裁判所の裁量により勾留の1日の換算額が定められ，主文の中で言い渡される。

　このほか，将来における減刑の場合（恩赦によって有期刑に変更された場合）を考慮し無期の自由刑に未決勾留日数を算入した裁判例（昭和 30. 6. 1 最大判・刑集 9 巻 7 号 1103 頁）もある。

　次に，法定未決勾留とは，刑事訴訟法 495 条の規定により本刑に通算される未決勾留で，上訴提起期間中における上訴申立て前の未決勾留，上訴申立て後の未決勾留であっても検察官が上訴申立てをしたときの未決勾留，上訴審において原判決が破棄された場合における上訴申立て後の未決勾留のように，被告人の責めに帰さない未決勾留について法律上当然に本刑にその日数を通算することのできる未決勾留をいう。なお，2 個以上の刑のいずれか一つの刑又は複数の刑に未決勾留の通算が行われる場合があるが，既決犯罪通知書には，どの刑に通算すべき未決勾留日数であるかを明示してあるから，犯罪人名簿にもその旨を明らかにして記載する必要がある。

エ　刑の全部の執行猶予期間の記載に当たり，2 個以上の異なる刑があるときは，例えば，懲役，禁錮又は罰金のいずれの刑の全部の執行猶予であるかを明確にしておく必要がある。また，保護観察付執行猶予であるときは，執行猶予期間のほか「付保護観察」の記載を要する。

　刑の全部の執行猶予は，刑法 25 条所定の要件を満たす者に対し，3 年以下の懲役若しくは禁錮又は 50 万円以下の罰金の言渡しをする際，その情状により 1 年以上 5 年以下の期間を定めて言い渡すことができるものとされている。したがって，科料や拘留の刑には執行猶予を付することはできないが，略式命令であっても罰金の刑に処する場合は執行猶予を付することが可能である（刑訴法 461 条）。さらに，刑の全部の執行猶予期間中再度罪を犯した者を 1 年以下の懲役又は禁錮に処する場合において情状特

58 第1編 解 説

に酌量すべきものがあるときは，再度1年以上5年以下の期間を定めて刑の全部の執行猶予を言い渡すことができるが，この場合には必ず保護観察を付するものとされている（刑法25条2項，25条の2第1項）。しかし，再度罪を犯した者が保護観察付執行猶予期間中であるときは，刑の全部の執行猶予を言い渡すことはできない（刑法25条2項ただし書）。

　平成25年6月19日に公布された刑法等の一部を改正する法律（平成25年法律第49号）及び薬物使用等の罪を犯した者に対する刑の一部の執行猶予に関する法律（平成25年法律第50号。以下「薬物法」という。）の施行により，平成28年6月1日から，刑期の一部を実刑とするとともに，その残りの刑期の執行を猶予する刑の一部の執行猶予制度が導入された。

　刑の一部の執行猶予は，刑法27条の2，1項所定の要件を満たす者が，3年以下の懲役又は禁錮の言渡しを受けた場合に，犯情の軽重及び犯人の境遇その他の情状を考慮して，再び犯罪をすることを防ぐために必要であり，かつ，相当であると認められるときに，全部の執行猶予と同様に「1年以上5年以下」の期間，その刑の一部を猶予する制度である（刑法27条の2，1項，薬物法3条）。刑の一部の執行猶予を言い渡す場合には，保護観察に付することができる（刑法27条の3，1項）。また，刑の一部の執行を猶予された刑については，そのうち執行が猶予されなかった部分（実刑部分）の期間を執行し，当該部分の期間の執行を終わった日又はその執行を受けることがなくなった日から，その猶予の期間を起算する（刑法27条の2，2項）。さらに，執行が猶予されなかった部分（猶予部分）の期間の執行を終わり，又はその執行を受けることがなくなった時において他に執行すべき懲役又は禁錮があるときは，その猶予期間は，その執行すべき懲役若しくは禁錮の執行を終わった日又はその執行を受けることがなくなった日から起算する（刑法27条の2，3項）。

　執行猶予期間中補導処分に付された場合もその旨の記載が必要である。

補導処分は，売春防止法5条（売春の勧誘等）の罪を犯した満20歳以上の女子に対し，同条の罪又は同条の罪と他の罪とに係る懲役又は禁錮の刑について，その刑の全部の執行を猶予するときにこれを付することができる（売春防止法17条1項）。補導処分に付された者は，婦人補導院に収容し，そこで更生のために必要な補導が行われる。補導処分の期間は6月である（売春防止法17条2項，18条）。

なお，刑の全部の執行猶予の言渡しを受け補導処分に付された者が，婦人補導院において補導処分の執行を受け終わったとき又は婦人補導院から仮退院し仮退院を取り消されることなく補導処分の残期間を経過したときは，売春防止法32条2項の例外の場合（売春防止法5条違反の罪と他の罪とにより懲役又は禁錮に処せられその刑の全部の執行を猶予された場合で，それが刑法54条1項の規定により売春防止法5条違反の罪以外の罪で処断された場合をいう）を除き，その時点で刑の執行猶予期間を経過したものとみなされているので（売春防止法32条1項，30条），補導処分が付されている犯歴については，矯正・保護官署から発せられる自由刑等（補導処分）執行終了通知書，仮釈放（仮退院）期間満了通知書の記載に十分な注意をする必要がある。犯罪人名簿の記載の上では，例えば，懲役1年，3年間刑執行猶予とされていても，6か月間の補導処分の執行終了又は仮退院後における補導処分の残期間（補導処分の執行期間と仮退院期間を合わせると6月になる）の経過により，裁判確定後3年を経ずしてその時点で執行猶予期間が経過したものとして名簿の取扱いをしなければならないからである。このことに関する矯正・保護官署からの通知については，刑の執行状況等通知の項で後述する。

オ　刑の免除，刑の執行の免除の確定裁判については，その旨を記載する。通常，刑の免除の裁判に関する既決犯罪通知は行われていないが（48頁参照），1個の裁判で2個以上の刑が言い渡された場合に，他の刑とともに通知されることがある。また，刑名，刑期，金額欄に記載を要する刑の執

60 第1編 解説

行の免除は，有罪の裁判の一つとして裁判の主文に記載がある場合であっ
て，刑の時効完成，恩赦による刑の執行の免除ではない。

(7) 備考欄には，おおむね既決犯罪通知書の備考欄に記載されている事項
が記載される。しかし，電算処理対象犯歴用の既決犯罪通知書（甲の1）及
び（甲の2）の備考欄には，本来，戸籍の表示欄，罪名欄，刑名，刑期，金
額欄等に登載すべき事項が記載されている場合が多いが，これはコード化が
できなかったり，制限字数を超えるなどコンピュータ処理の都合によるもの
であるから，これらの事項を犯罪人名簿に登載するときは，所定欄に書きき
れない場合等を除きできる限り所定欄に記載すべきである。

ア　上訴棄却の裁判については，裁判確定に至る経過を明確にしておくため，
　上訴審の裁判の日及び棄却の旨を記載することが望ましい。

イ　破棄自判により確定した裁判についても，確定に至る経過を明確にして
　おく意味で，原審の裁判の日及び裁判所名を記載することが望ましい。

ウ　検察庁において既決犯罪通知書を作成した時点で，恩赦事項が判明して
　いるとき，刑の分離決定が確定しているとき，財産刑の執行が終了してい
　るとき，算入すべき未決勾留日数が本刑を超えている等の事由により既に
　刑の執行が終了していることとなるときなど，刑の執行状況等通知を行う
　べき事項が判明している場合は，その旨を既決犯罪通知書の備考欄に記載
　することにより恩赦事項通知書，財産刑執行終了通知書等の刑の執行状況
　等に関する通知書の作成を省略することができることになっているので，
　これらの記載がある場合には，名簿の備考欄にその旨の記載をしておかな
　ければならない。

エ　公民権停止の記載については，「Ⅶ　選挙に関する犯歴」の項で述べる
　（96頁参照）。

3 電算処理対象犯歴用既決犯罪通知書に基づく犯罪人名簿登録上の留意事項

(1) 電算処理対象犯歴用の既決犯罪通知書には，既決犯罪通知書（甲の1）と同（甲の2）の2種類の様式があり，同（甲の2）は，略式命令により罰金以下の刑に処せられた確定裁判（執行猶予が付されたものを除く）にのみ使用されるもので，事務の合理化のために同（甲の1）の様式の中から略式命令に係る確定裁判の通知に必要な事項を抜き出して作られた簡易な書式である。これらの通知書の記載事項は非電算処理対象犯歴用の同通知書（乙）と変わるところはないが，検察庁では，この電算処理対象犯歴用の既決犯罪通知書の2枚目の複写の部分を電子計算機へ入力するためのデータ・シート（既決甲の1，同甲の2と呼称されている。）として利用しているため，これに電算特有の符号が記入されたり，特別の記載方法がとられたりすることが多く，その目的，読み方等について正確な知識がないと適正な事務処理をすることができないことになる。

(2) 既決犯罪通知書（甲の1）及び同（甲の2）の様式中，通知番号，氏名コード，生年月日コード，追番，本籍コード，異名コード，裁判所コード，罪名コードの各欄は，犯歴を電子計算機へ登録するための技術上の記号であるから，犯罪人名簿への登録に当たりこれらの欄の記載事項に余り神経を使う必要はない。

「通知番号」は，各地方検察庁の本庁において電子計算機に犯歴を入力するときに記入する記号で，電子計算機への登録手続が終了していることを示すものである。

氏名コード，生年月日コード，追番及び本籍コードは，これらを総称して「犯歴番号」と呼ばれている。犯歴番号は，各欄合計22桁の片仮名及び数字をもって構成され，電子計算機に入力後，犯歴索出のキー・ワードとなるもので，1桁でも空欄となることはない。

62　第1編　解　説

　「氏名コード」欄は，氏名を検察庁で定めた氏名統一読みの読み方に従っ
て，片仮名で，氏は頭位3字，名は頭位4字まで全て清音の片仮名で記入さ
れる（例えば山田正夫であれば，

氏名コード					
ヤ	マ	タ	マ	サ	フ

と記入される）。

　「生年月日コード」欄は，1桁目が年号を，以下年月日が各2桁で記入さ
れる（例えば昭和2年12月15日生まれの場合は，

生年月日コード						
2	0	2	1	2	1	5

と記入さ
れる）。暦の上で存在しない日が戸籍上の生年月日になっている場合は，電
子計算機がその入力を拒否するため，コード欄には，暦上存在する最終の
月・日を記入した上，備考欄に戸籍上の生年月日を記入することになってい
る。

　（例1） 戸籍上の生年月日が昭和9年4月31日となっている場合

　　（生年月日コード欄）

生年月日コード						
2	0	9	0	4	3	0

　　（備考欄）

項目コード	9	7	戸	籍	上	の	生	年	月	日	は	，	昭	和	9	年	4	月	3	1	日

　「追番」は，電子計算機に登録された者の中に，氏名コード及び生年月日
コードが同一となる者が2人以上いる場合，これらの者を区別するために付
される番号である。既決犯罪通知書作成の際，前科がある者については，前
科調書が作成されていて，それに既に追番が付されているのでその追番が記
入され，前科がない者については，氏名コード及び生年月日コードの同じ者
が電子計算機に既に登録されているか否か不明なので，追番「00」と記入す
ることになっている。この場合，電子計算機を操作した結果，同じコード番
号の者が登録されていることが判明すれば，その際，その者に新たに追番
（例えば「02」，「03」）が付されることになる。

　「本籍コード」欄は，本籍コード表により本籍の市区町村の番号が記入さ
れる（例えば東京都北区であれば

本籍コード					
1	3	1	1	7	2

と，東京都あきる野市であ
れば

本籍コード					
1	3	2	2	8	4

と記入される）。本籍コード表には，全国の市区町村名が
数字によりコード化されている。

　「氏名通常読み」欄は，片仮名で氏名の通常の読みが記入され，氏と名の

間を１桁空欄とするものとされている（例えば，山田正夫であれば，

| （通常読み）氏　名 | ヤ | マ | ダ | | マ | サ | オ | | | | |

と記入される）。

「異名コード」欄は，前記の氏名統一読みの読み方に従って異名に係る氏名（ペンネーム，芸名，婚姻前の旧姓等）が記入され，また，「異名通常読み」欄には，氏名通常読みの記載方法と同じ方法で異名の通常読みが記入される。

「本籍町字名番地」欄には，本籍のうち，コード化されていない町字名等が漢字で，丁目及び番地が数字でそれぞれ記入される。

（例2） 東京都墨田区 尾崎町 70 番地 71 番地合併地の場合

　　　　　本籍コード　　　　本籍町字名番地

| 本　　籍 | 東京都墨田区 | | | | | | | | | | |
| 本籍町字名番地 | 尾 | 崎 | 町 | 7 | 0 | 番 | 地 | 7 | 1 | 番 | 地 | 合 | 併 | 地 |

氏名，生年月日，異名，本籍の各欄は，通常の漢字，数字で記入され，説明すべき事項はない。

(3) 「刑番号」欄の数字は，多くの場合，１個の裁判で言い渡された刑に関する犯歴を既決犯罪通知書（甲の1）又は同（甲の2）により通知するときの既決犯罪通知書の枚数を示すものとみて差し支えない。既決犯罪通知書（甲の1）及び同（甲の2）の「刑名区分」欄及び「刑期金額」欄には，それぞれ１個の刑名及び１個の刑期又は金額しか記入できないことになっているため，１個の裁判で２個以上の刑の言渡しがあった場合，刑の数に見合う枚数の既決犯罪通知書を作成して通知を行うことがあり，この場合に，それぞれの既決犯罪通知書の刑番号欄に「01」，「02」，「03」の番号が付されるのである。

刑事事件では，通常，１個の裁判で１個の刑が言い渡されることが多く，既決犯罪通知書も１通しか作成されない。この場合には，常に，刑番号欄に「01」の番号が付される。

問題となるのは，１個の裁判で２個以上の刑の言渡しがあった場合である

64　第1編　解　説

が（55頁参照），この場合でも，その刑が罰金，拘留又は科料のみであるとき
は，後に述べるように既決犯罪通知書（甲の1）の刑名区分欄に「99」，刑
期金額欄の全部に「0」を記入した上，同（甲の1）の備考欄に全ての刑名，
刑期，金額を記載するものとされており，1通の既決犯罪通知書しか作成さ
れないことになっている。したがって，この場合にも，刑番号欄には「01」
の番号のみしか付されない。

　1個の裁判で2個以上の前記の刑以外の刑が言い渡された場合，例えば，
懲役と懲役，懲役と禁錮，懲役と罰金，懲役と科料，禁錮と罰金等の言渡し
があった場合には，必ず言渡しに係る刑の数に見合う枚数の既決犯罪通知書
（甲の1）が作成され，それぞれの通知書の刑番号欄に「01」，「02」の通し
番号が付される。なお，1個の裁判で2個以上の刑が言い渡されたため，同
時に複数の既決犯罪通知書が作成される場合は，刑番号「02」以降の既決犯
罪通知書の氏名通常読み，本籍，本籍町字名番地，生年月日，異名，異名
コード，異名通常読みの各欄への記載は行わず，空欄のままとすることに
なっている。この場合，既決犯罪通知書が何枚あっても，前科で数えれば前
科1犯であることは繰り返し述べるとおりである。

　「併科刑等区分」欄には，1個の裁判により2枚以上の既決犯罪通知書
（甲の1）が作成された場合，併科刑等の区分（複数の刑の相互関係）が併
科刑は「1」，同時言渡しは「2」，同日別刑は「3」の記号で示されるが，
ここでいう併科刑は，法律上の刑の併科の概念と必ずしも一致せず，また，
同時言渡し及び同日別刑という用語も慣用されている法律用語ではなく，こ
れらの用語は，犯歴の電算処理上複数の刑の相互関係を表すための呼び名に
すぎない。すなわち，この場合の①併科刑は，必ず自由刑と財産刑を併せて
言い渡さなければならないとされている場合（刑法256条2項の盗品等に関
する罪）の併科の言渡し及び裁量により自由刑と財産刑を併せて言い渡すこ
とができるとされている場合（銃砲刀剣類所持等取締法34条，火薬類取締
法59条，覚せい剤取締法41条の3，2項，42条，毒物及び劇物取締法24

条，24条の2，24条の3，24条の4，競馬法32条，自転車競技法56条，57条）の併科の言渡しを，②同時言渡しは，前記の併科刑の場合を除き，1個の裁判で2個以上の刑が併科して言い渡された場合（刑法45条，48条1項，53条）及び1個の裁判で2個以上の刑が同時に言い渡された場合を，③同日別刑は，同じ裁判所で同じ日に同じ刑名刑期（金額）の裁判が言い渡された場合をそれぞれいうものと電算事務処理上約束された用語なのである。

　自由刑と罰金刑が併科されたときは，必ず自由刑を第1刑，罰金刑を第2刑として2枚の既決犯罪通知書（甲の1）が作成され，それぞれの併科刑等区分欄は，自由刑のそれは空欄のままとし，罰金刑のそれに併科刑の記号「1」が記入される。また，1個の裁判で2個以上の自由刑が言い渡されたときは，刑の数に見合う枚数の既決犯罪通知書が作成され，第1刑の併科刑等区分欄は常に空欄のままとし，例えば3刑ある場合には，第2刑及び第3刑の同欄に同時言渡しの記号「2」がそれぞれ記入される。

　刑番号欄と併科刑等区分欄の記載を関連づけて例示すると次のようになる。

（例1）

言　渡　し　刑		（刑番号欄）	（併科刑等区分欄）
第1の事実について	懲役刑（第1刑）	0 1	（空欄のまま）
	罰金刑（第2刑）	0 2	1
第2の事実について	懲役刑（第3刑）	0 3	2
	罰金刑（第4刑）	0 4	1

（例2）

言　渡　し　刑		（刑番号欄）	（併科刑等区分欄）
第1の事実について	懲役刑（第1刑）	0 1	（空欄のまま）
第2の事実について	懲役刑（第2刑）	0 2	2
第3の事実について	懲役刑（第3刑）	0 3	2
	罰金刑（第4刑）	0 4	1

　同じ裁判所で，同じ日に，同じ刑名刑期（金額）の刑が言い渡されるのは稀有の事例であるが，この場合には，各刑ごとに既決犯罪通知書（甲の1）が作成され，別個の裁判によるものであることを明確にするため，第1刑に

66　第1編　解説

係る既決犯罪通知書（甲の1）の併科刑等区分欄は空欄のままとし，第2刑以下の刑に係る既決犯罪通知書（甲の1）の併科刑等区分欄に同日別刑の記号「3」が記入される。この場合は，2個の裁判があるので前科2犯となり，犯罪人名簿には，別行に同じ内容の犯歴事項を記載することになるが，当然その旨の注意書きは必要である。

　（例3）　同じ裁判所で，同じ日に，同じ刑名刑期（金額）の裁判がなされた場合
　　（同日別刑）　　　　　　　　　　**（刑番号欄）（併科刑等区分欄）**

懲役刑（第1刑）　　　　　　　0 1　　　□（空欄のまま）

懲役刑（第2刑）　　　　　　　0 1　　　3

　(4)　「裁判の日」欄，「確定の日」欄には，裁判及び確定の年月日が2桁の数字で記載され，「裁判区分」欄には，裁判の言渡しが宣告によるときは「1」，略式命令によるときは「2」の記号で，「確定事由」欄には，裁判確定の事由が自然確定は「1」，上訴権放棄は「2」，正式裁判取下げは「3」，控訴取下げは「4」，上告取下げは「5」の記号でそれぞれ表される。

　「刑名区分」欄には，刑名が懲役は「01」，禁錮は「02」，罰金は「03」，拘留は「04」，科料は「05」，懲役の不定期刑は「06」，禁錮の不定期刑は「07」，無期懲役は「91」，無期禁錮は「92」，死刑は「93」，刑の免除は「94」，その他1億円以上の罰金など備考欄に記載することとなる刑は「99」の記号がそれぞれ記入される。

　「刑期金額」欄には，懲役，禁錮，拘留の刑期及び罰金，科料の金額が記入されるが，この欄は，刑名区分欄の記載と密接な関連があり，同じ数字であっても，懲役の年月を示したり，拘留の日数を示したり，罰金の金額を示すなど意味を異にするから注意が必要である。

　懲役又は禁錮の定期刑であるときは，左欄の4桁のみが使用され，その左欄の最初の2桁が年数を，次の3，4桁目が月数を示すことになっており，例えば，3年6月は「0306」となり，右欄4桁には全て「0」が記入される。刑名区分欄が「06」，「07」の懲役又は禁錮の不定期刑であるときは，左欄4

桁が短期刑を，右欄4桁が長期刑を示すことになっている。したがって，「06」の「00100108」は，懲役10月以上1年8月以下と読むことになる。

　拘留のように刑期が日数で表される場合は，5桁目と6桁目に拘留の日数が記入され，その余の空欄に「0」が記入される。

　罰金及び科料の刑の場合は，全部の欄が使用される。右から1，10，100円単位の約束で全部で8欄あるから，罰金の額が1000万円単位のものまで記載できるようになっており，空欄ができるときは「0」が記入される。金額が1億円以上であるときは，刑名区分欄に「99」，刑期金額欄は全て「0」とした上，備考欄に当該金額が記載される。なお，1個の裁判で2個以上の罰金，拘留又は科料が言い渡された場合も，刑名区分欄「99」，刑期金額欄は全て「0」とし，刑名刑期は備考欄に一括して記載される。

　以上の説明を理解する上で，以下にその記載例を挙げる。

（例1）　懲役2年6月の場合

（刑名区分）（刑期金額）
0	1	0	2	0	6	0	0	0	0

（例2）　罰金500,000円の場合

（刑名区分）（刑期金額）
0	3	0	0	5	0	0	0	0	0

（例3）　不定期刑で懲役10月以上1年6月以下の場合

（刑名区分）（刑期金額）
0	6	0	0	1	0	0	1	0	6

（例4）　拘留29日の場合

（刑名区分）（刑期金額）
0	4	0	0	0	0	2	9	0	0

（例5）　1個の裁判で罰金4万円，4万円，4万円，15万円，15万円の5刑が言い渡されている場合

（刑名区分）（刑期金額）
9	9	0	0	0	0	0	0	0	0

（備考欄）　| 項目コード | 9 | 7 | 罰金 | 4万円 | （3刑） | ， | 1 | 5万円 | （2刑） | }

（例6）　1個の裁判で拘留20日，20日，15日，15日，15日の5刑が言い渡されている場合

（刑名区分）（刑期金額）
9	9	0	0	0	0	0	0	0	0

（備考欄）　| 項目コード | 9 | 7 | 拘留 | 2 | 0 | 日 | （2刑） | ， | 1 | 5 | 日 | （3刑） | }

（例7）　罰金1億円の場合

（刑名区分）（刑期金額）
9	9	0	0	0	0	0	0	0	0

（備考欄）　| 項目コード | 9 | 7 | 罰金 | 1億円 | | | }

　「執行猶予」欄には，刑の執行猶予期間の年数1桁が記入される。執行猶予期間3年6月のようにここに記載できないときは，この欄及び保護観察等

区分欄は空欄のままとされ，備考欄に執行猶予期間及び保護観察の有無が記載される。執行猶予の年数欄に執行猶予期間の記入がある場合には，「保護観察等区分」欄に必ず保護観察あり「1」，補導処分あり「2」，刑の執行免除の言渡しあり「9」，1・2・9のいずれもなし「0」のいずれかの記号が記入される。

「猶予部分」欄は，平成25年6月19日に公布された刑法等の一部を改正する法律及び薬物法が平成28年6月1日から施行され，刑の一部の執行猶予制度（58頁参照）が始まったことに伴い設けられたもので，例えば，「被告人を懲役2年に処する。そのうち6月につき3年間その執行を猶予する。」という判決があった場合，執行が猶予されなかった部分（実刑部分）の期間は2年から6月を引いた「1年6月」となり，猶予部分の期間は「6月」ということになるが，この「6月」を「猶予部分」の欄に記載することとなる。

刑の一部の執行猶予を言い渡すことが可能な刑は「3年以下の懲役又は禁錮」に限定されており，その執行猶予期間は刑の全部の執行猶予と同様に，「1年以上5年以下」である（刑法27条の2，1項，薬物法3条）。

「罪名」欄には，18個の罪名が記載できる。

「未決勾留日数」欄には，法定未決勾留，裁定未決勾留の区分に従いそれぞれその日数が記載される。

「通算区分」欄には，判決で「未決勾留日数を本刑に満つるまで算入する」旨の言渡しがあった場合に「1」，1個の裁判で2個の刑が言い渡され，未決勾留日数を一方の刑ではなく2個の刑に通じて通算しなければならない場合に「2」，判決で「未決勾留日数の全部を算入する」旨の言渡しがあった場合に「3」の記号が記入される。未決勾留日数を本刑に満つるまで算入する旨の裁判は，言い渡す刑期より算入しようとする未決勾留日数の方が多い場合に，算入すべき具体的な日数を掲げないで言い渡されるので，未決勾留日数欄にも数字は書かれない。この裁判があると，現実に執行すべき刑期はなく，裁判確定の日に刑の執行が終了したことになるから，犯罪人名簿の備

考欄には，「未決勾留日数本刑に満つるまで算入」の旨を記載しておく必要がある。1個の裁判で2個以上の刑の言渡しがあった場合においていずれか1個の刑に未決勾留日数を算入するときは，算入すべき刑の既決犯罪通知書の未決勾留日数欄にその日数が記入され，通算区分欄に「2」の符号は書かれない。未決勾留日数がどの刑に算入されたかは刑の執行終了日を算出する上で重要な事項であるため，検察庁では，このことを犯歴票に明確に登載することになっている。また，未決勾留日数の全部を算入する旨の裁判は，裁判所が算入すべき未決勾留日数を計算せず，その全日数を算入するときに言い渡すものであるが，この場合には，検察庁でこの日数を算出して未決勾留日数欄に記載し，通算区分欄に「3」の記号を記入することになる。

「控訴棄却の日」欄には，控訴棄却判決又は控訴棄却決定の日が，「上告棄却の日」欄には，上告棄却判決又は上告棄却決定の日が記載される。これらの裁判及び日付けは，既決犯罪通知書（乙）では備考欄に記載することとされている事項であるが，裁判確定に至る経過を知る上で重要な事項であるから，犯罪人名簿の備考欄にこれを記載しておくことが望ましい。

「刑終了の日」欄は，既決犯罪通知をする時点で刑の執行が終了している場合に記載される。したがって，既決犯罪通知をする時点で，全ての刑の執行が終了していないときは，「刑終了の日」欄は空欄のままとなっている。なお，1個の裁判で2個以上の罰金以下の刑が言い渡された場合に，刑の執行終了日が記載されているときは，その日に全部の刑の執行が終了したことを意味するものである。

「犯行時少年」欄には，犯行時少年であった者について犯行時の年齢が記載される。犯行時少年であった者に対しては，刑期，仮釈放，仮釈放期間の終了，人の資格に関する法令の適用等について成人と異なった取扱いがなされ（少年法52条，58条，59条，60条），また，犯行時の年齢により刑の緩和措置が認められており（同51条），このことを明確にしておく趣旨のものである。詳細は，「Ⅵ　少年の犯歴」の項で後述する（89頁参照）。

70 第1編 解 説

「公民権停止区分」欄には，公職選挙法と政治資金規正法の適用によりその区分が異なっているので，公民権停止期間が確定後○年間となるときは「1」又は「5」，公民権停止期間が刑終了まで及びその後○年間となるときは「2」又は「6」，公民権停止期間が執行猶予期間中となるときは「3」又は「7」，公民権不停止の言渡しがあったときは「4」又は「8」の記号が記入され，さらに，「期間」欄に不停止の場合を除き公民権停止期間の年数が記載される。また，「公職選挙法等の適用条文」欄には，その全ての適用条文が裁判書のとおり記載されるが，備考欄にも，これを電算入力データとして重複して記載することになっている。

以上の説明を理解する上で，以下にその記載例を挙げる。

（例8） 執行猶予欄・保護観察等区分欄

① 刑執行猶予5年，保護観察付の場合

執行猶予	保護観察等区分
5 年間	1

② 刑執行猶予1年6月，保護観察なしの場合

執行猶予	保護観察等区分
年間	

（備考欄）

項目コード	9	7	執	行	猶	予		1	年	6	月	（	保	護	観	察	な	し	）	

（例9） 猶予部分欄・執行猶予・保護観察等区分欄

懲役3年うち1年につき執行
猶予4年，保護観察付の場合

猶予部分	年	月	執行猶予	保護観察等区分
1			4 年間	1

（例10） 法定通算欄

法定通算65日の場合

法定通算			
0	0	6	5

（例11） 公民権停止期間欄

ア 確定後の場合

① 罰金の実刑（公職選挙法252条1項，政治資金規正法28条1項，電磁的記録投票法17条1項）

（公民権停止期間）

V 犯罪人名簿への登録事項　71

　　　　　　　　　　　　　5年　　　　期間 [0][5] 年間

② 罰金の実刑（公職選挙法 252 条 3 項）

　　　　　　　　　　　　　10年　　　　期間 [1][0] 年間

③ 罰金の実刑（公職選挙法 252 条 4 項，政治資金規正法第 28 条 3 項，電磁的
　記録投票法 17 条 3 項）

　　　　　　　　　　　　　2年　　　　期間 [0][2] 年間 （公民権停止期間が2
　　　　　　　　　　　　　　　　　　　　　　　　　　　年に短縮された場合）

イ　刑終了まで及びその後の場合

④ 禁錮以上の実刑（公職選挙法 252 条 2 項，政治資金規正法 28 条 2 項，電磁
的記録投票法 17 条 2 項）

　　　　　　　　　　　　　5年　　　　期間 [0][5] 年間

⑤ 禁錮以上の実刑（公職選挙法 252 条 3 項）

　　　　　　　　　　　　　10年　　　　期間 [1][0] 年間

⑥ 禁錮以上の実刑（公職選挙法 252 条 4 項，政治資金規正法 28 条 3 項，電磁
　的記録投票法 17 条 3 項）

　　　　　　　　　　　　　3年　　　　期間 [0][3] 年間 （公民権停止期間が3
　　　　　　　　　　　　　　　　　　　　　　　　　　　年に短縮された場合）

（例 12）　公職選挙法等の適用条文欄

① 公職選挙法 142 条 1 項 2 号，243 条 1 項 3 号，252 条 4 項適用の場合
　（備考欄）[項目コード] [6][9] [1][4][2]-[1]-[2] [2][4][3]-[1]-[3] [2][5][2]-[4] }

② 公職選挙法 221 条 1 項 1 号，3 号，252 条 2 項適用の場合
　（備考欄）[項目コード] [6][9] [2][2][1]-[1]-[1] [3] [2][5][2]-[2] }

③ 公職選挙法 138 条 2 項，138 条の 2，239 条 1 項 3 号，4 号適用の場合
　（備考欄）[項目コード] [6][9] [1][3][8]-[2] [1][3][8]/[2] [2][3][9]-[1]-[3] [4] }

④ 政治資金規正法 18 条 2 項，24 条 1 号，28 条 1 項適用の場合
　（備考欄）[項目コード] [7][4] [1][8]-[2] [2][4]-[1] [2][8]-[1] }

⑤ 政治資金規正法 22 条の 2，21 条の 2，1 項，26 条 3 号，28 条 2 項適用の場合
　（備考欄）[項目コード] [7][4] [2][2]/[2] [2][1]/[2]-[1] [2][6]-[3] [2][8]-[2] }

⑥ 電磁的記録投票法 7 条 4 項，16 条 3 項 1 号，17 条 1 項適用の場合
　（備考欄）[項目コード] [9][7] [7]-[4] [1][6]-[3]-[1] [1][7]-[1] }

⑦ 電磁的記録投票法 7 条 2 項，16 条 2 項，17 条 2 項適用の場合

72 第1編 解 説

（備考欄）項目コード 9 7 7 - 2 1 6 - 2 1 7 - 2

　(5)　「備考欄」には，既決犯罪通知書に所定欄が設けられていない犯歴事項及び所定欄に字数が多く書ききれない事項等が項目コード番号とともに記載される。項目コード番号は，本籍町字名番地が「17」，非コード化罪名が「61」，公職選挙法の適用条文（71頁（例12）①～③参照）が「69」，政治資金規正法違反の適用条文（71頁（例12）④，⑤参照）が「74」，生年月日（62頁（例1）参照），刑期金額（67頁（例5）から（例7）まで参照），執行猶予期間（70頁（例8）②参照），その他の犯歴事項が「97」と定められている。

4　刑の執行状況等通知書に基づく登録

　市区町村で備え付けている犯罪人名簿は，前述のとおり検察庁から送付される既決犯罪通知書に基づいて調製されるが，これを的確に整備しているといい得るためには，その後における刑の執行状況等を正確に把握し，常に名簿の補完を図っておくことが必要であるから，検察庁では，これに協力する趣旨の下に市区町村において最小限必要とする刑の執行状況等について，これを通知するものとされているのである。

　刑の執行状況等通知として検察庁から市区町村に通知される事項は，主として刑の執行終了時期を把握するために必要な事項及び既決犯罪通知書の記載内容の変更を伴う事項，すなわち，刑の執行猶予言渡しの取消しに関する事項，恩赦に関する事項，刑の分離決定に関する事項，刑の時効完成に関する事項，再審の裁判結果に関する事項，非常上告の裁判結果に関する事項，上訴権又は正式裁判請求権の回復請求を認める裁判結果に関する事項，財産刑の執行終了に関する事項である。このほか，自由刑の執行終了に関する事項については矯正機関から，仮釈放の取消し，満了に関する事項については保護機関からそれぞれ通知が行われる。

　次に，刑の執行状況等通知の内容，通知の時期，通知の方法等について説

明する。

(1) 刑執行猶予言渡しの取消し通知

　刑の執行猶予の言渡しを受けた者が執行猶予の期間中に更に罪を犯して刑に処せられるなどして執行猶予が取り消され（刑法26条，26条の2，27条の4，27条の5），その裁判が確定したときは，執行猶予の取消請求をした検察庁の犯歴担当事務官から本籍地検（11頁参照）を経由して刑執行猶予言渡し取消通知書（甲）又は同（乙）によりこの旨の通知が行われる。

　少年のとき犯した罪により刑の全部の執行猶予の言渡しを受けた者（満18歳以上満20歳未満のときに犯した罪に係る裁判であって，その裁判を受けた者が公職選挙法11条1項5号若しくは252条又は政治資金規正法28条の規定により選挙権及び被選挙権を有しないこととされるものを除く。）については，市区町村長に対する既決犯罪通知は行われていないが，その執行猶予が取り消された場合には，刑執行猶予言渡し取消通知書によりその旨が通知される。この場合には，通知書の備考欄に「犯行時少年（犯時○歳）」の記載と，「本通知書をもって既決犯罪通知書に代える」旨の記載が必ず行われるので，これに基づいて新たにその者の犯罪人名簿を調製しなければならない。少年の犯歴については，種々特別な取扱いが行われるので，「Ⅵ　少年の犯歴」（89頁参照）の項で詳述する。

　また，公職選挙法違反又は政治資金規正法違反の罪により刑の執行猶予の言渡しを受けた者がその執行猶予を取り消された場合は，既決犯罪通知により既に通知済みの公民権停止区分及び公民権停止期間に変更を生ずることになるので，刑執行猶予言渡し取消通知書により改めてこのことが通知される。刑執行猶予言渡し取消通知書（甲）の公民権停止区分欄及び公民権停止期間欄の読み方は，既決犯罪通知書（甲の1）の場合と同様である。

　なお，この通知書の留置日数欄に数字が記入されることがある。これは，刑法25条の2，1項の規定により執行猶予の期間中保護観察に付された者が一定の住居に居住しなかったり，保護観察の遵守事項違反の疑いがある場合，

74 第1編 解説

引致状により留置されることがあり（更生保護法80条），その留置日数を指
すが，刑の執行猶予が取り消された場合には，その留置日数は刑期に算入す
るものとされているので（更生保護法80条6項），未決勾留と同様の観点で
これを把握しようとするものである。

犯罪人名簿には，執行猶予が取り消された刑の備考欄に，取消し決定の日
及び確定の日，取消裁判所名を記載しておけば足りよう。また，取消しの原
因となった刑について，いまだ既決犯罪通知書を受理していない場合，取り
あえず刑執行猶予言渡し通知書により犯罪人名簿を調製しておくことは差し
支えない。

(2) 恩赦事項通知

恩赦法の規定により大赦，特赦，減刑，刑の執行の免除又は復権があった
ときは，当該恩赦事項を判決原本に付記すべき検察官（有罪の言渡しをした
裁判所に対応する検察庁の検察官〈恩赦法施行規則13条〉）の属する検察庁
の犯歴担当事務官から本籍地検を経由して（ただし，公職選挙法違反に係る
ものは直接送付）恩赦事項通知書（甲）又は同（乙）によりこの旨の通知が
行われる。

恩赦の効力は，通常，政令恩赦（政令で恩赦の対象となる罪や刑の種類，
基準日等を定め，その要件に該当する者について，一律に行われる恩赦）に
おいては政令が公布された日（昭和天皇崩御に際会して行われた恩赦では政
令施行の日），個別恩赦（有罪の裁判が確定した特定の者について，個別に，
恩赦を相当とするか否かを審査し，相当と判断されたものについて行われる
恩赦）においては天皇の認証があった日（恩赦状の日付けの日）に発生する
ので，恩赦事項通知の遅延により恩赦に浴した者に不利益を与えることのな
いよう特に迅速な事務処理が要求されている。

犯罪人名簿には，恩赦になった刑の備考欄に，恩赦事項通知書の恩赦事項
欄に記載されている全ての事項を記載する必要があるが，恩赦事項通知書
（甲）により通知された場合は，恩赦事項欄に記号と数字のみしか書かれて

いないので，その記載方法に困惑する。「恩赦事項区分」欄には，大赦は「1」，特赦は「2」，政令減刑は「3」，個別減刑は「4」，政令復権は「5」等と恩赦の種類が，「恩赦の日」欄には，恩赦の効力発生日が，さらに，恩赦が政令に基づくものであるときは，「政令年次」欄及び「番号」欄に当該政令の公布年次及び政令番号が記載される。したがって，昭和天皇崩御に伴う恩赦の際も，例えば，区分「1」，恩赦の日「01・2・24」，政令年次「01」，番号「27」等の記載しか行われない。この例の場合，本来なら，犯罪人名簿の備考欄には，「平成元年2月13日政令第27号大赦令により赦免」と記載することになるが，平成元年2月13日という政令公布の日はこの通知書のどこにも記載されていないため，「平成元年政令第27号により平成01・2・24赦免」と記載するにとどまることとなろう。復権の場合も，例えば，区分「5」，恩赦の日「01・4・12」，政令年次「01」，番号「28」の記載は，「平成元年2月13日政令第28号復権令により同年4月12日をもって復権」の意であるが，犯罪人名簿には，「平成元年政令第28号により平成01・4・12復権」と記載する以外に方法はない。

　減刑の場合は，まず，恩赦事項の「減軽刑名区分」欄に減軽された刑の刑名が記号番号で記入される。したがって，無期懲役が有期懲役に減刑されたときのように恩赦事項欄中の刑名の区分が変更される場合は，減軽された有期懲役の区分番号「01」が記入されることになる。同様に，無期禁錮が有期禁錮に減刑されたときは「02」，死刑が無期懲役に減刑されたときは「91」の記号が記入される。「減軽刑期金額」欄には，減軽された刑期又は金額が記載されるが，この場合の刑期及び金額の読み方は，既決犯罪通知書（甲の1）の場合と全く同じである。「短縮執行猶予期間」欄には，減軽された執行猶予期間が記載されるが，減刑令で，例えば，執行猶予期間を3分の1に短縮するとされた場合には，期間が日の単位に及ぶことになり，この単位で短縮期間が記載される。なお，減刑令により刑の執行猶予期間が短縮されその減刑令の施行の日の前日に執行猶予期間が満了することになる場合は，減軽

76　第1編　解　説

刑名区分欄に「08」と記入するとともに，短縮執行猶予期間欄に短縮執行猶予期間満了の年月日（恩赦の効力発生の年月日の前日）が記載されることになっているから注意を要する。

　以上の説明を理解する上で，以下にその記載例を挙げる。

（例1）　恩赦事項区分欄・恩赦の日欄

　　　　平成5年7月6日特赦により赦免された場合

区分	恩　赦　の　日
2	3 0 5 0 7 0 6

（例2）　政令年次欄・番号欄

　　　　平成元年2月13日政令第27号大赦令により平成元年2月24日赦免された場合

区分	恩　赦　の　日	政令年次	番号
1	3 0 1 0 2 2 4	1 0	0 2 7

（例3）　減軽刑期金額欄

①　無期懲役が懲役15年に減軽された場合

（減軽刑期金額）
1 5 0 0 0 0 0 0

②　懲役6年が懲役4年6月に減軽された場合

（減軽刑期金額）
0 4 0 6 0 0 0 0

③　懲役1年6月が懲役1年1月15日に減軽された場合

（減軽刑期金額）
0 1 0 1 1 5 0 0

（例4）　短縮執行猶予期間欄

①　刑の執行猶予の期間5年が，3年6月に短縮された場合

短縮執行猶予期間
0 0 3 0 6 0 0

②　減刑令により「懲役3年，5年間刑執行猶予」が「懲役2年3月」に減軽され，刑の執行猶予期間を「3年9月」に短縮された場合

（区分）	（減軽刑期金額）	（短縮執行猶予期間）
0 1	0 2 0 3 0 0 0 0	0 0 3 0 9 0 0

③　昭和27年4月28日政令第118号減刑令が施行され，執行猶予期間が短縮された結果，昭和27年4月27日に執行猶予期間が満了することとなった場合

（区分）	（減軽刑期金額）	（短縮執行猶予期間）
0 8	0 0 0 0 0 0 0 0	2 2 7 0 4 2 7

　このほか，備考欄には，財産刑の執行が既に終了している場合に未だ財産刑執行終了通知が発出されていないときはその執行終了年月日が，また，前に減刑等恩赦の適用を受けている場合にはその恩赦事項等が記載される。なお，既決犯罪通知を行う際，既に恩赦に該当したことが明らかになっている場合には，改めて恩赦事項通知書は作成されず，既決犯罪通知書の備考欄に恩赦事項を記載する取扱いになっている。また，併合罪の関係にある複数の

罪のうちの一部が大赦になり，非赦免罪について刑の分離決定があった場合
も，大赦を受けた罪について恩赦事項通知書は作成されず，刑の分離決定通
知書の備考欄に恩赦事項が記載される。

(3) 刑の分離決定通知

　刑法52条の規定により刑を定める決定（刑の分離決定）が確定したとき
は，刑を定める請求をした検察官の属する検察庁の犯歴担当事務官から本籍
地検を経由して刑の分離決定通知書（甲）又は同（乙）によりこの旨の通知
が行われる。この刑の分離の裁判は，併合罪の関係にある複数の罪に係る事
件について1個の刑が言い渡され（例えば，詐欺と物価統制令違反の罪に係
る裁判で，物価統制令違反の罪について懲役刑が選択され，詐欺罪の刑に併
合加重されて1個の懲役刑が言い渡され〈刑法47条〉），その後，一部の罪
について大赦があった場合（前例では，物価統制令違反の罪について大赦が
あった場合），大赦に係る罪を分離し，大赦にならない罪（前例では，詐欺
罪）について新たに刑を定める必要が生じ，裁判所が検察官の請求に基づき
（刑訴法350条）決定をもって新たに刑の言渡しを行うものである。

　刑の分離決定の結果，既に執行済みの刑期又は金額が新たに定められた刑
の刑期又は金額を超えることとなる場合は，当然のことながら執行すべき刑
期又は金額はないので，刑の執行終了日は大赦の効力発生の日の前日という
ことになっている。この場合は，刑の分離決定通知書の備考欄にこの旨が記
載されるが，別に自由刑執行終了通知又は財産刑執行終了通知は行われない。
また，新たに定められた刑の時効期間と分離前の刑の時効期間が異なり，か
つ，分離前の刑が未執行である場合，新たに定められた刑の時効期間は分離
前の刑を言い渡した裁判の確定の日から起算することになるので，刑の分離
決定が確定したときには既にその刑の時効期間が経過しているということも
あり得る。この場合にも，別に刑の時効完成通知は行われず，刑の分離決定
通知書の備考欄にこの旨が記載されることになっている。

　犯罪人名簿には，刑の分離決定及び大赦があった犯歴の備考欄に，刑の分

離決定の日，確定の日，裁判所名，罪名，刑名刑期（金額）並びに恩赦事項を記載し，どの罪について刑の分離決定，大赦があったかを明確にしておく必要がある。

(4) 刑の時効完成通知

刑の時効が完成したときは，刑の執行を指揮した検察官の属する検察庁の犯歴担当事務官から本籍地検を経由して刑の時効完成通知書（甲）又は同（乙）によりこの旨の通知が行われる。

刑の時効期間は，有罪の裁判の確定後，無期の懲役又は禁錮は30年，有期の懲役又は禁錮で10年以上は20年，3年以上は10年，3年未満は5年，罰金は3年，拘留，科料は1年であり，この期間刑の執行を受けないことにより刑の時効（注12）が完成する（刑法32条）。刑の時効の完成により刑の言渡しを受けた者は刑の執行の免除を得ることになるが（刑法31条），刑の執行の免除の事実は，累犯加重事由の有無（同法56条），刑の執行猶予を付する要件の有無（同法25条1項2号，27条の2，1項3号），刑の消滅の有無（同法34条の2），常習犯に対する刑加重事由の有無（盗犯等ノ防止及処分ニ関スル法律3条），選挙権及び被選挙権の有無（公職選挙法11条），人の資格に関する法令の該当の有無などの認定資料として，また，市区町村における身分証明事務を処理する上で，刑の執行終了時期の把握と同じように必要不可欠の要素であるため，検察庁では，犯歴票等に刑の時効完成の日を登録してこれを把握するとともに，市区町村長に対しても刑の時効完成通知を行うこととしているのである。なお，刑の時効完成の日は，時効期間満了日の翌日であり，この日から刑の消滅期間等が起算されることになる。

刑の時効完成通知書（甲）は，1個の裁判で2個以上の刑が言い渡されているときは，通常，その刑ごとに各別に作成されることになっているが，その刑が罰金，拘留又は科料であって，そのいずれについても時効が完成したときは，1通の同通知書（甲）により通知される。この場合は，刑名区分欄に「99」，刑期金額欄の全部に「0」が記入され，備考欄に時効完成に係る

刑名と刑期金額が記載される。

　犯罪人名簿には，時効が完成した刑の備考欄に刑の時効完成の日を記載すればよい。なお，検察庁から刑の時効完成通知書の送付を受けた場合でも，これにより直ちに犯罪人名簿の閉鎖手続をとることはできない。未執行の刑に係る刑の消滅期間は，時効完成の日から進行することになるからである。

> **(注12)**　「刑の時効」は刑の言渡しを受けながら，それが確定した後一定期間執行を受けなかった場合に，刑の執行が免除される制度である。これに類似するものとして，「公訴の時効」があるが，これは，犯罪行為後一定期間を経過することにより，時効が完成し，公訴の提起が許されなくなるもので（刑訴法250条，253条等），前者の確定した刑の執行権を消滅させる「刑の時効」とは異なる。
>
> 　なお平成22年4月27日，刑法及び刑事訴訟法の一部を改正する法律が成立・公布・施行され，人を死亡させた犯罪の公訴時効に関する規定や刑の時効に関する規定等が整備された。この改正は，人の生命を奪った殺人等の犯罪については，時間の経過によって一律に犯人が処罰されなくなってしまうのは不当であり，より長期間にわたって刑事責任を追及することができるようにすべきであるという認識が国民の間で広く共有されるようになっていることなどの，人を死亡させた犯罪をめぐる諸事情に鑑み，これらの犯罪に対する適正な公訴権の範囲を確保するために行われたものである。この改正により，刑の時効に関しては，①死刑の言渡しを受けた者については，これまで刑の時効の対象とされ，その刑の時効期間は30年とされていたところ，刑の時効の対象から除外することとされた。また，②無期又は10年以上の有期の懲役若しくは禁錮の刑について，これまで刑の時効期間はそれぞれ20年，15年とされていたところ，無期の懲役又は禁錮については30年，10年以上の有期の懲役又は禁錮については20年，それぞれその執行を受けないことによって刑の時効が完成することとされた。

(5)　再審結果通知

　再審の審判（刑訴法451条）によりなされた裁判が確定したとき（再審開始決定が確定したときではないから注意を要する）は，その裁判の執行を指揮すべき検察官の属する検察庁の犯歴担当事務官から本籍地検を経由して再審結果通知書（甲）又は同（乙）によりこの旨の通知が行われる。再審の裁

判の確定により再審前の確定裁判（原判決）は当然に効力を失うことになるので，既に行った既決犯罪通知を撤回し，新たに再審の裁判の経過及び結果を通知する趣旨のものである。

　したがって，再審結果通知の行われる裁判は，再審の審判の結果なされた確定裁判，すなわち，再審開始決定（刑訴法448条）が確定した後，刑事訴訟法第451条の規定に基づいて行われた再審の審判の結果，新たに言い渡された確定裁判に限られる。したがって，再審開始決定が確定したのみではなんらの通知も行われないし，再審請求が棄却された場合にも当然通知は行われない。しかし，再審の審判の結果言い渡された裁判である限り，たといその裁判が，一部無罪，一部有罪で刑の言渡しがあった場合はもちろん，管轄違い，無罪，免訴，公訴棄却であっても，原判決の失効を明確にする意味でその通知が行われる。なお，少年のときに犯した罪に係る確定裁判で刑の全部の執行猶予が言い渡されたもの（満18歳以上満20歳未満のときに犯した罪に係る裁判であって，その裁判を受けた者が公職選挙法11条1項5号若しくは252条又は政治資金規正法28条の規定により選挙権及び被選挙権を有しないこととされるものを除く。）について既決犯罪通知は行われていないが，再審の裁判の結果，これが罰金となった場合には（もっとも，このような裁判が不利益変更の禁止〈刑訴法452条〉に該当するか否かは学説上見解が分かれる），この旨が通知される。これも原判決の失効を明確にする趣旨である。

　再審結果通知書（甲）には，再審の判決が有罪の場合は，結果区分欄に「1」の記号が記入され，その他の原裁判欄，再審の判決欄等は既決犯罪通知書（甲の1）と同じ要領で記載される。再審の判決が無罪，管轄違い，免訴又は公訴棄却の場合は，結果区分欄に「2」の記号と，備考欄に判決要旨が記載される。また，再審の判決が一部無罪（その余は有罪）の場合は，結果区分欄に「1」，その他の再審の判決欄に有罪判決の内容，備考欄に一部無罪となった罪名が（例えば $\boxed{\text{項目コード}}\ \boxed{9}\boxed{7}\ \boxed{\text{窃}}\boxed{\text{盗}}\boxed{\text{の}}\boxed{\text{罪}}\boxed{\text{に}}\boxed{\text{つ}}\boxed{\text{い}}\boxed{\text{て}}\boxed{\text{は}}\boxed{\text{無}}\boxed{\text{罪}}$ ）それぞ

れ記載される。このほか，備考欄には，再審の裁判が上訴審に係属して確定した場合には，その裁判の確定経過が記載される。なお，再審の裁判の結果，再審の刑について既にその全部が執行済みとなる場合も（原判決により執行済みの刑期は再審の刑に通算される），その旨が備考欄に記載され，別途に自由刑等執行終了通知又は財産刑執行終了通知は行われない。

　犯罪人名簿には，再審の裁判について新たに行を起こして犯歴事項を登載した上，その備考欄に「○犯目又は○欄目の犯歴の再審結果」等と記載してどの犯歴の再審結果であるかを明らかにするとともに，原判決による犯歴の記載を斜線をもって抹消し，その備考欄に「再審の裁判の確定により抹消」と記載しておけばよい。もっとも，再審の裁判が無罪，管轄違い，免訴又は公訴棄却である場合には，新たに行を起こす必要はなく，原判決の犯歴を斜線をもって抹消した上，その備考欄に「再審の結果（例えば，〈無罪〉〈管轄違い〉）につき抹消」と記載し，裁判年月日，裁判所名，確定年月日を付記すれば足りよう。この場合，他に犯歴がないときは，名簿の閉鎖手続を要することになる。

(6)　非常上告結果通知

　非常上告により原裁判が破棄され更になされた裁判が確定したときは，最高検察庁の犯歴担当事務官から本籍地検を経由して非常上告結果通知書（甲）又は同（乙）によりこの旨の通知が行われる。非常上告は，主として法令解釈の統一を図ることを目的とした制度であるため，判決の効力は原則として被告人に及ばないものとされているが，原判決の法令違反が被告人にとって不利益であるとして原判決が破棄された場合には，その効力を被告人に及ぼすことになるので（刑訴法 458 条 1 号ただし書，459 条），この通知を行うものとされているのである。

　非常上告結果通知書の記載内容及び記載要領は，前記の再審結果通知書の場合とほぼ同じであり，犯罪人名簿への登録も，再審結果通知の場合に準じて行えばよい。なお，非常上告の裁判の確定日は，常に判決の宣告の日であ

82 第1編 解 説

る。非常上告の判決に対する訂正の申立てはできないと解されているからで
ある。

(7) 既決犯罪通知撤回通知

上訴権又は正式裁判請求権の回復請求を認める決定が確定したときは，既
決犯罪通知を行った検察庁の犯歴担当事務官から本籍地検を経由して既決犯
罪通知撤回通知書（甲）又は同（乙）によりこの旨の通知が行われる。上訴
権の回復請求（刑訴法 362 条）又は正式裁判請求権の回復請求（同法 467 条，
362 条）を認める決定が確定すると，上訴権の回復請求と同時に行った上訴
の申立て又は正式裁判請求権の回復請求と同時に行った正式裁判の申立てが
有効となり（同法 363 条 2 項，467 条），原裁判は確定しないことになるの
で，原裁判について既に既決犯罪通知が行われている場合には，これを撤回
しておく必要があるからである。なお，既決犯罪通知後，実在する他人の氏
名を冒用して裁判を受けたことが判明した場合など，既決犯罪通知を取り消
す場合にもこの通知書が使用される。

犯罪人名簿は，当該犯歴 1 犯のみが登録されている場合は，斜線を引いて
破棄する。2 犯以上の犯歴が登録されている場合は，該当犯歴を斜線を引い
て抹消した上，その備考欄に抹消事由（通知書記載の撤回事由）を付記して
おく必要がある。

(8) 財産刑執行終了通知

財産刑の執行が終了したときは，刑の執行を指揮した検察官の属する検察
庁の犯歴担当事務官から本籍地検を経由して財産刑執行終了通知書（甲）又
は同（乙）によりこの旨の通知が行われる。

ここで，財産刑の執行が終了したときとは，現金・証券・印紙による任意
納付，労役場留置の執行（刑法 18 条），強制執行（刑訴法 490 条）による配
当金の受領，仮納付の裁判の執行後における当該裁判の確定（刑訴法 494
条）等により罰金，科料の刑の執行が終了した場合のほか，仮出場（刑法
30 条）による刑の執行終了の場合を含むものである。仮出場は，労役場留

置の満了日前に情状により釈放を許すものであるが，仮出場の取消し規定がないため，釈放の日をもって刑の執行が終了したものとして取り扱われている。なお，労役場留置期間の満了による執行終了日は，労役場留置期間の最終日である。

既決犯罪通知を行う際既に財産刑の執行が終了している場合及び恩赦事項通知又は刑の分離決定通知を行う際財産刑の執行が既に終了していることとなる場合には，その各通知書の備考欄に刑執行終了年月日が記載されることになっており，別途に財産刑執行終了通知は行われない。

犯罪人名簿には，通常，刑の執行終了年月日のみを記載すれば足りる。

なお，ここで，財産刑の執行終了日と刑の消滅期間の起算日との関係で注意を要する点がある。それは，現金等の納付及び仮出場により刑の執行が終了した場合の刑の消滅期間の起算日は，刑の執行終了日（現金等の納付の日，仮出場による釈放の日）であるのに対し，労役場留置の執行により刑の執行が終了した場合のその起算日は，刑の執行終了日（労役場留置期間の最終日）の翌日となる（昭和 57. 3. 11 最判刑集 36 巻 3 号 253 頁）ことである。このため，検察庁では，このことを明らかにするため，財産刑執行終了通知書（甲）で通知する場合には，「刑終区分」欄に「2」と記載（「労役場留置による刑執行終了」区分）して通知し，また，財産刑執行終了通知書（乙）で通知する場合は，その備考欄にこの旨を記載することになっているので，犯罪人名簿にもこのことを記載しておく必要があろう。

(9) 仮釈放期間満了通知

仮釈放中の者の仮釈放期間が満了したときは，保護観察所の長から仮釈放期間満了通知書により直接この旨が通知される（注13）。仮釈放期間の満了により自由刑の執行は終了したことになるので，刑の消滅期間の起算日を把握する必要上，保護機関からこの通知を行うものとされている。なお，市区町村長に対する仮釈放通知は行われていないが，仮釈放は直接人の資格に関係する事項ではなく，いずれ仮釈放期間が満了すればその通知が行われるこ

84 第1編 解 説

とになっているからである。

補導処分に付された者が婦人補導院から仮退院した場合にも，この旨が保護観察所長から仮釈放期間満了通知書により通知されるが，この場合には，既に述べたとおり（59頁参照）仮退院期間の満了により刑の執行猶予期間が経過したものとみなされることになるので（売春防止法32条1項，30条），その通知が仮退院の満了通知であることを正確に把握しておかなければならない。

犯罪人名簿には，仮釈放期間満了の場合は，その刑の備考欄に満了年月日を記載すればよいが，仮退院期間の満了の場合には，満了年月日のほか，「仮退院期間の満了により刑の執行猶予期間が経過したとみなされた」旨を付記しておく必要がある。

（注13） 犯罪をした者及び非行のある少年に対する社会内における処遇に関する事務規程

（平成20年法務省保観訓第261号大臣訓令）抜すい

（仮釈放者に係る保護観察事件の終結）

第120条 保護観察所の長は，次に掲げる場合には，仮釈放者の保護観察事件に係る事務を終結するものとする。

(1)～(5)（略）

(6) 保護観察の期間が満了したとき。

(7)～(10)（略）

2 保護観察所の長は，前項第6号に掲げる事由により保護観察事件に係る事務を終結したときは，刑の言渡しをした裁判所に対応する検察庁の検察官及び本籍地市区町村長に対し，仮釈放等期間満了通知書（様式第92号）により，その旨を通知するものとする。この場合において，受入受刑者である仮釈放者については，本籍地市区町村長に対する通知は要しない。

3～5（略）

（婦人補導院仮退院者に係る保護観察事件の終結）

第144条 保護観察所の長は，次に掲げる場合には，婦人補導院仮退院者の保護観

察事件に係る事務を終結するものとする。

(1)～(3)（略）

(4) 保護観察の期間が満了したとき。

(5)・(6)（略）

2 保護観察所の長は，前項第4号に掲げる事由により保護観察事件に係る事務を終結したときは，売春防止法第17条第1項の規定により補導処分に付する旨の言渡しをした裁判所に対応する検察庁の検察官及び本籍地市区町村長に対し，仮釈放等期間満了通知書により，その旨を通知するものとする。

3・4（略）

⑽ 自由刑等執行終了通知

懲役若しくは禁錮の刑の執行が終了したとき又は補導処分の執行が終了したときは，刑務所，拘置所，婦人補導院など矯正機関の長から自由刑等執行終了通知書により直接この旨が通知される（注14）。刑の消滅期間の起算日を把握する上で必要であるからである。

犯罪人名簿には，自由刑の執行終了の場合は，その刑の備考欄に刑の執行終了年月日と出所施設名を記載すれば足りるが，補導処分の執行終了の場合には，仮退院期間の満了の場合と同じように，補導処分の執行終了により刑の執行猶予期間が経過したものとみなされるので（売春防止法32条1項，59頁参照），補導処分の執行終了年月日及び出所施設名のほか，「補導処分の執行終了により刑の執行猶予期間が経過したとみなされる」旨を付記しておく必要がある。

なお，自由刑等執行終了通知書の執行終了日の記載について，執行すべき刑が1個である場合はほとんど問題ないが，執行すべき刑が2個以上ある場合に，刑の始期と終期との間に明らかな計算上の不一致がみられることがあるが，これは，受刑者に各刑について仮釈放の要件（刑法28条）を充足させるため，執行中の刑の執行を一時停止して他の刑の執行を開始する等の刑の執行の順序の変更（刑訴法474条ただし書）が行われるためである。このような場合，検察庁では，電算犯歴又は犯歴票の備考欄に刑の執行順序変更

86 第1編　解　説

の年月日等その経緯を記載することになっているが，市区町村においても，後日疑問を生ずるおそれがある場合には，順序変更があった旨又は刑執行の再始期の年月日を犯罪人名簿の備考欄に記載しておくとよい。

　矯正機関からの自由刑等執行終了通知書の記載事項に訂正すべき事項があるときは，同機関から犯歴事項訂正通知書により訂正の通知が行われる。

（注14）　被収容者等の釈放に関する訓令

（平成18年法務省矯成訓第3372号法務大臣訓令）抜すい

（釈放の通知）

第7条　矯正施設の長は，次に掲げる場合には，別記様式第1号による自由刑等執行終了通知書を作成し，確定裁判を言い渡した裁判所に対応する検察庁の検察官及び被収容者等の戸籍事務を管掌する市区町村長に送付するものとする。

　(1)　懲役又は禁錮の刑の執行が終わったとき（刑法（明治40年法律第45号）第27条の2第1項の規定又は薬物使用等の罪を犯した者に対する刑の一部の執行猶予に関する法律（平成25年法律第50号）第3条の規定により読み替えて適用される刑法第27条の2第1項の規定によりその一部の執行を猶予された刑（以下「一部執行猶予」という。）について刑の一部の執行猶予の言渡しを取り消されていない場合においては，そのうち執行が猶予されなかった部分（以下「実刑部分」という。）の期間の執行が終わったとき。）。

　(2)　売春防止法（昭和31年法律第118号）第17条の規定による補導処分の執行が終わったとき。

2　刑事施設の長は，拘留の刑の執行が終わったときは，別記様式第1号による自由刑等執行終了通知書を作成し，確定裁判を言い渡した裁判所に対応する検察庁の検察官に送付するものとする。

3　矯正施設の長は，受刑者，受刑在院者，労役場に留置されている者又は婦人補導院に収容されている者が死亡したときは，別記様式第2号による死亡者通知書を作成し，確定裁判を言い渡した裁判所に対応する検察庁の検察官に送付するものとする。

4　矯正施設の長は，前3項の規定により検察官又は市区町村長に送付した自由刑等執行終了通知書又は死亡者通知書の内容に誤りがあることを発見したときは，別記様式第3号による犯歴事項訂正通知書を作成し，これらが送付された検察官又

V　犯罪人名簿への登録事項　87

は市区町村長に送付するものとする。

（別記様式省略）

⑾　不定期刑執行終了決定通知

　少年法第52条の規定により不定期刑の言渡しを受けた者が仮釈放した場合において，更生保護法78条1項の規定により地方更生保護委員会が刑の執行を受け終わったものとする決定をした場合に，同委員会から不定期刑終了決定通知書（乙）により直接この旨が通知される（注15）。地方更生保護委員会によるこの決定は，不定期刑の短期の刑が終了している者についてその成績等にかんがみ相当と認めるときに行われる。

　この場合の刑の執行終了の日は，刑の執行を受け終わったものとする決定の効力発生の日である。決定の告知方法については，更生保護法27条に規定されている。

　犯罪人名簿には，不定期刑執行終了決定の効力発生年月日を記載すれば足りる。

（注15）　**犯罪をした者及び非行のある少年に対する社会内における処遇に関する事務規程**

（平成20年法務省保観訓第261号法務大臣訓令）抜すい

（仮釈放者の不定期刑の終了の決定の通知等）

第119条　地方委員会は，法第78条第1項の決定をしたときは，当該決定を受けた仮釈放者の保護観察をつかさどる保護観察所の長に対し，決定書の謄本及び不定期刑終了証明書を送付し，当該仮釈放者に対する交付を嘱託するものとする。

2　保護観察所の長は，前項の規定による嘱託を受けたときは，決定書の謄本及び不定期刑終了証明書を仮釈放者に交付して受領書（甲）を徴し，これを同項の地方委員会に送付するものとする。

3　地方委員会は，前項の受領書（甲）の送付を受けたときは，法第78条第1項の決定を受けた仮釈放者の保護観察をつかさどる保護観察所の長に対し，決定通知書により，当該決定について通知するものとする。

4　地方委員会は，第2項の受領書（甲）の送付を受けたときは，法第78条第1項

88 第1編 解 説

の決定を受けた仮釈放者が仮釈放の時点において収容されていた刑事施設の長又は少年院の長，刑の言渡しをした裁判所に対応する検察庁の検察官及び当該仮釈放者の戸籍事務を管掌する市区町村長（以下「本籍地市区町村長」という。）に対し，不定期刑終了決定通知書（様式第91号）により，その旨を通知するものとする。

5 （略）

VI 少年の犯歴

1 少年犯歴の由来

犯罪時少年であった者に係る犯罪人名簿については，従来から一般成人と異なった取扱いが行われている。すなわち，大正 12 年 1 月旧少年法（大正 11 年法律第 42 号）の施行により，その 14 条 1 項に，

> 少年ノ時犯シタル罪ニ因リ死刑又ハ無期刑ニ非サル刑ニ処セラレタル者ニシテ其ノ執行ヲ終ヘ又ハ執行免除ヲ受ケタルモノハ人ノ資格ニ関スル法令ノ適用ニ付テハ将来ニ向テ刑ノ言渡ヲ受ケサリシモノト看做ス

との規定が，また，同条 2 項に，

> 少年ノ時犯シタル罪ニ付刑ニ処セラレタル者ニシテ刑ノ執行猶予ノ言渡ヲ受ケタルモノハ其ノ猶予期間中刑ノ執行ヲ終ヘタルモノト看做シ前項ノ規定ヲ適用ス

との規定が設けられ，さらに，その後，同 14 年に衆議院議員選挙法の全面改正（大正 14 年法律第 47 号）が行われて，選挙権者の納税要件を撤廃する男性普通選挙制が実施されることになったため，少年の犯歴の取扱いに関する刑事局長通牒（大正 14. 1. 15 付け司刑第 252 号）が発せられ，これにより，少年のときに犯した罪に係る市区町村長に対する既決犯罪通知は，死刑及び無期の懲役又は禁錮の刑に処せられた者についてのみ行い，その他の刑に係る通知は一切行わないこととされたのである。ところで，少年のときに犯した罪により有期の懲役又は禁錮の刑に処せられた者が仮出獄により出所した場合には，仮出獄の期間中なお人の資格に関する法令による制限を受けるので，これについて市区町村長に既決犯罪通知を行うこととしても，あながち意味ないことといえなくはないが，上記刑事局長通牒であえて死刑及び無期の自由刑以外の刑に係る既決犯罪通知を行わないこととしたのは，例えば当

時の選挙権取得時期についてみると，旧少年法における少年の年齢は数え年18歳未満であるのに対し（同法1条），選挙権の取得は数え年25歳以上とされていたため（前記衆議院議員選挙法5条），有期の自由刑に処せられた少年の大部分は選挙権取得時までに刑の執行を終えていて，人の資格に関する法令に基づく制限を受けなくなっているなど，総体的にみて市区町村において少年の犯罪人名簿を調製しておく実益は極めて少ないと考えられたからである。このため，市区町村では，犯罪時少年であった者については，死刑又は無期の自由刑に処せられた者のみの犯罪人名簿が調製され，この取扱いは，昭和33年10月犯罪票事務取扱要領の施行に至るまで継続されたのである。

　犯罪票事務取扱要領では，昭和24年1月に施行された現行少年法（昭和23年法律第168号）60条（注16）で，犯罪時少年であった者の人の資格に関する法令の適用について旧少年法第14条とほぼ同旨の規定をしているにもかかわらず，犯罪時少年であった者に係る市区町村長に対する既決犯罪通知は，刑の執行猶予が言い渡された場合を除き全ての刑について行うこととされたが，これは，旧少年法時と比較すると，少年の年齢は満20歳未満（少年法2条1項）に引き上げられ，一方，選挙権取得の年齢も公職選挙法（昭和25年法律第100号）9条により満20歳以上とされていることに伴い，少年のときに犯した罪により刑に処せられた者で選挙権取得時までに刑の執行を受け終わる者は極めて少なくなり，このため，選挙人名簿調製のためにその制限事由となる犯歴を把握しておく必要性が強くなり，また，選挙権以外の資格調査のためにも犯歴把握の必要性があると認められたからにほかならない。

（注16）　少年法

　　　（人の資格に関する法令の適用）

　　第60条　少年のとき犯した罪により刑に処せられてその執行を受け終り，又は執行の免除を受けた者は，人の資格に関する法令の適用については，将来に向

つて刑の言渡を受けなかつたものとみなす。

2 少年のとき犯した罪について刑に処せられた者で刑の執行猶予の言渡を受けた者は，その猶予期間中，刑の執行を受け終つたものとみなして，前項の規定を適用する。

3 前項の場合において，刑の執行猶予の言渡を取り消されたときは，人の資格に関する法令の適用については，その取り消されたとき，刑の言渡があつたものとみなす。

2 少年の既決犯罪通知

現在，犯罪時少年であった者に係る市区町村に対する既決犯罪通知は，確定のときにその裁判に係る刑の執行を受け終わったこととなるもの，刑の全部の執行を猶予するもの及び刑の執行を免除するものを除き，道交犯歴に係るもの以外の罰金以上の刑に処する全ての確定裁判について行われており，市区町村では，これに基づいて犯罪人名簿の調製が行われている。ここにいう「確定のときにその裁判に係る刑の執行を受け終わつたこととなるもの」とは，本刑に満つるまで未決勾留日数を算入する旨の裁判があった場合及び罰金刑の言渡しと同時に言い渡された仮納付の裁判の執行後当該裁判が確定した場合等をいい，いずれの場合も当該裁判が確定したとき既に刑の執行が終わっている状態にある。また，刑の全部の執行を猶予する確定裁判であっても，一つの裁判で懲役と罰金の二つの刑が言い渡され，例えば，懲役刑のみに刑の全部の執行猶予が付された場合には，執行猶予が付された懲役刑についても罰金刑と併せて既決犯罪通知が行われるから，犯罪人名簿の調製が必要となる。

なお，公職選挙法等の一部を改正する法律（平成 27 年法律第 43 号）が平成 28 年 6 月 19 日から施行されたことにより，選挙権を有する者の年齢が満 20 歳以上から満 18 歳以上に改められたことに伴い，満 18 歳以上満 20 歳未満のときに犯した罪に係る裁判であって，その裁判を受けた者が公職選挙法

92 第1編 解 説

11条1項5号若しくは252条又は政治資金規正法28条の規定により選挙権及び被選挙権を有しないこととされたものについても既決犯罪通知が行われることとなった。

しかし，犯罪時少年であった者に係る犯歴については，一旦これを犯罪人名簿に登録しても，少年法60条第1項の規定により，自由刑については刑の執行が終了し，罰金刑についてはその金額が完納されれば，その時点から人の資格に関する法令の適用を受けなくなり，したがって，犯罪人名簿備付けの実益も失われることになるので，その後における刑の執行終了時期の把握には特段の留意を要することになる。自由刑又は罰金刑が時効完成，恩赦により執行の免除（刑法31条，恩赦法8条）を受けることになった場合も同様である。

検察庁では，犯罪時少年であった者に係る犯歴について市区町村長に既決犯罪通知を行う場合は，通知書の所定欄又は備考欄に必ず「犯行時少年（犯時〇歳）」の記載をすることになっているので，市区町村においてこれに基づき犯罪人名簿を調製する場合には，その備考欄に犯罪時少年である旨を明記するとともに，でき得れば㊸等と朱書きの表示をするなどして，一見して成人の犯歴と区別できるような配慮をしておくことが望まれる。裁判当時又は犯罪人名簿への登録当時成人であるということで安易な処理をし，後日，人の資格に関して身分証明を行う際，刑の執行が終了し人の資格に関する法令の適用について刑の言渡しを受けなかったものとみなされることになった犯歴を，誤って証明するようなことにでもなれば，その者に対し身分上不当な不利益を与えるばかりでなく，厳しくその責任を追及されることもあるからである。

このほか，犯行時少年（犯時〇歳）の記載は，①犯行時18歳に満たない者に対しては，死刑をもって処断すべきときは無期刑を科し，無期刑をもって処断すべきときは，10年以上20年以下において懲役又は禁錮刑を科することができる（少年法51条）旨，死刑及び無期刑について刑の緩和を認め

ているので，このことを明らかにし，②裁判時少年（犯罪時ではない）である者に対して有期の懲役又は禁錮をもって処断すべきときは，その刑の範囲内において長期と短期（長期の2分の1（長期が10年を下回るときは，長期から5年を減じた期間）を下回らない範囲内）を定めていわゆる不定期刑が言い渡されるので（同法52条1項），不定期刑が言い渡されるべき理由を示し，さらに，検察庁では，この記載が，③少年のとき無期刑の言渡しを受けた者が仮釈放を許された後，その処分を取り消されないで10年を経過したときは，刑の執行を受け終わったものとされ（同法59条1項）また，少年のとき少年法51条2項又は52条1項及び2項の規定により不定期刑の言渡しを受けた者が仮釈放を許された後，その処分を取り消されないで仮釈放前に刑の執行を受けた期間と同一の期間又は不定期刑の長期を経過したときは，そのいずれか早い時期において刑の執行を受け終わったものとされているため（同法59条2項），後日保護機関から送付される仮釈放通知，仮釈放期間満了通知の記載内容の相当性の判断資料の一つとして役立てられているのである。

　次に，犯罪人名簿は，通常，検察庁から送付された既決犯罪通知書に基づいて調製するのが原則であるが，少年の場合には例外がある。

　すなわち，少年のときに犯した罪により刑の全部の執行猶予の言渡しを受けた者（満18歳以上満20歳未満のときに犯した罪に係る裁判であって，その裁判を受けた者が公職選挙法11条1項5号若しくは252条又は政治資金規正法28条の規定により選挙権及び被選挙権を有しないこととされるものを除く。）については，前記のとおり検察庁から市区町村長に対する既決犯罪通知が行われず，犯罪人名簿も調製されていないが，後日，その執行猶予が取り消された場合等は，刑執行猶予言渡し取消通知書等によりその旨が通知される（注17）。この場合には，通知書の備考欄に「犯行時少年（犯時○歳）」の記載と「本通知書をもって既決犯罪通知書に代える」旨の記載が必ず行われるので，これに基づいてその者の犯罪人名簿を調製することになる。

94 第1編 解説

このような刑執行猶予言渡し取消通知書を受理した場合，犯罪人名簿が調製
されていないということで安易にこれを返送するような形式的な事務処理を
してはならない。

なお，このようにして執行猶予が取り消された場合でも，その刑の執行が
終了したときは，少年法60条1項の規定が適用されることになるので注意
を要する。

> **(注17)** 刑の全部の執行を猶予する裁判については，その後，刑の執行猶予の言渡
> しが取り消された場合や，刑法52条の規定による刑の分離の裁判，再審の裁判又
> は非常上告の裁判により罰金刑に変更されてその執行が猶予されなかった場合に
> は，少年法60条の適用を受けないこととなるので，改めてその者の本籍市区町村
> 長に対し，有罪の裁判に処せられていることを通知する必要が生ずるのであるが，
> 規程は，このような場合には，事案に応じて，刑の執行猶予言渡し取消通知書
> （甲），（乙），刑の分離決定通知書（甲），（乙），再審結果通知書（甲），（乙），非
> 常上告結果通知書（甲），（乙）により，それぞれの旨の通知をすることとされて
> いる（規程4条5項参照）。

3　少年と人の資格

少年法60条の規定により，少年のとき犯した罪について刑に処せられ，
その執行を受け終わった者は，人の資格に関する法令の適用については，将
来に向かって刑の言渡しを受けなかったものとみなされることになるが，刑
の執行終了により刑の言渡しを受けなかったものとみなされるのは，人の資
格に関する法令の適用についてのみである。したがって，たとい犯罪時少年
であった者について刑の執行が終了している場合であっても，人の資格に関
する法令に含まれない刑の執行猶予の要件を定めた刑法25条，27条の2及
び薬物法3条の規定，再犯加重の要件を定めた刑法56条の規定の適用が排
除されることはない。これと同様に，刑の消滅を定めた刑法34条の2の規
定も人の資格に関する法令に含まれないと解されているので，犯罪時少年で

あった者について刑の執行が終了したということで，直ちに同条で規定する
ような刑の消滅の効果をもたらすものではないが，いずれにせよこの場合に
は，人の資格に関する法令の適用については刑の言渡しを受けなかったもの
とみなされているのであるから，その犯歴を身分証明事務や選挙人名簿調製
事務のために利用することは許されず，したがって，その者の犯罪人名簿を
整備保管しておく実益もないことになる。犯罪時少年であった者に係る犯歴
についてその刑の執行が終了した場合は，前記のように市区町村において犯
罪人名簿備付けの理由がないことに帰するので，これを閉鎖して差し支えな
いものと考える。

　なお，少年の犯歴と選挙権・被選挙権の関係についてであるが，公職選挙
法252条によれば，同条所定の違反があった場合には執行猶予期間中選挙権
及び被選挙権を有しないこととされており，その違反を少年が犯したときは，
前記の公職選挙法の規定が優先するか，少年法60条2項の規定が優先する
かが一応問題となる。しかし，この場合には，公職選挙法252条の規定は正
に人の資格に関する法令に該当し，かつ，少年保護の見地からも，少年法
60条2項が優先するものと解されているので，犯罪時少年であった者につ
いては，執行猶予期間中公民権が停止されることはない。

　おって，公職選挙法等の一部を改正する法律（平成27年法律第43号）が，
平成28年6月19日から施行され，選挙権を有する者の年齢が満20歳以上
から満18歳以上に繰り下げられるとともに，年齢満18歳以上満20歳未満
の者であるときに犯した罪に係る公職選挙法，漁業法及び政治資金規正法の
規定の適用については，当分の間，少年法60条の規定は適用しないことと
された（改正法附則5条4項）。

Ⅶ　選挙に関する犯歴

　選挙に関する犯歴といっても，他の一般事件の犯歴の取扱いと比較し，検察庁でこれについて特別な事務処理をしているというわけではない。犯歴票の作成要領，既決犯罪通知書の作成・通知要領，電子計算機への登録方法等は同じであるし，その作成，通知に当たっての留意事項も一般犯歴のそれがそのまま該当するが，ただ，選挙に関する犯歴については，その取扱いを一歩誤ると，選挙権・被選挙権の行使・不行使に関連する人権問題や社会問題を惹起する可能性が極めて高いため，市区町村におけるこの種の事務の迅速，的確な処理に協力する意味で，少しばかりきめ細かな事務処理が行われているにすぎない。ところが，市区町村における選挙に関する犯歴の取扱いは，一般事件のそれと比較すると，単に選挙管理委員会に対する通知・連絡事務が増えるということばかりでなく，前記のような問題が惹起したときは，その対応の矢面に立たされる可能性が多分にあるので，一般事件の犯歴の取扱いより更に的確な事務処理を行うことが要求されているのである。この事務の取扱いを検察庁の事務と関連付けながら説明する。

1　公職選挙法違反又は政治資金規正法違反等の罪に係る犯歴と公民権

(1)　公民権停止の趣旨

ア　選挙に関する罪を犯して刑に処せられた者は，選挙の公正を侵害した者であるから，そのような者に対しては刑罰を科するのみではなく，選挙に関する権利を一定期間剥奪して選挙に関与する機会を失わしめる必要がある。そこで，公職選挙法では，選挙犯罪により刑に処せられた者について，その付随的効果として一定の期間選挙権及び被選挙権を停止させる規定（同法 252 条）（注 18）を設けることとしたのであり，これがいわゆる公

民権停止の制度である。

　また，政治資金規正法の一部を改正する法律（平成6年法律第4号）が公布・施行され（施行日は平成7年1月1日），この改正によって政治家個人への不明朗な資金提供を全面的に禁止し，政党中心の政治資金の調達及び政治資金の流れの一層の透明化を図るとともに，罰則の強化が図られた。すなわち，政治活動は公職の選挙に収れんするという現実に鑑み，政治資金規正法違反の罪により処罰された者については，禁錮刑の執行を猶予された者や罰金刑（執行猶予の場合を含む）に処された者についても，それぞれ刑種に応じて公選法違反の場合と同様に，選挙権及び被選挙権を有しないこととされ，公民権停止の制度が新設された（同法28条）（注19）。

　さらに，平成13年12月7日，地方公共団体の議会の議員及び長の選挙に係る電磁的記録式投票機を用いて行う投票方法等の特例に関する法律（平成13年法律第147号）が公布され，翌14年2月1日から施行された。この法律は，情報化社会の進展に鑑み，選挙の公正かつ適正な執行を確保しつつ開票事務の効率化及び迅速化を図るため，当分の間の措置として，地方公共団体の議会の議員及び長の選挙に係る電磁的記録式投票機を用いて行う投票方法等について公職選挙法の特例を定めたものである。ここにいう電磁的記録式投票機とは，当該機械を操作することにより，当該機械に記録されている公職の候補者のいずれかを選択し，かつ，当該公職の候補者を選択したことを電磁的記録（電子的方式，磁気的方式その他人の知覚によっては認識することができない方式で作られる記録であって，電子計算機による情報処理の用に供されるもの）として電磁的記録媒体（電磁的記録に係る記録媒体）に記録することができる機械をいう（同法2条）。

　この法律違反の罪により処罰された者については，禁錮刑の執行を猶予された者や罰金刑（執行猶予の場合を含む）に処せられた者についても，それぞれ刑種に応じて公職選挙法違反の場合と同様に，選挙権及び被選挙

98 第1編 解 説

権を有しないこととされ，公民権停止の制度が新設された（同法17条）
（注20）。

イ　検察庁では，この制度を実効あらしめるため，旧犯歴事務規程の施行以
前から，市区町村長に対し公職選挙法違反の罪に係る既決犯罪通知を行う
場合には，公民権停止・不停止の事実及び公民権の停止期間を判断するこ
とができるように，既決犯罪通知書に少しばかり丁寧な記載をしていたの
である。すなわち，公職選挙法の適用条文の全てを罪名欄に記載するほか，
同法252条4項の規定により公民権不停止又は公民権停止期間の短縮の言
渡しがあった場合は，刑名刑期欄に公民権不停止の旨又は短縮された公民
権停止期間を記載し，さらに，全ての既決犯罪通知書の欄外に「公職選挙
法違反の罪については，科料及び同法240，242，244，245，249の2，
249の3の各条〈編注，昭和50年法律第60号による改正前の条文〉による刑の
言渡しがあった場合並びに選挙権に関し特別の宣告があった場合を除き，
法定期間選挙権及び被選挙権が停止されるから念のため（同法252条参
照）」との注意書を記載する取扱いである。この「　」内の記載は，公職
選挙法252条1項ないし3項の規定により公民権停止となる場合は，裁判
の主文の中で公民権停止期間が明示されないので，検察庁でも，既決犯罪
通知書に公民権停止期間を記載せず，その代わりの意味での注意書であり，
同法252条1項ないし3項で除外されていない罪に係る違反により刑に処
せられた場合には，一定の期間公民権を停止するものとされているから，
同条の規定をよく参照して過誤なきを期するようにということを示すもの
である。

　市区町村に対しては，このようにして公民権停止・不停止の事実及び公
民権停止期間についての犯罪人名簿への登録方法，選挙管理委員会への通
知方法等を一任する建前がとられたのである。ところが，既決犯罪通知書
には，前記のように公民権停止・不停止の事実及び公民権停止期間を判断
する資料が詳細に記載されているにもかかわらず，全国各地の市区町村及

び選挙管理委員会から検察庁に対し，このことに関する問い合わせが後を絶たず，特に選挙の時期が近づくと犯歴係事務官はその応対に忙殺されてしまう状態が長く続いたため，昭和40年10月旧犯歴事務規程施行のときから，検察庁の犯歴係事務官の第一次的責任の下に，同事務官が裁判書の記載により公民権停止・不停止の別及び公民権停止の期間を判断し，これを既決犯罪通知書に記載する取扱いに改められたのである。

（注18）　公職選挙法（昭和25年法律第100号）

（選挙犯罪に因る処刑者に対する選挙権及び被選挙権の停止）

第252条　この章に掲げる罪（第236条の2第2項《選挙人名簿の抄本等の閲覧に係る命令違反及び報告義務違反》，第240条《選挙事務所，休憩所等の制限違反》，第242条《選挙事務所設置の届出違反》，第244条《選挙運動に関する各種制限違反，その2》，第245条《選挙期日後のあいさつ行為の制限違反》，第252条の2《推薦団体の選挙運動の規制違反》，第252条の3《政党その他の政治活動を行う団体の政治活動の規制違反》及び第253条《選挙人等の偽証罪》の罪を除く。）を犯し罰金の刑に処せられた者は，その裁判が確定した日から5年間（刑の執行猶予の言渡しを受けた者については，その裁判が確定した日から刑の執行を受けることがなくなるまでの間），この法律に規定する選挙権及び被選挙権を有しない。

2　この章に掲げる罪（第253条の罪を除く。）を犯し禁錮以上の刑に処せられた者は，その裁判が確定した日から刑の執行を終わるまでの間若しくは刑の時効による場合を除くほか刑の執行の免除を受けるまでの間及びその後5年間又はその裁判が確定した日から刑の執行を受けることがなくなるまでの間，この法律に規定する選挙権及び被選挙権を有しない。

3　第221条《買収及び利害誘導罪》，第222条《多数人買収及び多数人利害誘導罪》，第223条《公職の候補者及び当選人に対する買収及び利害誘導罪》又は第223条の2《新聞紙，雑誌の不法利用罪》の罪につき刑に処せられた者で更に第221条から第223条の2までの罪につき刑に処せられた者については，前2項の5年間は，10年間とする。

4　裁判所は，情状により，刑の言渡しと同時に，第1項に規定する者（第221条から第223条の2までの罪につき刑に処せられた者を除く。）に対し同項の5

100 第1編 解 説

年間若しくは刑の執行猶予中の期間について選挙権及び被選挙権を有しない旨
の規定を適用せず，若しくはその期間のうちこれを適用すべき期間を短縮する
旨を宣告し，第1項に規定する者で第221条から第223条の2までの罪につき
刑に処せられたもの及び第2項に規定する者に対し第1項若しくは第2項の5
年間若しくは刑の執行猶予の言渡しを受けた場合にあつてはその執行猶予中の
期間のうち選挙権及び被選挙権を有しない旨の規定を適用すべき期間を短縮す
る旨を宣告し，又は前項に規定する者に対し同項の10年間の期間を短縮する旨
を宣告することができる。

（注19） 政治資金規正法（昭和23年法律第194号）

第28条 第23条から第26条の5まで及び前条第2項の罪を犯し罰金の刑に処
せられた者は，その裁判が確定した日から5年間（刑の執行猶予の言渡しを受
けた者については，その裁判が確定した日から刑の執行を受けることがなくな
るまでの間），公職選挙法に規定する選挙権及び被選挙権を有しない。

2 第23条，第24条，第25条第1項，第26条，第26条の2，第26条の4及
び前条第2項の罪を犯し禁錮の刑に処せられた者は，その裁判が確定した日か
ら刑の執行を終わるまでの間若しくは刑の時効による場合を除くほか刑の執行
の免除を受けるまでの間及びその後5年間又はその裁判が確定した日から刑の
執行を受けることがなくなるまでの間，公職選挙法に規定する選挙権及び被選
挙権を有しない。

3 裁判所は，情状により，刑の言渡しと同時に，第1項に規定する者に対し同
項の5年間若しくは刑の執行猶予中の期間について選挙権及び被選挙権を有し
ない旨の規定を適用せず，若しくはその期間のうちこれを適用すべき期間を短
縮する旨を宣告し，又は前項に規定する者に対し同項の5年間若しくは刑の執
行猶予の言渡しを受けた場合にあつてはその執行猶予中の期間のうち選挙権及
び被選挙権を有しない旨の規定を適用すべき期間を短縮する旨を宣告すること
ができる。

4 略

（注20）地方公共団体の議会の議員及び長の選挙に係る電磁的記録式投票機を用い
て行う投票方法等の特例に関する法律（平成13年法律第147号）

第17条 前条第2項又は第3項の罪を犯し罰金の刑に処せられた者は，その裁

判が確定した日から5年間（刑の執行猶予の言渡しを受けた者については，その裁判が確定した日から刑の執行を受けることがなくなるまでの間），公職選挙法に規定する選挙権及び被選挙権を有しない。

2　前条第2項の罪を犯し禁錮の刑に処せられた者は，その裁判が確定した日から刑の執行を終わるまでの間若しくは刑の時効による場合を除くほか刑の執行の免除を受けるまでの間及びその後5年間又はその裁判が確定した日から刑の執行を受けることがなくなるまでの間，公職選挙法に規定する選挙権及び被選挙権を有しない。

3　裁判所は，情状により，刑の言渡しと同時に，第1項に規定する者に対し同項の5年間若しくは刑の執行猶予中の期間について選挙権及び被選挙権を有しない旨の規定を適用せず，若しくはその期間のうちこれを適用すべき期間を短縮する旨を宣告し，又は前項に規定する者に対し同項の5年間若しくは刑の執行猶予の言渡しを受けた場合にあってはその執行猶予中の期間のうち選挙権及び被選挙権を有しない旨の規定を適用すべき期間を短縮する旨を宣告することができる。

(2)　公職選挙法違反事件等の既決犯罪通知

現行の犯歴事務の取扱いでは，市区町村長に対し公職選挙法違反，政治資金規正法違反又は電磁的記録投票法違反の罪に係る確定裁判について既決犯罪通知を行う場合には，同通知書に全ての適用条文，公民権停止・不停止の別及び公民権の停止期間を必ず記載することになっている。適用条文は，既決犯罪通知書（甲）による場合は，その備考欄に，例えば，公職選挙法違反においては，「142条1項2号，243条3号，252条4項」は「142-1-2　243-3　252-4」と，「221条1項1号，252条2項」は「221-1-1　252-2」と，政治資金規正法違反においては，「18条2項，24条1号，28条1項」は「18-2　24-1　28-1」と，「22条の2，21条の2第1項，26条3号，28条2項」は「22ノ2　21ノ2-1　26-3　28-2」と，電磁的記録投票法違反においては「7条4項，16条3項1号，17条1項」は「7-4　16-3-1　17-1」と，「7条2項，16条2項，17条2項」は「7-2　16-2　17-2」と，それぞれ記載され，同（乙）による場合は，その罪名欄又は備考欄に条文が

分かりやすく記載される。また，公民権停止・不停止の別及び公民権の停止期間は，既決犯罪通知書（甲）による場合はその所定欄に（70頁参照），同（乙）による場合はその備考欄にそれぞれ明確に記載されるが，その記載方法は次表（**表1参照**）によるものとされており，これにより事務処理が行われている。

　なお，検察庁における既決犯罪通知書への公民権停止・不停止の別及び公民権停止期間の記載は，(1)で述べたような事情に対処するため，犯歴担当事務官の第一次的責任においていわばサービス的な意味合いで行われているにすぎず，選挙管理委員会が公民権停止事由の存否を認定する最終機関であることに変わりないのはいうまでもない。このため，検察庁では，現在でも，既決犯罪通知書に罪名のほか，全ての適用条文を記載して通知を行うものとし，公民権停止事由の存否や公民権の停止期間を認定するための資料を提供することとしているのである。したがって，市区町村においても，犯罪人名簿に公職選挙法違反等の罪に係る犯歴を登録する場合には，既決犯罪通知書の記載事項を単に書き写すだけでなく，その条文に基づく公民権の停止期間は正確かなど，既決犯罪通知書の記載自体の相当性をも検討するといった姿勢を持つことが必要であろう。これらの記載が選挙管理委員会において公民権停止事由の存否等を認定する唯一の疎明資料となるものであるからである。

(3)　公民権の停止期間

　公民権の停止期間の起算日は，公職選挙法252条1項及び2項，政治資金規正法28条1項及び2項又は電磁的記録投票法17条1項及び2項の規定により，罰金刑の実刑に処せられた者及び罰金刑又は禁錮以上の刑に処せられその執行を猶予された者については当該裁判の確定の日，禁錮以上の刑の実刑に処せられた者については当該裁判の確定の日及び当該刑の執行終了の日の翌日となるが，公民権停止期間の終期については，刑法34条の2の規定との関係において若干注意を要する点がある。それは，禁錮以上の刑の実刑に処せられた者がその刑の執行終了後5年間又は10年間公民権停止となる

VII 選挙に関する犯歴 *103*

表1 公職選挙法違反等に係る既決犯罪通知書備考欄の記載方法

適条	事	例	記 載 方 法
公職選挙法252条1項 政治資金規正法28条1項 電磁的記録投票法17条1項	公職選挙法第16章の罪（236条の2,2項,240条,242条,244条,245条,252条の2,252条の3,253条を除く),政治資金規正法23条から26条の5まで及び27条2項又は電磁記録投票法16条2項,3項の罪により,罰金の	①実刑に処せられたとき ②執行猶予に処せられたとき	①5年間公民権停止 ②猶予期間中公民権停止
公職選挙法252条2項 政治資金規正法28条2項 電磁的記録投票法17条2項	公職選挙法第16章の罪（253条を除く),政治資金規正法23条,24条,25条1項,26条,26条の2,26条の4及び27条2項又は電磁記録投票法16条2項の罪により,禁錮以上の	①実刑に処せられたとき ②執行猶予に処せられたとき	①刑執行終了まで及びその後5年間公民権停止 ②猶予期間中公民権停止
公職選挙法252条3項	221条,222条,223条又は223条の2の罪につき刑に処せられた者で,更に221条から223条の2までの罪につき	①罰金の実刑に処せられたとき ②禁錮以上の実刑に処せられたとき ③執行猶予に処せられたとき	①10年間公民権停止 ②刑執行終了まで及びその後10年間公民権停止 ③猶予期間中公民権停止
公職選挙法252条4項 政治資金規正法28条3項 電磁的記録投票法17条3項	裁判所が刑の言渡しと同時に公民権の	①不停止を宣告したとき（公職選挙法221条から223条の2までの罪については,言い渡すことができない。) ②停止期間を短縮して宣告したとき イ 罰金実刑に処せられたとき ロ 禁錮以上の実刑に処せられたとき ハ 執行猶予に処せられたとき	① 公民権不停止 ② イ （短縮期間）年間公民権停止 ロ刑執行終了まで及びその後（短縮期間）年間公民権停止 ハ （短縮期間）年間公民権停止

(注) 電磁的記録投票法は，地方公共団体の議会の議員及び長の選挙に係る電磁的記録式投票機を用いて行う投票方法等の特例に関する法律の略称である。

104 第1編 解 説

場合及び罰金の実刑に処せられた者がその裁判の確定後5年間公民権停止となる場合は，いずれも公民権停止の期間より刑法34条の2で規定する刑の消滅期間の方が長いので問題とならないが，罰金の実刑に処せられた者が10年間公民権停止となる場合には，通常，公民権の停止期間中に当該刑の言渡しの効力が消滅することになるため，これに伴う公民権停止期間の取扱い及びその後における事務の取扱いが問題となる。しかし，この場合の公民権停止期間の取扱いについては，刑法34条の2の規定が優先するものと解されており（法務省刑事局刊「検察資料」130，公職選挙法関係質疑回答集520問答），したがって，公職選挙法252条3項の規定による10年間の公民権停止期間の経過前であっても，刑法34条の2の規定により刑の言渡しの効力が消滅した場合には，その時点で選挙権及び被選挙権を回復することになる。

　ところが，この場合の事務の取扱いについては，市区町村長に対する当初の既決犯罪通知書には前掲**表1**の記載例により10年間公民権停止と記載して通知が行われるので，その後その期間内に当該刑の言渡しの効力が失われた場合には，検察庁からその旨の通知ができれば問題ないのであるが，検察庁においてこのような事例を個別に把握しておくことは事務の運用の実態からみて極めて困難であり，かつ，既決犯罪通知書に公民権の停止期間等を記載して通知すること自体前記のようにサービス的な意味合いで行っているとの考えもあって，積極的にそのような通知をすることにはなっていない。とはいっても，法律上公民権を回復している者について，万が一にも選挙権又は被選挙権の行使ができないということがあってはならないので，市区町村としては，必ずこのことを把握できる体制を整えておく必要がある。このためには，該当者をあらかじめ拾い出しておき，罰金刑の確定後5年を経過した時点で，公民権の回復の有無について必ず検察庁に照会を行うことが必要であるが，近い期日に選挙の施行予定がない場合には，罰金刑の執行終了後5年を経過した時点で行う刑の消滅照会によりこの照会を補うことも可能で

あろう。なお，この場合においても，罰金刑の執行終了後5年以内に更に罪を犯し罰金以上の刑（何罪であってもよい）に処せられたときは，前刑の刑の消滅期間の進行が中断し，刑の執行終了後5年を経過したのみでは刑の言渡しの効力が失われることはないので，市区町村では，後日，前刑の刑の消滅期間の再進行後5年を経過した時点で前記の照会を行えばよいことになる。

(4) 刑の執行猶予と公民権

次に，罰金・禁錮又は懲役の刑に執行猶予が付されたときは，その裁判が確定した日から刑の執行を受けることがなくなるまでの間，選挙権及び被選挙権を有しないこととなるが（公職選挙法252条1項，2項，政治資金規正法28条1項，2項，電磁的記録投票法17条1項，2項)，ここで，公民権停止期間が裁判確定の日から刑の執行を受けることがなくなるまでの間とされているのは，刑法27条の規定により，執行猶予刑については，刑の執行猶予の言渡しを取り消されることなくして猶予の期間を経過し，刑の執行を受けることがなくなれば，その時点で当該刑の言渡しはその効力を失うものとされているからである。この場合，既決犯罪通知書に記載する公民権停止期間は，前掲記載例により全て「猶予期間中公民権停止」と記載される。公職選挙法252条3項が適用された場合も同様である。

ところで，このような場合，執行猶予の言渡しを取り消されることなく猶予の期間を経過すれば，直ちに公民権を回復するので問題を生ずることはないが，再犯により執行猶予の言渡しが取り消された場合には，既に通知済みの既決犯罪通知書記載の公民権停止期間に変動が生ずる。執行猶予の言渡しの取消しがあった場合の公民権停止期間については当初から執行猶予の言渡しがなかったときと同様に考えるものと解されているからである。このような場合，検察庁では，市区町村長に対し執行猶予取消しの旨を刑執行猶予言渡し取消通知書により通知する際，犯歴担当事務官が再度公民権停止期間がどうなるかを判断した上で，その通知書の備考欄又は所定欄に公民権停止期間を記載することになっている。犯歴担当事務官が刑執行猶予言渡し取消通

106 第1編 解 説

知書に公民権停止期間を記載するのは，(1)及び(2)で述べたように検察庁側の
サービス的精神を貫く趣旨のものである。

　刑執行猶予言渡し取消通知書（甲）の公民権停止欄及び同（乙）の備考欄
には，公民権停止期間が次の要領で記載される。

　すなわち，執行猶予言渡し取消しの刑に係る罪の適用条文が

①　公職選挙法252条1項又は政治資金規正法28条1項の場合，通知書
　（甲）には，区分「1」又は「5」（「1」又は「5」は「確定後」を表す），
　期間「05年間」，同（乙）には，「執行猶予言渡しの裁判確定のときから5
　年間公民権停止」と，

②　公職選挙法252条2項又は政治資金規正法28条2項の場合，通知書
　（甲）には，区分「2」又は「6」（「2」又は「6」は「刑執行終了まで
　及びその後」を表す），期間「05年間」，同（乙）には，「刑執行終了まで
　及びその後5年間公民権停止」と，

③　公職選挙法252条3項の場合で罰金刑のときは，通知書（甲）には，区
　分「1」，期間「10年間」，同（乙）には，「執行猶予言渡しの裁判確定の
　ときから10年間公民権停止」（この場合，10年経過前であっても，刑の
　言渡しの効力が消滅した（刑法34条の2）ときは，公民権も回復する。），
　同項の場合で禁錮刑又は懲役刑のときは，通知書（甲）には，区分「2」，
　期間「10年間」，同（乙）には，「刑執行終了まで及びその後10年間公民
　権停止」と，

④　公職選挙法252条4項又は政治資金規正法28条3項の場合で罰金刑の
　ときは，通知書（甲）には，区分「1」又は「5」，期間「（短縮期間）年
　間」，同（乙）には，「執行猶予言渡しの裁判確定のときから（短縮期間）
　年間公民権停止」，同項の場合で禁錮刑又は懲役刑のときは，通知書
　（甲）には，区分「2」又は「6」，期間「（短縮期間）年間」，同（乙）には，
　「刑執行終了まで及びその後（短縮期間）年間公民権停止」と

それぞれ記載される。

なお，④の場合で罰金刑の執行猶予言渡しの取消しの場合には，執行猶予の言渡しが取り消されても，取り消されなくても，公民権停止期間の起算日，短縮に係る公民権停止期間及びその終期に変更はないので，注意的な記載とみて差し支えない。また，④の場合で，短縮された公民権停止期間の経過後に執行猶予の取消しがあった場合は，短縮に係る期間の経過により公民権は当然に回復しているので，この場合には，執行猶予取消しの旨の通知のみが行われる。ところで，④のような事例に関連し，裁判所が公職選挙法第252条第4項を適用して，例えば，懲役5月，4年間刑執行猶予，公民権停止期間を3年に短縮するというように（昭和49.4.3宮崎地裁判決），執行猶予期間4年のうち選挙権及び被選挙権を有しない期間を裁量により3年に短縮して言い渡す実益が果たしてあるか否かが一応問題となる。これは，公職選挙法11条1項5号の規定によれば，法律で定めるところにより行われる選挙，投票等に関する犯罪により禁錮以上の刑に処せられその刑の執行を猶予された者は，猶予の期間中公民権を停止するものとされているので，公民権停止期間の短縮は意味なく実効がないのではないかということからくる疑問である。しかし，この問題については，禁錮以上の刑に処せられその刑の執行を猶予された場合において，同法252条4項により公民権停止期間の短縮が言い渡された場合には，同法11条1項5号の規定の適用はないものと解されており，したがって，執行猶予期間中であっても短縮期間の経過により公民権を回復することになるのである。

　公職選挙法違反，政治資金規正法違反又は電磁的記録投票法違反の罪に係る刑執行猶予言渡し取消通知書を受理した場合には，犯罪人名簿に，執行猶予言渡しの取消しにより公民権停止期間が変更された旨を付記しておく必要がある。なお，検察庁では，公職選挙法違反，政治資金規正法違反又は電磁的記録投票法違反の罪に係る既決犯罪通知書及び刑執行猶予言渡し取消通知書等については，市区町村においても緊急の処理を要するであろうということで，裁判確定後，電子計算機又は犯歴票への登録完了前に，該当検察庁か

ら他の検察庁を経由せず直接これを市区町村長に送付する取扱いとされている。また，この場合，通知書の授受を明確にするため，受領書を徴することとしている検察庁も多いと思われ，他の犯歴の取扱いと比較した場合，より厳格な運用が行われている実情にある。

(5) 公民権停止の具体的事例

　次に，公職選挙法に絞って同法252条の規定による公民権停止期間と刑法34条の2及び同法27条の規定による刑の消滅期間との関係を次に図示するが，刑の消滅関係については後に詳述することとし，ここでは，公民権停止の期間を中心にして簡単な説明を加える。なお，次図の（　）内の年数は，計算の便宜上の想定年数であり，また，再犯の刑は，全て公職選挙法違反以外の罪に係るものとして，公民権回復の日及び刑の消滅の日を計算してある。

① 禁錮以上の刑の実刑で5年間公民権停止の場合

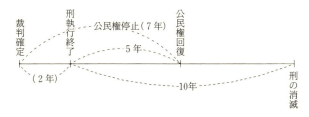

①は，公職選挙法252条2項適用のごく一般的な事例である。禁錮2年又は懲役2年の実刑に処せられたとすると，公民権停止期間は，裁判確定の日から刑執行終了の日までの2年とその後5年の計7年間となる。この場合，本刑に算入すべき未決勾留日数があれば，その日数分だけ刑の執行終了日が早くなるので前記2年は当然短くなり，反対に，逃亡その他の事由により刑の執行の開始が遅れれば，刑の執行終了日も遅くなり2年の期間は延びる。

② 禁錮以上の刑の実刑で 10 年間公民権停止の場合

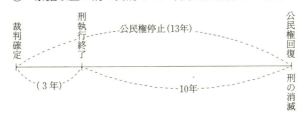

　②は，禁錮以上の刑について 252 条 3 項の適用により公民権停止期間が 10 年となる場合である。3 年の刑の事例であるから，実際の公民権停止期間は，裁判確定の日から刑執行終了の日までの 3 年とその後 10 年の計 13 年となる。他方，禁錮以上の刑に係る刑の消滅期間は，刑の執行終了後 10 年とされているので，事例のように 10 年間公民権停止に係る刑について，その後刑の消滅の中断事由（再犯）がないときは，公民権回復の日と刑の消滅の日は常に同日となる。

③ 禁錮以上の刑の実刑で 5 年間公民権停止，再犯（禁錮以上の実刑）のある場合

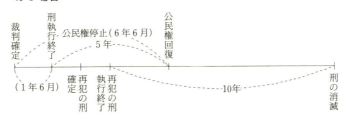

　③は，①と同様禁錮以上の刑の実刑に処せられ 5 年間公民権停止の事例であるが，⑥⑦の罰金刑に処せられて公民権停止になりその期間中に再犯の刑が確定したときと比較するため，5 年の公民権停止期間中に再犯の刑が確定した場合を示したものである。この場合，公民権停止に係る刑の消滅期間はその刑の執行終了後 10 年であるから，後述する⑤のようにその刑の消滅が公民権停止期間に影響を及ぼすことはない。加えて再犯の確定により両刑の

消滅期間は更に延びることになるので，再犯の存在は，⑥⑦の場合と異なり公民権停止期間に全く関係しない。

④ 罰金刑で5年間公民権停止の場合

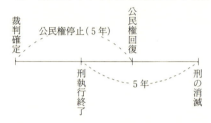

④は，252条1項適用のごく一般的な事例である。公民権停止期間は，裁判確定の日から常に5年であり，公民権回復の日は刑の消滅の日より早いのが一般的である。なお，仮納付の裁判の執行（裁判確定前の罰金刑の執行）により裁判確定の日に刑の執行終了となる場合には，公民権回復と刑の消滅は同日となる。

⑤ 罰金刑で10年間公民権停止の場合

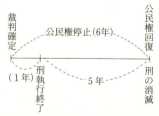

⑤は，252条3項適用の例で，罰金刑に処する裁判が確定し1年後に罰金が完納された事例である。この場合，確定裁判では公民権停止期間10年とされているが，刑法34条の2の規定により，罰金刑については刑の執行終了後5年を経過すると当該刑の言渡しの効力を失うとされているので，公民権停止期間10年の経過前であっても，当該刑の消滅の効果が生じた時点で公民権を回復することになる。

⑥ 罰金刑で 10 年間公民権停止，再犯（罰金刑）のある場合

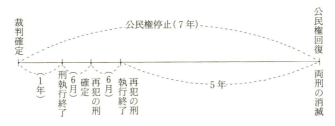

⑦ 罰金刑で 10 年間公民権停止，再犯（禁錮以上の実刑）がある場合

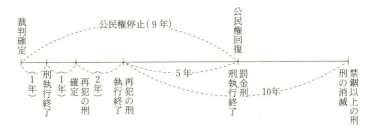

　⑥⑦は，⑤と同じ事例であるが，公民権停止に係る罰金刑の執行終了後で，かつ，10 年の公民権停止期間中に，⑥は罰金刑の，⑦は禁錮以上の実刑の再犯がある場合である。公民権停止に係る刑の消滅期間の進行は再犯の刑の確定により中断し，その後中断事由となった再犯の刑の執行終了のときから，再犯の刑に係る刑の消滅期間の進行と併行して再進行を開始する。⑥の場合は，公民権停止に係る刑も再犯に係る刑も罰金刑なので，再犯の刑の執行終了後 5 年を経過した時点で両刑同時に刑の言渡しの効力が消滅し公民権も回復するが，その停止期間は，確定裁判で 10 年とされているにもかかわらず裁判確定の日から再犯に係る刑の執行終了の日までの計 2 年とその後 5 年の合計 7 年となる。⑦の場合は，公民権停止に係る罰金刑の方が禁錮以上の刑より先に刑の言渡しの効力が消滅し，その時点で公民権を回復するので公民権停止期間は合計 9 年となるが，この場合，仮に，公民権停止に係る罰金刑の確定後 6 年目に再犯の刑の執行が終了したものとすれば，公民権は，両刑

の刑の消滅の時期とは関係なく，公民権停止に係る裁判確定の日から10年を経過した時点で当然に回復する。

⑧　執行猶予の裁判（罰金，禁錮又は懲役刑）で公民権停止の場合

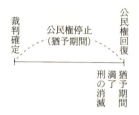

⑧は，252条1項又は2項適用の事例で，罰金，禁錮又は懲役の刑に執行猶予が付された場合である。公民権停止期間は，裁判確定の日から執行猶予期間の満了の日までとされているので，執行猶予の期間と全く同じであり，執行猶予が取り消されない限りその満了により公民権を回復する。

⑨　罰金刑の執行猶予で5年間公民権停止（猶予取消しによる）の場合

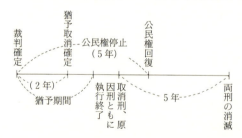

⑨は，252条1項適用の罰金刑の執行猶予が取り消された場合である。この場合の公民権停止期間は，公民権停止に係る執行猶予の裁判が確定した日から常に5年となる。公民権停止期間の起算日は，執行猶予取消しの裁判の確定の日ではないから注意を要する。

⑩　禁錮以上の刑の執行猶予で5年間公民権停止（猶予取消しによる）の場合

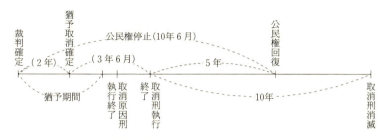

⑩は，252条2項適用の禁錮刑又は懲役刑の執行猶予が取り消された場合である。公民権停止期間は，公民権停止に係る刑（執行猶予取消刑）の執行終了まで及びその後5年間であるから，図では，公民権停止に係る刑の確定の日からその刑の執行終了の日までの5年6月とその後5年の計10年6月ということになる。⑩のような事例の場合は，執行猶予取消しの原因となった再犯の刑の執行終了の有無及び刑の消滅の有無は，公民権停止期間に影響することはない。

⑪　罰金刑の執行猶予で10年間公民権停止（猶予取消し（取消原因刑罰金）による）の場合

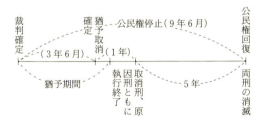

⑫　罰金刑の執行猶予で10年間公民権停止（猶予取消し（取消原因刑懲役刑）による）の場合

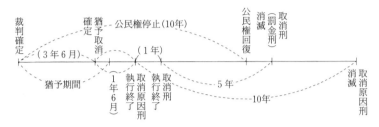

⑪⑫は，252条3項適用の罰金刑の執行猶予が取り消された場合である。いずれの場合も執行猶予取消しの裁判の確定により公民権停止に係る刑（執行猶予取消刑）の確定の日から10年間公民権停止となるが，⑪の例では，公民権停止期間中にその刑（取消刑）が消滅することになるので，その時点で公民権を回復し，⑫は，公民権停止期間中公民権停止に係る刑の言渡しの効力が消滅しないので，裁判確定の日から10年を経過しなければ公民権を回復しない。

⑬　禁錮以上の刑の執行猶予で10年間公民権停止（猶予取消し（取消原因刑懲役刑）による）の場合

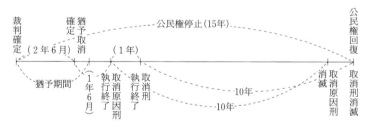

⑬は，252条3項適用の禁錮以上の刑の執行猶予が取り消された場合である。裁判確定の日から執行猶予取消しに至るまでの2年6月，その後刑執行終了までの2年6月の計5年とさらにその後10年の合計15年間公民権停止

となることになる。禁錮以上の刑の執行猶予が，禁錮以上の刑の再犯を取消し原因として取り消された場合は，恩赦法による特赦，大赦，復権でもない限り刑執行終了後10年の期間経過前に公民権を回復することはない。

以上，ここでは，再犯の刑は全て公職選挙法違反以外の罪に係るものとして説明してきたが，再犯の刑が同法違反の罪である場合には，その刑を中心にして今までの説明と同じような考え方で公民権停止期間の始期，終期等を考えればよく，難しい問題はない。なお，公民権停止に係る刑の執行猶予が取り消された場合，⑫，⑬のように取消原因刑と取消刑の刑の消滅の日が異なる理由については，「Ⅷ　刑の消滅」の項で説明する（133頁参照）。

(6)　犯罪時少年の者と公民権

公職選挙法違反の罪により刑に処せられた者が犯罪時少年であるときは，少年保護の見地から少年法60条の規定が公職選挙法252条の規定に優先するものと解されているので，公職選挙法252条の適用がある場合でも，刑の執行を受け終わり又は刑の執行の免除を受けると同時に選挙権及び被選挙権を回復し（少年法60条1項），また，刑の執行猶予の言渡しを受けた場合には，執行猶予の期間中は刑の執行を受け終わったものとみなされているため（同条2項），執行猶予期間中でも選挙権及び被選挙権が停止されることはない。なお，この場合，18歳未満であるため，もともと選挙権及び被選挙権がない期間については，たとえ公職選挙法252条の適用がある場合でも，公民権停止の観念を容れる余地のないのは当然のことである。

次に，犯罪時少年であった者が公職選挙法違反の罪により刑の執行猶予の言渡しを受けこれが取り消された場合には，人の資格に関する法令の適用については，その取消しのときに刑の言渡しがあったものとみなされているので（少年法60条3項），当該取消しの裁判の確定のときから公民権が停止されることになるが，その後，その刑の執行を受け終われば，同法60条1項の規定によりその時点で公民権を回復することになる。前掲⑩から⑬の事例について，それが犯罪時少年であった者である場合の公民権停止の期間は，

116 第1編 解説

いずれの場合も執行猶予言渡しの取消しの裁判が確定した日から当該刑（取消刑）の執行終了の日までの間となるから注意を要する。このような場合，刑執行猶予言渡し取消通知書の公民権停止期間は，「執行猶予言渡しの裁判確定のときから5年間公民権停止」，「刑執行終了まで及びその後5年間公民権停止」等と記載して通知され（105頁参照），犯罪人名簿にもそのように記載されているが，それが犯罪時少年であった者である場合には，前記通知書の公民権停止期間の記載いかんにかかわらず，刑の執行終了をもって公民権を回復するのである。したがって，犯罪時少年であった者の公職選挙法違反の罪に係る自由刑等執行終了通知や財産刑執行終了通知の取扱いについては，特別の注意を必要とする。

　なお，公職選挙法等の一部を改正する法律が，平成28年6月19日から施行され，選挙権を有する者の年齢が満20歳以上から満18歳以上に改められるとともに，年齢満18歳以上満20歳未満の者であるときに犯した罪に係る公職選挙法，漁業法及び政治資金規正法の規定の適用については，当分の間，少年法60条の規定は適用しない（改正法附則5条4項）こととされたことに伴い，犯歴事務規程が改正された。すなわち，公職選挙法11条1項5号に掲げる法律で定めるところにより行われる選挙，投票及び国民審査に関する犯罪により禁錮以上の刑に処せられ刑の全部の執行を猶予することとされた場合のほか，同法252条1項若しくは政治資金規正法28条1項に掲げる罪を犯し罰金の刑に処せられた場合，公職選挙法252条2項若しくは政治資金規正法28条2項に掲げる罪を犯し禁錮以上の刑に処せられた場合，公職選挙法252条3項の規定により公民権停止期間を10年間とされた場合又は同条4項若しくは政治資金規正法28条4項の規定により公民権停止期間を短縮する旨を宣告された場合には，確定のときにその裁判に係る刑の執行を受け終わったこととなるもの，刑の全部の執行を猶予するもの又は刑の執行を免除するものを含めて，既決犯罪通知，刑執行状況等通知及び犯歴事項の訂正通知がされることとなった。

さらに，満18歳以上満20歳未満の者が，公職選挙法252条又は政治資金規正法28条の規定により，刑の執行を受け終わった，若しくは刑の執行の免除を受けた後，公民権を停止することとされた場合，成人の場合と同様に，既決犯罪通知には，新たに刑の執行を受け終わった，又は刑の執行の免除を受けた後の公民権停止事由及び期間が記載されることとなった。

この記載がなかった場合，刑の執行を受け終わるまでの間又は刑の執行の免除を受けるまでの間は，本籍市区町村長において，公民権を停止された者として取り扱われる一方で，刑の執行を受け終わった，又は刑の執行の免除を受けた後は，少年法60条第1項の規定により，将来に向かって刑の言渡しを受けなかったものとみなされるものとして取り扱われ，刑の執行を受け終わった，又は刑の執行の免除を受けた後の公民権停止期間が正しく把握されなくなるおそれがある。

また，公職選挙法11条1項5号に掲げる犯罪により禁錮以上の刑に処せられ，その刑のうち一部の執行を猶予された満18歳以上満20歳未満の者についても，成人の場合と同様に，既決犯罪通知には，猶予の期間中も公民権を停止される旨記載されることとなった。

2　公職選挙法違反以外の罪に係る犯歴と公民権

前記1では，主として公職選挙法違反等の罪に係る犯歴と公民権との関係について詳述したが，それ以外の一般事件の犯歴も公民権と密接に関連するものがある。それは，公職選挙法11条1項2号から5号で規定する刑（注21）に係る犯歴であり，ここで規定する刑に処せられた者は，一定の期間選挙権及び被選挙権を有しない。同条の規定により選挙権及び被選挙権を有しないこととなる者は次のとおりである。

① **禁錮以上の刑に処せられその執行を終わるまでの者**（11条1項2号）

禁錮以上の刑とは，死刑，懲役及び禁錮の刑をいい，また，刑に処せられその執行を終わるまでの者とは，刑の言渡しを受け，その刑が確定したとき

118 第1編 解 説

から刑の執行を受け終わるまでの期間内にある者をいう。なお，この場合の懲役及び禁錮の刑は実刑を意味し，刑の執行猶予が取り消された場合もこれに該当する。仮釈放中の者や逃亡等により刑の執行を免れている者は，刑の執行を受け終わっていないから，当然選挙権及び被選挙権はない。刑の執行停止中（刑訴法 479 条，480 条，482 条）の者についても同様である。

② 禁錮以上の刑に処せられその執行を受けることがなくなるまでの者（刑の執行猶予中の者を除く）（11 条 1 項 3 号）

禁錮以上の刑に処せられた者について，刑の時効が完成し（刑法 31 条，32 条）又は恩赦法の規定に基づく大赦，特赦若しくは刑の執行の免除があると，これにより刑の執行を受けることがなくなることになるが，これらの事由により刑の執行を受けることがなくなった者も，それまでの間は，刑の執行を受け終わらない者として同法 11 条 1 項 2 号の規定により選挙権及び被選挙権を有しないことになっている。したがって，本号の規定は，刑の全部の執行を受け終わることなく前記の事由により刑の執行を受けることがなくなった場合に，これをもって選挙権及び被選挙権を回復させる趣旨のものといえる。この規定がないと，刑の時効等により刑の執行を受けることがなくなった者は，刑の執行を受け終わった者ではないので，2 号の規定により死に至るまで選挙権及び被選挙権を有しないことになってしまうのである。なお，本号の刑の執行を受けることがなくなるまでの者の中には，刑の執行猶予中の者は含まれない。

③ 公職にある間に犯した刑法 197 条から 197 条の 4 までの罪又は公職にある者等のあっせん行為による利得等の処罰に関する法律 1 条の罪により刑に処せられ，その執行を終わり若しくはその執行の免除を受けた者でその執行を終わり若しくはその執行の免除を受けた日から 5 年を経過しないもの又はその刑の執行猶予中の者（11 条 1 項 4 号）

本号は，公職選挙法の一部を改正する法律（平成 4 年法律第 98 号。同年12 月 16 日公布・施行）により新設され，さらに，公職にある者等のあっせ

ん行為による利得等の処罰に関する法律（平成12年法律第130号）の施行（平成13年3月1日）に伴い，改正された規定である。

公職にある間に犯した収賄罪，事前収賄罪，第三者共賄罪，加重収賄罪，事後収賄罪若しくはあっせん収賄罪（刑法197条ないし197条の4）又は公職にある者等のあっせん行為による利得等の処罰に関する法律1条の罪により刑に処せられその執行を猶予された者は，選挙権及び被選挙権を有しないものとされた。ここにいう「公職」とは，衆議院議員，参議院議員，地方公共団体の議会の議員，地方公共団体の長の職に限られている（公職選挙法3条，公職にある者等のあっせん行為による利得等の処罰に関する法律1条1項）。

ところで，平成4年法律第98号による改正前の公職選挙法では，基本的に禁錮以上の実刑に処せられた者のみがこのような資格制限を受ける者とされていたが，公職の公務員として公務の廉潔性を害する収賄行為をした者については，公務員の中でも国民の信頼によって直接選出されるべき公職の選出に関与させるべきでないという観点から，このような改正が行われたものである。犯罪の実行行為が公職在任中になされたものである以上，当該公職の職務に関して犯した収賄罪であるか兼任する公務員の職務に関して収賄罪であるかを問わない（したがって，国会議員（公職）として国務大臣（非公職）にあった者が国務大臣の職務に関して収賄した場合でも，本規定は適用される）。

犯歴担当事務官が，本規定に掲げる罪を犯した者に係る既決犯罪通知書（甲の1）及び既決犯罪通知書（乙）（犯歴票を含む）を作成する場合には，その備考欄に公職にある間の犯罪である旨を，例えば，収賄（刑法197条）の場合は「公選法11条1項4号，3条の公職（議員等）中」と，公職にある者等のあっせん行為による利得等の処罰に関する法律違反の場合は「公選法11条1項4号，あっせん処罰法1条の公職（議員等）中」とそれぞれ記載する。なお，既決犯罪通知書（甲の1）の備考欄の項目コードは「97」と

120 第1編 解 説

記載する（平成5.2.22刑総第135号総務課長通知，平成14.9.5刑総第976号総務課長通知）。

> **（参考）** 検察庁が誤った既決犯罪通知を町長に通知したため，その後の選挙権の行使ができなかったことにより，社会的，精神的損害を受けたなどとして国家賠償を求めた事件があった。その概要は，「収賄罪で確定判決を受けた原告に係る既決犯罪通知（甲）を作成するに当たり，公職選挙法11条1項4号に規定する「公職にある間」の「公職」の解釈につき，同法3条において，「衆議院議員，参議院議員並びに地方公共団体の議会の議員及び長の職」と規定されており，一般公務員であった原告はこれに該当しないのに，一般公務員も「公職」に含まれるものと解釈を誤り，同通知書備考欄に「公職にある間の犯罪」と記載して町長に通知し，同町長から同通知書写しの回付を受けた同町選挙管理委員会をして原告の公民権を停止させたため，原告が失権者として扱われ，その後の知事選挙における選挙権の行使ができなかったことにより，社会的，精神的な損害を受けたこと，並びに事後における原告への報告の遅滞及び検察庁職員の不適切な対応により精神的損害を受けたとして，国は，原告に対し，本件解決金として金30万円の支払義務があることを認めるなどの内容で和解となったもの」である。

④ 法律で定めるところにより行われる選挙，投票及び国民審査に関する犯罪により禁錮以上の刑に処せられその刑の執行猶予中の者（11条1項5号）

ここでいう法律で定めるところにより行われる選挙とは，公職選挙法の規定により行われる各種の選挙（2条）以外の，例えば，漁業法第6章第2節の規定により行われる海区漁業調整委員会委員の選挙，水害予防組合法第18条の規定により行われる組合会議員の選挙等をいう。公職選挙法で定める選挙犯罪による選挙権及び被選挙権の停止は，同法11条2項で規定しているように，全て同法252条の規定に基づいて行われるのである。

ところで，本号により選挙権及び被選挙権を有しなくなるのは，前記の法律で定める選挙に関する犯罪により禁錮以上の刑に処せられ，その刑について執行猶予の言渡しがあった場合に限られる。禁錮以上の実刑に処せられた

者については，2号の規定が適用されることになる。なお，これらの犯罪以外の一般犯罪により禁錮以上の刑に処せられその刑の執行猶予中の者は，3号括弧書の規定があるため選挙権及び被選挙権を失うことはない。

（注21）　公職選挙法

（選挙権及び被選挙権を有しない者）

第11条　次に掲げる者は，選挙権及び被選挙権を有しない。

一　削除

二　禁錮以上の刑に処せられその執行を終わるまでの者

三　禁錮以上の刑に処せられその執行を受けることがなくなるまでの者（刑の執行猶予中の者を除く。）

四　公職にある間に犯した刑法（明治40年法律第45号）第197条から第197条の4までの罪又は公職にある者等のあっせん行為による利得等の処罰に関する法律（平成12年法律第130号）第1条の罪により刑に処せられ，その執行を終わり若しくはその執行の免除を受けた者でその執行を終わり若しくはその執行の免除を受けた日から5年を経過しないもの又はその刑の執行猶予中の者

五　法律で定めるところにより行なわれる選挙，投票及び国民審査に関する犯罪により禁錮以上の刑に処せられその刑の執行猶予中の者

2　この法律の定める選挙に関する犯罪に因り選挙権及び被選挙権を有しない者については，第252条《選挙犯罪に因る処刑者に対する選挙権及び被選挙権の停止》の定めるところによる。

3　市町村長は，その市町村に本籍を有する者で他の市町村に住所を有するもの，又は他の市町村において第30条の6の規定による在外選挙人名簿の登録がされているものについて，第1項又は第252条の規定により選挙権及び被選挙権を有しなくなるべき事由が生じたこと又はその事由がなくなつたことを知つたときは，遅滞なくその旨を当該他の市町村の選挙管理委員会に通知しなければならない。

3　選挙管理委員会への通知

公職選挙法11条3項の規定は，昭和37年の同法の一部改正により設けられたものであるが，これにより有罪の確定裁判を受けた者の戸籍事務を管掌

122 第1編 解説

する市区町村長は，他の市区町村に住所を有する者について，禁治産の事実
（現在は成年被後見）又は犯罪により選挙権及び被選挙権を有しなくなるべ
き事由が生じたこと若しくはその事由がなくなったことを知ったときは，遅
滞なくその旨を住所地の市区町村の選挙管理委員会に通知するものとされ
（政治資金規正法28条4項（注22）にも留意すること），本籍市区町村長に，
選挙管理委員会における選挙人名簿調製のために必要な犯歴事項等の通知義
務を負わせることが法制化されたのである。選挙管理委員会では，選挙人名
簿を調製する際，この通知を参考資料として調製事務を行うことになるが，
一方，本籍市区町村長においても，犯罪人名簿のほか選挙関係失権者名簿と
呼ばれるような名簿を整備し，失権者の状況を把握するものとされている。

　選挙管理委員会に対する通知の時期，方法等については，自治省選挙局長
（現在の総務省選挙部長）通達（注23）でその詳細が定められているが，市
区町村では，おおむね，検察庁等から次のような諸通知を受理したときに，
選挙権及び被選挙権の発生・変更・消滅に関する事由が生じ，選挙管理委員
会に対する通知義務が生ずるものと考えて事務処理を行って差し支えなかろ
う。

(1)　**選挙権及び被選挙権の停止事由の発生に関するもの**

　ア　公職選挙法252条又は政治資金規正法28条の規定が適用された（公
　　民権不停止のものを除く）罰金以上の刑に係る既決犯罪通知の受理

　　実務では，公民権不停止の言渡しがあった場合にも，選挙関係失権者名
　簿を作成したり，選挙管理委員会への通知をしたりしているようであるが，
　制度の建前としては必要性に乏しい。

　イ　公職選挙法違反以外の罪による禁錮以上の実刑に係る既決犯罪通知の
　　受理

　ウ　公職選挙法11条1項5号で規定する選挙犯罪による禁錮以上の執行
　　猶予刑に係る既決犯罪通知の受理

　エ　公職選挙法違反以外の罪による禁錮以上の全部の執行猶予刑の刑執行

猶予言渡し取消通知書の受理

　公職選挙法違反以外の罪により禁錮以上の刑に処せられその全部の執行を猶予された者については，公職選挙法11条1項3号括弧書の規定により選挙管理委員会への通知を行っていなかったが，執行猶予言渡しの取消しにより，同項2号の禁錮以上の実刑に処せられたときと同じ取扱いをすることになる。

(2)　**選挙権及び被選挙権の停止事由の変更に関するもの**

ア　恩赦事項（減刑に関するもの）通知（74頁参照）の受理

　恩赦により禁錮以上の刑の実刑又は執行猶予刑が減刑されたときは，選挙権及び被選挙権を有しない期間も短縮される場合が多い。

イ　刑の分離決定通知（77頁参照）の受理

　刑の分離決定により刑期の変更を伴うことになるからである。

ウ　再審結果通知（79頁参照）の受理

　選挙管理委員会に通知済みの犯歴について，再審の裁判により刑名・刑期が変更された場合に通知する。再審の裁判の内容が管轄違い，無罪，免訴又は公訴棄却であるときは，後記(3)，ウの選挙権及び被選挙権の停止事由の消滅ということで処理することになる。なお，再審では，前より重い刑が言い渡されることはないから，これが新たな選挙権及び被選挙権停止事由の発生事由となることはない。

エ　非常上告結果通知（81頁参照）の受理

　前記ウ再審結果通知の説明とほぼ同じであり，再審を非常上告と読み替えて差し支えない。

オ　既決犯罪通知撤回通知（82頁参照）の受理

カ　公職選挙法252条又は政治資金規正法28条の規定が適用された罰金以上の刑の執行猶予又は同法11条1項5号で規定する選挙犯罪による禁錮以上の刑の執行猶予の刑執行猶予言渡し取消通知（73頁参照）の受理

124 第1編 解 説

これらの刑の執行猶予が取り消されたときは，必ず選挙権及び被選挙権の
停止期間の変更が生ずる。

(3) 選挙権及び被選挙権の停止事由の消滅に関するもの

ア 恩赦事項（刑の執行の免除，大赦，特赦又は復権に関するもの）通知
の受理

イ 刑の時効完成通知（78頁参照）の受理

ウ 再審結果通知又は非常上告結果通知（いずれも裁判の内容が管轄違い，
無罪，免訴又は公訴棄却である場合）の受理

エ 自由刑等執行終了通知（85頁参照）の受理

オ 仮釈放期間満了通知（83頁参照）の受理

住所地の選挙管理委員会では，これらの諸通知を参考にして選挙人名簿を
調製するとともに，これを編てつして所定の期間保管し，失権者が他の市区
町村の管轄区域内に住所を移転したときは，新住所地の選挙管理委員会にこ
れら諸通知等の関係資料を添えてその旨を通知することになる。

（注22） 政治資金規正法

第28条（略）

2・3（略）

4 公職選挙法第11条第3項の規定は，前3項の規定により選挙権及び被選挙権
を有しなくなるべき事由が生じ，又はその事由がなくなつたときについて準用
する。この場合において，同条第3項中「第1項又は第252条」とあるのは，
「政治資金規正法第28条」と読み替えるものとする。

（注23） 公職選挙法第11条第3項の規定に基づく選挙権及び被選挙権に関する本
籍地市区町村長の通知について

（昭和38.3.4自治丙選第7号自治省選挙局長発各都道）
（府県知事各都道府県選挙管理委員会委員長あて通達）

公職選挙法第11条第3項の規定に基づく選挙権及び被選挙権に関する本籍地市
区町村長の通知について

標記の件については，公職選挙法の一部を改正する法律（昭和37年法律第112
号）の規定により，新たに本籍地市区町村長が行うべき事務となつたものであるが，

これは，この事務が犯罪等による選挙権及び被選挙権の停止事由の発生及び変更並びに消滅に関する重要な事項であり，また，戸籍に関する事務を管掌する本籍地市区町村長において処理することがもつとも適当であるとされたからである。

したがつて，この運用については，下記事項に留意のうえ遺憾のないよう，また，この事務が個人の名誉にかかわるものである点にかんがみ，特に慎重に行われるよう，貴管下市区町村長及び市区町村の選挙管理委員会に対してよろしくご指導願いたい。

なお，本件については，最高裁判所及び法務省と協議ずみであるので念のため申し添える。

第一　本籍地市区町村長に対する犯罪等の通知

一　公職選挙法（昭和25年法律第100号。以下「法」という。）第11条第3項の規定により本籍地市区町村長がその市区町村に本籍を有する者で他の市区町村に住所を有するものについて法第11条第1項又は第252条の規定により選挙権及び被選挙権を有しなくなるべき事由が生じたこと又はその事由がなくなつたことを知つたときは，遅滞なく，その旨を現住所地の市区町村の選挙管理委員会に通知しなければならないものとなつたが，この場合において「知つたとき」とは，通常次の各号に掲げる通知があつたときをいうものであること。

　(一)　禁治産者については，家事審判規則（昭和22年最高裁判所規則第15号）第28条及び第29条の規定に基づく家庭裁判所の通知〈編注，後記補遺参照〉

　(二)　犯罪者については，「犯罪票事務取扱要領（昭和33年8月30日法務省刑事第14510号法務省刑事局長通達）」による検察官の通知〈編注，犯罪票事務取扱要領は昭和40年9月30日廃止，現在の犯歴事務規程を指す〉

　(三)　刑の終了者については，「市区町村長に対する自由刑の執行終了の通報について（昭和34年10月28日矯正甲第939号法務省矯正局長通達）」による刑務所長等の通知及び「仮出獄期間満了等の通達について（昭和34年12月25日保護第835号保護局長通達）」による保護観察所長の通知〈編注，この両通達は既に廃止されており，現在の（**注14**）の規程（86頁参照）及び（**注13**）の規程（84頁参照）を指す〉

二　一の各号に掲げる通知を選挙権及び被選挙権の停止事由の発生及び変更並びに消滅にかかるものごとに区分して例示すると，おおむね次の各号に掲げるとおりであること。

126 第1編 解 説

(一) 選挙権及び被選挙権の停止事由の発生にかかるもの

ア 禁治産宣告のあつたときの家事審判規則第 28 条の規定に基づく家庭裁判所の
通知〈編注，後記補遺参照。なお，成年被後見人の選挙権の回復等のための公
職選挙法等の一部を改正する法律（平成 25 年法律第 21 号）により，公職選挙
法 11 条 1 項 1 号の「成年被後見人」は削除された。〉

イ 法第 252 条〈編注，現在は政治資金規正法第 28 条，地方公共団体の議会の議
員及び長の選挙に係る電磁的記録式投票機を用いて行う投票方法等の特例に関
する法律第 17 条を含む〉に規定する罰金以上の刑及び法第 11 条第 1 項第 2 号
から第 4 号までに規定する禁錮以上の刑にかかる有罪の確定裁判（刑の執行猶
予の裁判及び刑の執行免除の裁判を含む。）を受けた者（外国人並びに沖縄，樺
太，千島及び小笠原に本籍を有する者を除く。）についての刑事訴訟法（昭和
23 年法律第 131 号）第 472 条により裁判の執行指揮をなすべき検察官（刑の執
行猶予及び刑の執行免除に関する裁判については，執行を要する刑の言渡しが
なされたとした場合にその執行を指揮すべき検察官を含む。）の既決犯罪通知
〈編注，沖縄及び小笠原は既に日本に復帰しているから，ここから削除すること
になる〉

ウ 法第 11 条第 1 項第 3 号に規定する禁錮以上の刑にかかる有罪の確定裁判
（刑の執行猶予の言渡しを受けた場合に限る。）を受けた者について，刑の執行
猶予の言渡しを取り消す決定が確定したときのその取消請求をした検察官の執
行猶予取消通知

(二) 選挙権及び被選挙権の停止事由の変更にかかるもの

ア 恩赦法（昭和 22 年法律第 20 号）の規定により減刑があつたときの判決原本
にその旨を附記すべき検察官の恩赦事項通知

イ 刑法（明治 40 年法律第 45 号）第 52 条の規定により刑を定める決定が確定し
たときのその請求をした検察官の刑の分離決定通知

ウ 再審の審判の結果なされた裁判（再審の裁判が，管轄違，無罪，免訴又は公
訴棄却である場合を除く。）が確定したときの執行指揮検察官の再審結果通知

エ 非常上告の結果原判決を破棄して被告事件につき更になされた判決（判決の
内容が無罪，免訴又は公訴棄却である場合を除く。）が確定したときの最高検察
庁の検察官の非常上告結果通知

オ 上訴権又は正式裁判権回復請求につきこれを認める決定が確定したときの既

決犯罪通知をした検察官の既決犯罪通知撤回通知

カ　法第11条第1項第4号〈編注，現行法同項第5号〉に規定する禁錮以上の刑
及び法第252条に規定する罰金以上の刑にかかる有罪の確定裁判（刑の執行猶
予の言渡しを受けた場合に限る。）を受けた者について刑の執行猶予の言渡しを
取り消す決定が確定したときのその取消し請求をした検察官の執行猶予取消通
知

㈢　選挙権及び被選挙権の停止事由の消滅にかかるもの

ア　禁治産宣告の取消しがあつたときの家事審判規則第29条の規定に基づく家庭
裁判所の通知〈編注，後記補遺参照。なお，成年被後見人の選挙権の回復等の
ための公職選挙法等の一部を改正する法律（平成25年法律第21号）により，
公職選挙法11条1項1号の「成年被後見人」は削除された。〉

イ　恩赦法の規定により，刑の執行免除，大赦又は特赦があつたときの判決原本
にその旨を附記すべき検察官の，復権があつたときの最後に有罪の裁判をした
裁判所に対応する検察庁の検察官の恩赦事項通知

ウ　刑の時効が完成したときの執行指揮検察官の刑の時効完成通知

エ　再審の審判の結果なされた裁判（再審の裁判が，管轄違，無罪，免訴又は公
訴棄却である場合に限る。）が確定したときの刑の言渡しがなされたとした場合
に，その執行を指揮すべき検察官の再審結果通知

オ　非常上告の結果原判決を破棄して，被告事件につき更になされた判決（判決
の内容が，無罪，免訴又は公訴棄却である場合に限る。）が確定したときの最高
検察庁の検察官の非常上告結果通知

カ　自由刑の執行が終了したときの刑務所長等の自由刑執行終了通知

キ　仮出獄期間が満了したときの保護観察所長の仮出獄期間満了通知

〈編注，検察庁からの各種通知書の作成名義人は，犯歴事務規程により，全て前各
号掲記の検察官の属する検察庁の犯歴担当事務官（検察事務官）とされている〉

第二　本籍地市区町村長が処理すべき事項

一　本籍地市区町村長は，**第一**に掲げる通知等により当該市区町村に本籍を有す
る年齢満20年以上の者で他の市区町村に住所を有するものにつき，選挙権及び
被選挙権の停止事由の発生及び変更並びに消滅があつたことを知つたときは，
遅滞なくその旨をその者にかかる戸籍の附票に記載されているその者の住所地
の市区町村の選挙管理委員会（その者が明らかに戸籍の附票に記載されている

住所地以外の市区町村に住所を有するものであることを知つたときは，当該市区町村の選挙管理委員会）に対し，次の事項を記載した文書をもつて通知するものとすること。

氏名，住所，生年月日，性別，本籍地のほか（選挙権及び被選挙権を有しなくなるべき事由が生じた場合においては）罪名，刑の内容，適用条文，執行猶予の有無及びその期間，当該事由の発生年月日並びに停止期間の有無及びその期間

（当該事由が変更された場合においては）変更された事項及びその事由並びに変更された年月日

（当該事由が消滅した場合においては）消滅した事項及びその事由並びに消滅した年月日

なお，本籍地市区町村長は，当該選挙権及び被選挙権を有しなくなつた者について，別記様式に準じ選挙関係失権者名簿を整備し，その後の通知等に応じてその補正をする取扱いとすることが適当であること。この場合においては，当該名簿の写しを送付することをもつて住所地の市区町村の選挙管理委員会への通知にかえることもできるものであること。

二　本籍地市区町村長は，法第252条第1項若しくは第2項の規定〈編注，現在は政治資金規正法第28条第1項若しくは第2項を含む〉により5年間又は同条第3項の規定により10年間（同条第4項の規定により短縮される場合も含む。）選挙権及び被選挙権の停止期間を附加された者についても，一による通知のほかは，当該期間が満了してもあらためて住所地市区町村の選挙管理委員会に対する通知はしないものとすること。したがつて，法第252条の規定により選挙権及び被選挙権の停止についての通知を受けた住所地市区町村の選挙管理委員会にあつては，当該期間の満了するまでは一による通知を保存する等，この点について特に留意するものとすること。

第三　住所地市区町村の選挙管理委員会が処理すべき事項

一　市区町村の選挙管理委員会は，本籍地市区町村長から**第二**に掲げる通知等を受けた場合においては，当該通知等を必要期間編綴して保存し，選挙人名簿調製上の参考にするとともに，公職選挙法施行令（昭和25年政令第89号）第92条第3項の規定に基づく通知についても遺憾のないようにすること。

二　市区町村の選挙管理委員会は，当該市区町村の長と適時連絡することにより，

当該市区町村に本籍及び住所を有する者で選挙権及び被選挙権を有しないものについてもその状況を把握するとともに，一に準じて，関係資料を整備しておくよう措置されたいこと。

三　市区町村の選挙管理委員会は，一及び二により知り得た当該市区町村に住所を有する者で選挙権及び被選挙権を有しないものが，他の市区町村に住所を移転したことを知つた場合は，新住所地の市区町村の選挙管理委員会に対しその旨連絡するとともに，一及び二により保存していた関係資料を送付する取扱いとされたいこと。

第四　その他

一　法第11条第3項の規定は，改正法公布の日から施行されるものであるが，この規定が設けられた趣旨にかんがみ，改正法公布の日前におけるものについても，第二及び第三と同様に取り扱うこととされたいこと。

二　少年のとき犯した罪についても，その者が成年に達する際において，なお，選挙権及び被選挙権を有しないこととなることが予想される場合においては，第二及び第三に準じて取り扱われたいこと。

130 第1編 解 説

別記様式

選挙関係失権者名簿

ふりがな		本	
氏　名		籍	
生年月日	明 大　　年　　月　　日 昭	住	
職　業	性別　男・女	所	
禁治産	年　月　日 宣告確定　年　月　日 取消確定		

裁判確定・猶予取消・刑終等	裁判所名	罪名	刑名・刑期・金額等	備考
年　　月　　日確定 　年　　月　　日刑始 　年　　月　　日刑終 　年　　月　　日 執行猶予取消決定確定			懲役（禁錮）　　　年　　　月 罰金　　　　　　　　　円 法定 裁定　未決勾留日数　　日通算／日算入 懲役刑（禁錮刑） 罰金刑　　　年間執行猶予 選挙権停止期間　年　　月間 選挙権不停止 刑の執行免除	
通知内容		通知受理 年　月　日	選挙通知 年　月　日	

（補遺）

(1) 成年後見登記制度は，平成12年4月1日から施行された後見登記等に関する法律（平成11年法律第152号）に基づいて創設される登記制度である。この制度は，民法の一部を改正する法律（平成11年法律第149号）等により，心神喪失者を対象とする「禁治産制度」が「後見制度」に，

心神耗弱者を対象とする「準禁治産制度」が「保佐制度」に改められ，新たに障害の程度の軽い者を対象とする「補助制度」及び契約による後見の制度である「任意後見制度」が創設されることに伴い，禁治産宣告・準禁治産宣告の戸籍記載に代わる公示方法として創設される新たな登記制度である。

(2) 従来，禁治産宣告又は準禁治産宣告が確定したときは，後見人又は保佐人からの後見開始又は保佐開始の届出に基づいて，禁治産者又は準禁治産者である本人の戸籍にその旨の記載がされた（戸籍法81条，85条，戸籍法施行規則33条，35条5号）。その一方で，裁判所書記官は，禁治産者又は準禁治産者の本籍地の戸籍事務を管掌する市区町村長に禁治産宣告又は準禁治産宣告が確定した旨の通知をし（家事審判規則28条），この通知を受けた市区町村長は，後見人又は保佐人が前記の届出を怠った場合には，相当の期間を定めて当該後見人又は保佐人に届出をするよう催告し，なおも届出がされないときは，職権で戸籍記載を行うこととされていた（戸籍法44条，24条2項）。

(3) これらの改正により，後見・保佐・補助開始の審判については戸籍記載がされずに成年後見登記制度によって公示されることとなったことから，改正家事審判規則（平成12年最高裁判所規則第1号）には，裁判所書記官から市区町村長への後見・保佐・補助開始の審判の通知の手続は設けられていない。

そこで，市区町村における選挙人名簿の作成，印鑑登録事務その他の事務の便宜上，登記官は，後見開始の審判に基づく登記又はその審判の取消しの審判に基づく登記をした場合には，これらの審判に係る成年被後見人の本籍地（外国地にあっては，住所地）の市町村長（特別区の区長を含む。）に対し，その旨を通知することとされたので（後見登記等に関する省令第13条），市区町村においても，後見が開始した成年被後見人の情報を把握している。

132 第1編 解 説

　なお，従前の制度の下で禁治産宣告・準禁治産宣告（ただし，心神耗弱を原因とするものに限る。）を受けている禁治産者・準禁治産者は，改正民法の下では，成年被後見人又は被保佐人とみなされ（改正民法附則3条1項，2項），その本人，配偶者等一定の者からの登記申請により，後見又は保佐の登記がされたときは，その旨の通知を受けた市区町村長は，本人の戸籍から禁治産・準禁治産に関する事項を消すための戸籍の再製を行うものとしているが，その一方で，この登記申請がされないときは，裁判所書記官から登記嘱託がされる一定の場合を除き，従前どおり禁治産者・準禁治産者の戸籍記載が維持される（後見登記等に関する法律附則2条）。

　さらに，現行制度の下で心神耗弱以外の原因に基づいて準禁治産宣告を受けている準禁治産者については，改正後も，被保佐人とみなされることはなく，改正前の民法が適用されるので（改正民法附則3条3項），従前どおり準禁治産者の戸籍記載が維持される（後見登記等に関する法律附則6条2項）。

Ⅷ　刑の消滅

　検察庁における犯歴事務の取扱いは犯歴事務規程に基づいて行われているが，同規程では，このうちの刑の消滅に関する事務の取扱いについては，僅かに刑の消滅の日の起算日を知る資料となる刑の執行状況等通知に関する規定を定めているにすぎず，他に何らの規定をも設けていない。これは，この事務が上記規程等の事務処理要綱が定められるずっと以前から刑法34条の2や27条等の刑の消滅に関する規定を直接受けて行われており，刑の消滅に要する期間計算の基礎的知識さえあれば事務処理に支障を来すことがないということからくるものである。しかし，検察庁や市区町村でなぜこの事務を取り扱うのか，複数の前科がある場合刑の消滅の日はいつになるのかなどの疑問が生じて，いざ刑法の教科書を開いて見ても，刑の消滅に関する部分については，どの教科書もほんの僅かの解説をしているにすぎず，事務担当者を満足させる回答を示してはくれない。そこで，ここでは，事務取扱手続の説明としては多少脱線の観はあると思われるが，刑の消滅制度の趣旨，刑法34条の2制定の経緯，刑の消滅の解釈上の問題点など刑の消滅を理解するために必要な基本的事項を若干説明した上で，この事務の取扱いを詳述することにする。

1　刑の消滅制度の趣旨及び刑法34条の2制定の経緯

　⑴　現行刑法は，有罪の確定裁判の言渡しを受けた者について，旧刑法のように付加刑として公権の剝奪又は公権の停止を認めるいわゆる名誉刑制度をとっていないが，刑法以外の各種法令で，前科の存在を理由として一定の権利や一定の資格の保有を停止したり，制限する規定を置くものの多いことは既に述べたとおりである（4頁参照）。そして，このような法令の中には，刑の執行を受け終わり又は執行を受けることがなくなった日から期間を限定

してその権利や資格を制限することとしているものもあるが（特に，昭和20年以後の法律にその例が多い。例えば，道路運送法7条1号，49条2項1号などは2年間，司法書士法5条1号，行政書士法2条の2，4号，公認会計士法4条3号，税理士法4条5号，6号などは3年間，商工会議所法35条8項3号，公認会計士法4条2号，金融商品取引法29条の4，1号ロなどは5年間としている），一定の権利や資格を制限する期間を特に定めない法令も少なからず存在する（裁判所法46条1号，検察庁法20条1号，弁護士法7条1号，保護司法4条2号等）。有罪の確定裁判の言渡しを受けた者に対するこのような制裁は，刑の効果としてもたらせられる「法律上の不利益」といわれているが（なお，これが「実質的名誉刑」であるとする説もある〈正木亮「刑事政策汎論・増補改訂」218頁　有斐閣　昭和24.3.20初版発行〉），このほか，刑の執行を受けた者が，刑を受けたことにより世人から前科者として白眼視され，就職，婚姻や子弟の入学に障害が生ずるなど，正常な社会生活を営む上で現実に被る「事実上の不利益」の多いことも否定できない事実である。殊に，事実上の不利益は，法律上の不利益の範囲が法律で定める一定の権利や資格の制限に限定されていて必ずしも日常的なものではないのに対し，常にその者の全生活関係に影響するものであるため，与える打撃は極めて甚大であるといわれている。

　しかし，刑の執行を受け終わった者等に対し，いつまでもこのような法律上，あるいは事実上の不利益を負わせておくことは，その者の改善・更生の意欲を阻害し，善良な社会人として社会に復帰する機会を失わせることになり，刑事政策的見地からみても好ましくないことは明白である。

　刑の消滅の制度は，このような犯人の改善・更生の障害となっている不利益を一定の条件の下に取り除き速やかな社会復帰を図ろうとするもので，その方法としては，恩赦，裁判上の復権，法律上の復権の三つの制度が考えられる。現法制下では，次に述べるようにこのうちの恩赦と法律上の復権の制度が取り入れられているが，いずれも一定の条件の下に将来に向かって刑の

言渡しがなかったものとして，失われていた権利や資格を回復する効果をもたらすことになるので，一般には，このことを指して「前科は消える」と紹介されている。

(2) ところで，我が国では，恩赦については，明治の初めにこの制度が取り入れられ，治罪法（明治 13 年太政官布告第 37 号）470 条から 480 条，旧刑事訴訟法（明治 23 年法律第 96 号）324 条から 334 条，特赦及減刑ニ関スル件（明治 41 年勅令第 215 号），恩赦令（大正元年勅令第 23 号）などにその規定が置かれたが，裁判所が裁判の主文の中で一定期間の経過により刑の言渡しの効力を失う旨を宣告することのできる「裁判上の復権」や，法律の定めにより一定の要件の下に有罪の言渡しの効力を失わせる「法律上の復権」の制度については，旧刑法（明治 13 年太政官布告第 36 号）にも現行刑法（明治 40 年法律第 45 号）にも規定されなかったのである。ところが，1920 年（大正 9 年）ドイツにおいて刑抹消法が制定され，さらに，そのころ公表されたドイツ，イタリア，スイス等の各国の刑法草案には，共通して復権や前科抹消の規定が置かれるなど，犯罪者の人的地位を認めその更生を助長しようとする国際的な刑事政策思潮が我が国にも大きく影響して，にわかに刑の消滅に関する規定の新設を含む刑法改正の動きが高まり，翌大正 10 年には臨時法制審議会が設置され，同 15 年同審議会が答申した刑法改正綱領 40 項目の中に「刑の免除を受け又は刑の執行を終わり若しくは刑の執行の免除を受けたる者に対し，法律上，裁判上判決の効力を消滅せしむべき規定を設くること」との項目が取り入れられ，これに基づき昭和 2 年刑法原案起草委員会が作成した刑法予備草案の中に，初めて刑の消滅に関する規定が設けられるに至ったのである。この予備草案は，同年発足した刑法並びに監獄法調査委員会に引き継がれて引き続き慎重な立案作業が進められ，同 15 年に至りようやく成文の改正刑法仮案が公表され，その 119 条から 125 条までに法律上の復権及び裁判上の復権について明文の規定が置かれて，将来の立法の方向が示されることになったのである。

136　第1編　解　説

現行刑法34条の2の規定（注24）は，このような経緯を経て昭和22年第
1回特別国会に刑法の一部を改正する法律案として上提可決され，同年法律
第124号をもって公布施行されたものであるが，この刑法改正では，さきに
述べた裁判上の復権の制度は導入されず，法律上の復権の制度のみが取り入
れられている。なお，上記一部改正法律案における34条ノ2の新設の趣旨
については，国会に対する政府の提案理由説明の中で「この規定の改正によ
り，刑罰は必要なる限度にとどめ，無用なる刑罰の弊を避くる趣旨を徹底し，
かつ，刑の不利益な効果が終生続くというような不合理を是正いたしますこ
とは，やがて施行される新憲法における刑罰の残酷性禁止の規定の趣旨にも
相通ずるものがあろうかと考える」と述べられていて，犯罪者の更生を希求
する刑事政策的配慮の拡大にあることが明らかである。

　なお，刑法の一部を改正する法律（平成7年法律第91号）が公布・施行
されたことに伴い，刑法の表記が平易化され，条文の枝番号についても従来
の片仮名表記から平仮名表記に改められた。

（注24）　刑法（明治40年法律第45号）
　第34条の2　禁錮以上の刑の執行を終わり又はその執行の免除を得た者が罰金
　　以上の刑に処せられないで10年を経過したときは，刑の言渡しは，効力を失う。
　　罰金以下の刑の執行を終わり又はその執行の免除を得た者が罰金以上の刑に処
　　せられないで5年を経過したときも，同様とする。
　2　刑の免除の言渡しを受けた者が，その言渡しが確定した後，罰金以上の刑に処
　　せられないで2年を経過したときは，刑の免除の言渡しは，効力を失う。

2　刑法34条の2による刑の消滅

(1)　刑の消滅の対象となる刑

　刑法34条の2の規定により刑の消滅の対象となる刑は，消滅に要する期
間との関係で禁錮以上の刑，罰金以下の刑及び刑の免除の三つに区分されて
いる。禁錮以上の刑とは，死刑，懲役，禁錮の刑を，罰金以下の刑とは，罰
金，拘留，科料の刑をいう。なお，懲役，禁錮又は罰金の刑について執行猶

予の言渡しがあり，執行猶予を取り消されることなく猶予期間が経過した場合は，後に述べるように，その刑の言渡しの効力は，刑法27条の規定により消滅することになる。

　次に，刑の免除の言渡しも有罪の確定裁判であるため，検察庁では，これを犯歴として把握していることは既に述べたとおりである（2, 48頁参照）。ところが，刑の免除については，今日これを資格制限の事由とする法令が存在しないところから，34条の2, 2項のような規定を置く実益がないとする見解があるが（大塚仁「注釈刑法・増補第2版」120頁　青林書院新社　昭和52. 6. 10発行，団藤重光「注釈刑法(1)」249頁　有斐閣　昭和39. 10. 30発行），この点について立法担当者は，立法当時の国会用想定問答の中で「刑の免除の言渡しのあった者については，今日これによって人の資格を制限している規定はほとんど存在しない。現存するものは，逓信官署雇員規程，同傭人規程，郵便電信電話官署代書人規則くらいのものである。しかし，刑の免除の言渡しも有罪の裁判にほかならず，今後においてかかる者の資格を制限する規定の制定されることも予想されるし，また，言渡しの効力を失わせることの精神的利益はいうまでもなく十分存するので，先般制定をみた恩赦法が刑の免除の言渡しを恩赦の対象に加えたのと歩を一にして，これをも第34条ノ2の対象としたのである」旨の説明をしている。ところで，今日，刑の言渡しを受けたことを事由とする人の資格制限は，懲役，禁錮の刑についてでさえ，その執行を終わり又は執行を受けることがなくなった日から一定の期間に限ろうとする法令や（134頁参照），国家公務員法38条2号，地方公務員法16条2号のように刑の執行を終わるまで又は執行を受けることがなくなるまでの期間にとどめようとする法令が多くなっているなど，次第に資格制限の期間を限定しようとする現状にあることからみると，今後も，刑の免除の言渡しを資格制限事由とする法令が制定される可能性はほとんどないものと思われる。しかし，刑の免除の言渡しが有罪の裁判とされている以上，現行法でその裁判確定後2年を経過しなければ刑が消滅しないとしてい

138 第1編 解 説

ることの是非については議論の余地があるものの，刑の免除の言渡しを受け
た者のために，刑の消滅に関する規定を設けておく必要性は十分に存するの
である。

(2) 刑の消滅の時期

刑の消滅の時期は，禁錮以上の刑に処せられた者については，その執行を
終わり又は執行の免除を得たときから罰金以上の刑に処せられることなく
10年を経過したとき，罰金以下の刑に処せられた者については，その執行
を終わり又は執行の免除を得たときから罰金以上の刑に処せられることなく
5年を経過したとき，刑の免除の言渡しを受けた者については，その裁判の
確定後罰金以上の刑に処せられることなく2年を経過したときである。ここ
でいう「刑の執行の免除」は，外国で確定裁判を受けた事件につき重ねて裁
判が行われた場合に言い渡される刑の執行の免除（刑法5条）のほか，刑の
時効の完成（同法31条）及び恩赦（恩赦法8条）による刑の執行の免除が
含まれる。また，「刑の免除」には，必要的刑の免除と任意的刑の免除（放
火予備〈刑法113条〉，過剰防衛〈同法36条2項〉，緊急避難〈同法37条〉
等）とがあり，例えば，直系血族，配偶者，同居の親族間における窃盗，詐
欺，横領，盗品等に関する罪については（刑法244条，251条，255条，257
条），必要的刑の免除事案として必ず刑の免除の言渡しが行われる。

さらに，「罰金以上の刑に処せられることなく」とは，罰金以上の刑が確
定することなくの意である。したがって，刑の消滅のために要する10年，5
年又は2年の期間（以下「消滅期間」という）中に罰金以上の刑の言渡しが
あっても，それが刑の消滅期間中に確定しない場合は，罰金以上の刑に処せ
られたことにはならないので，刑の消滅を妨げる事由になることはない。反
対に，刑の消滅期間中に罰金以上の刑が確定した場合には，たとえそれが前
刑の罪以前に犯した罪に係るものであったとしても，刑の消滅を妨げる刑と
なる。同一人に二つ以上の刑がある場合，後刑が前刑の消滅を妨げる刑とな
るか否かを判断するには，単純に後刑の裁判確定の日が前刑の消滅期間内に

あるかどうかを考えればよいということである。前刑の消滅期間中に拘留又は科料の刑が確定していても，これが前刑の消滅期間の進行に関係することはないし，また，罰金以上の刑の消滅期間中に大赦又は特赦があれば，これにより当該刑は消滅するから，この規定の適用の余地がないのは当然である。

なお，刑法 34 条の 2 の刑の消滅期間は，政府原案では，昭和 15 年の改正刑法仮案の条文に従い禁錮以上の刑と罰金以下の刑とを区別することなく一律に 10 年としていたが，衆議院における審議の過程で現行法のように修正されたものである。しかし，最近では，現行法の期間でもまだ長すぎるということから，3 年以下の懲役又は禁錮の刑については禁錮以上の刑に処せられることなく 5 年，罰金以下の刑については禁錮以上の刑に処せられることなく 3 年の経過により刑の言渡しは効力を失うとするなど，比較的軽い刑について，刑の消滅期間の短縮や罰金刑を刑の消滅の中断事由から除外することなどが検討されている（注 25）。

（注 25）　改正刑法草案（昭和 49. 5. 29 法制審議会作成）

〔刑の消滅〕

第 96 条　3 年を超える禁固もしくはこれより重い刑の執行を終り，又はその執行を免除された者が，禁固以上の刑に処せられることなく 10 年を経過したときは，刑の言渡は，その効力を失う。3 年以下の懲役もしくは禁固の刑の執行を終り，又はその執行を免除された者が，禁固以上の刑に処せられることなく 5 年を経過したときも，同じである。

2　罰金以下の刑の執行を終り，又はその執行を免除された者が，禁固以上の刑に処せられることなく 3 年を経過したときも，前項と同じである。

3　刑の免除の言渡を受けた者が，その言渡の確定後，禁固以上の刑に処せられることなく 2 年を経過したときは，刑の免除の言渡は，その効力を失う。

(3)　刑の消滅期間の起算日

刑の消滅期間の起算日は，①禁錮以上の刑についてその執行が終了した場合は，刑執行終了の日（受刑の最終日）の翌日（昭和 57. 3. 11 最判刑集 36 巻 3 号 253 頁），②禁錮以上の刑の執行中仮釈放された場合は，仮釈放期間満了日

140 第1編 解 説

（仮釈放中の残刑期期間の最終日）の翌日（ただし，少年については，少年法59条1項又は2項の規定により刑の執行を受け終わったとされる日の翌日），③罰金刑について現金納付又は仮出場（刑法30条）によりその執行が終了した場合は，刑執行終了の日（現金納付の日又は仮出場による釈放の日），④罰金刑について労役場留置の執行により刑の執行が終了した場合は，刑執行終了の日（労役場留置期間の最終日）の翌日（83頁参照），⑤刑の時効により刑の執行の免除を得た場合は，刑の時効完成の日（時効期間満了日の翌日（78頁参照）），⑥刑の免除の場合は，刑の免除を言い渡した裁判の確定の日である。

　従前，禁錮以上の刑についてその執行が終了した場合，刑の消滅期間の起算日を刑執行終了の日とするかその翌日とするか説が分かれ，実務では，刑の消滅期間と性質を同じくする刑法56条の累犯期間についてその起算日を刑執行終了の日からとする大審院判例（大正5. 11. 8大判刑録22輯1705頁）の趣旨にのっとり，刑執行終了の日から起算するとして事務処理を行ってきたが，昭和57年3月11日の最高裁第一小法廷判決（最判刑集36巻3号253頁）により前記判例が変更されたため，刑の消滅期間の起算日は，刑執行終了の日の翌日ということに改められている。刑の執行は，刑期終了の日（受刑の最終日）の午後12時まで継続するのであるから，判例の変更は当然のことと考えられる。

(4) 刑の消滅の効果

　有罪の確定裁判を受けた者が刑法34条の2の要件を充足すると，刑の言渡し（刑の免除の場合は刑の免除の言渡し）はその効力を失う。これは，法律上刑の言渡しがなかったときと同一の状態になるということであり，単に一定の資格を回復させるにとどまる恩赦法の復権より強い効力を有する。したがって，刑の言渡しに伴って課されていた種々の資格制限は当然に解除されることになるし，資格制限の期間がこの規定より長く定められている場合，例えば，公職選挙法により罰金刑に処せられた者について公民権停止期間が

10年に当たる場合でも（公職選挙法252条3項），刑法34条の2の規定により罰金の完納後5年を経過することによって刑の言渡しの効力が失われれば，34条の2の規定が優先し，公民権停止が解かれることになる（104頁参照）。

ところで，本条の効果が遡及力を有するか否かについては，さきの国会用想定問答の中で「本条には恩赦法第1条のような規定は設けなかったが，将来に向ってその効力を失う趣旨であって，効力を既往に及ぼすものでないことは恩赦の場合と全く同一である。特にその趣旨の明文を置かなかったのは，刑法第27条がその趣旨であるにもかかわらず，その点について別段の規定をしないのにならったものにほかならない」との説明がなされている。これは，刑の消滅期間の経過により刑の言渡しの効力が失われた場合でも，有罪の言渡しがあったことにより生じた既成の効果には何らの影響をも及ぼさないということで，例えば，刑に処せられた者が法令の資格制限を受けて資格を失ったり，失職した場合（地方公務員法28条4項，16条2号，国家公務員法76条，38条2号等），刑の消滅期間の経過により将来に向かって刑の言渡しを受けなかったものとされる結果，それ以後失った資格の回復を図ることや，新たにその職につくことは可能となるが，刑の消滅により遡って資格を回復したり，当然に復職したりする効果までは生じないということである。

次に，刑の消滅の効果は，過去において刑を受けたことがあるという事実まで消滅させるものではない。判例も（昭和29.3.11最判刑集8巻3号270頁），「刑の言渡しは効力を失うとは，刑の言渡しに基づく法的効果が将来に向って消滅するという趣旨であって，刑の言渡しを受けたという既往の事実そのもの（例えば，刑法45条にいわゆる，ある罪について確定裁判があったとき）まで全くなくなるという意味ではない」と判示してこれを認めている。このほか，刑の消滅した前科の効果について，「これを審問することは違法ではない」（昭和25.5.30最判刑集4巻5号889頁），「量刑判断の資料としても

142 第1編 解 説

よい」（前掲昭和 29. 3. 11 最判。恩赦により失効した前科につき昭和 32. 6. 19 最決刑集 11 巻 6 号 1695 頁。執行猶予期間の経過した前科につき昭和 33. 5. 1 最決刑集 12 巻 7 号 1293 頁）とする判例もあり，実務でも判例の趣旨に沿った運用が行われている。しかし，刑の消滅した前科を再犯の加重事由とし，あるいは量刑斟酌の判断資料とするなど被告人に不利益に取り扱うことについては，前掲の昭和 29 年 3 月 11 日最高裁第一小法廷の構成員であった真野裁判官がその反対意見の中で「34 条ノ 2 において『刑ノ言渡ハ其効力ヲ失フ』とあるのは，刑の言渡しに基づく不利益な法的効果が将来に向かって消滅し，したがって，被告人はその後においては不利益な法律的待遇を受けないという趣旨に解すべきである。刑の言渡しがあったという事実は，すでに存在する客観的な過去の社会的出来事であるから，後になってこれを消滅せしめることは，事物の性質上不可能であることは当然である。だがしかし，将来に向かっては，過去に刑の言渡しがなかったと同様な法律的待遇を被告人に与えることは法律的価値判断の問題として可能である。前記法条の意義は，まさにこの可能なことを表明したものと解すべきである。それ故，刑の言渡しが失効した後において，過去に刑の言渡しを受けた事実の存在を前提として，この前科を累犯（刑法 56 条ないし 59 条）に算入して刑を加重したり，又は刑の量定において被告人を法律上不利益に取り扱うことは，前記法条に違反するものといわなければならない」と述べているように，全く問題がないというわけのものではない。

(5) 刑の消滅の中断

刑の消滅期間の進行は，刑の消滅期間内に更に罰金以上の刑が確定することにより中断する。刑の消滅の中断事由については，刑法 34 条の 2 制定の当時「禁錮以上の刑に処せられたとき」とするか「罰金以上の刑に処せられたとき」とするか議論が分かれたが，罰金刑に相当する罪であっても，中には比較的犯情の重い罪があり，その刑に処せられた事実を看過したまま刑を消滅させるのは適当でないということになり，現行の 34 条の 2 のように罰

金以上の刑に処せられたときを中断事由とすることとされたのである。現行法はこのように罰金の刑に処せられたことをもって一律に刑の消滅の中断事由としているため，中には人の資格に関する法令の適用上酷な結果を生ずることも予想されるが，この制度そのものが個別的に情状を審査することなく，形式的要件のみによって機械的，画一的に刑の消滅を図ることを企図しているので，制度の性格上多少の不都合があってもやむを得ない。

　刑の消滅期間内に罰金以上の刑に処する裁判が確定すると，刑の執行終了から中断に至るまでの経過期間は刑の消滅のために無意味なものとなり，当該刑の消滅のためには，中断原因となった罰金以上の刑の執行終了後又はその執行の免除後，再び罰金以上の刑に処せられることなく所定の期間を経過することが必要となる。

　中断された刑（以下「前刑」という）の消滅期間がいつ再進行を開始するかについては，中断原因となった刑（以下「後刑」という）の確定日を基準とする説（前掲団藤250頁）と後刑の刑執行終了日を基準とする説（中野次雄「逐條改正刑法の研究」71頁　良書普及会　昭和23. 5. 20発行）があるが，実務では，後刑の刑執行終了日を基準にして前・後刑同時に再進行を開始するものと解されている（昭和32年検務実務家会同7問答）。この場合，後刑確定の日からその刑の執行終了の日までの間は，前刑の消滅期間は当然にその進行を「停止」する。なお，前・後刑の消滅期間の起算日については，前記(3)のとおりである（139頁参照）。

　次に，刑の消滅期間内に罰金以上の刑が確定した場合の前・後刑の消滅の時期は，原則としてそれぞれの刑の所定の消滅期間を経過したときである。したがって，前刑と後刑の刑の種類が同じであれば前・後刑同時に消滅するし，刑の種類が異なりその消滅期間が異なればそれぞれ別個の時期に消滅することになる。ところが，前・後刑の消滅期間の併進中，後刑の消滅期間が前刑の消滅期間より早く経過した場合には，後刑はその時点で刑の言渡しの効力を失い刑の言渡しがなかったものとみなされることになるので，前刑に

ついても，後刑の確定により刑の消滅期間の中断がなかったことになり，前刑は，その執行終了後所定の消滅期間の経過をもって消滅する（昭和52.3.25最決刑集31巻2号120頁）。したがって，この場合，後刑消滅の時点で，既に前刑の消滅期間が経過していれば，後刑の消滅は既往の効果に影響を及ぼさないとされているので，その時点で前・後刑が同時に消滅し，いまだ前刑の消滅期間内であれば，前刑はその期間の経過をもって消滅することになる。なお，前・後刑の消滅期間の併進中，大赦又は特赦により後刑の言渡しの効力が失われた場合も，前刑は，前同様その執行終了後所定の消滅期間の経過により消滅する。

(6) 刑の消滅の具体的事例

刑の消滅の時期，起算日，中断等の大綱は既述のとおりであるが，ここでは，刑の消滅の具体的事例を図示し，既述の部分を補足説明してみる。なお，執行猶予刑に関する刑の消滅については次の項で説明するが，ここでは，便宜上この場合をも含めて図示することにする。

① 禁錮以上の刑の実刑又は罰金の実刑の場合

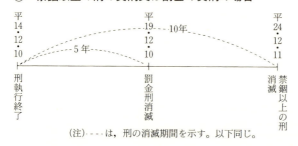

(注)----は，刑の消滅期間を示す。以下同じ。

①は，禁錮以上の刑の実刑（執行猶予の言渡しのない刑）又は罰金の実刑に処せられ，再犯のないごく単純な事例である。単純な事例なので2例を取りまとめてある。

禁錮以上の刑については，刑執行終了日の翌日が刑の消滅期間の起算日となるので，事例では，平成14年12月11日から10年を経過した平成24年12月10日に刑の消滅期間が満了し，満了日の翌日である同24年12月11

日が刑の消滅の日となる。

　罰金、科料等の財産刑の執行は、通常、罰金等の額に相当する現金等の納付をもって行われ、これをもって刑執行終了となるが、この場合の刑の消滅期間の起算日は刑執行終了の日（現金等を納付した日）である。事例では、平成14年12月10日から5年を経過した平成19年12月9日に刑の消滅期間が満了し、その翌日の同19年12月10日に刑は消滅する。なお、罰金又は科料の刑が労役場留置の執行により刑執行終了となる場合があるが、この場合の刑の消滅期間の起算日は刑執行終了の日の翌日となり、刑の消滅の日も1日遅くなる（①の例でいえば、平成14年12月10日に労役場留置の執行により、罰金刑の執行が終了した場合には、その翌日の同年12月11日が罰金刑の消滅期間の起算日となるので、この日から5年を経過した平成19年12月10日に刑の消滅期間が満了し、その翌日の同19年12月11日に当該罰金刑は消滅する）。罰金刑が労役場留置の執行により刑執行終了となる場合には、検察庁からの財産刑執行終了通知書にその旨が記載されることになっている（83頁参照）。

　② **執行猶予刑でその取消しがない場合**

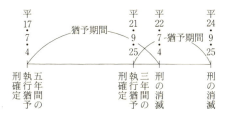

　②は、禁錮以上の刑又は罰金刑に執行猶予が付された事例である。刑の執行猶予の言渡しがあった場合、その言渡しを取り消されることなく猶予の期間を経過したときは刑の言渡しはその効力を失うとされているので（刑法27条）、事例の平成17年7月4日に言渡しが確定した刑は、平成22年7月3日に5年の執行猶予期間が満了し、その翌日の7月4日に刑は消滅する。事例では、5年間の執行猶予期間中に更に罪を犯し、3年間の保護観察付執

行猶予の刑（刑法25条の2，1項後段，25条2項前段）が確定しているが，この刑は，平成17年7月4日確定の執行猶予刑の刑の消滅の妨げにはならない。執行猶予の期間は刑の消滅期間ではないので，平成21年9月25日に確定した刑を平成17年に確定した刑の，刑の消滅の中断事由と解する余地がないからである。言い換えれば，執行猶予刑の刑の消滅を考える場合，執行猶予期間中にいかなる刑が確定したとしても，それにより執行猶予の言渡しが取り消されない限り，執行猶予期間中に確定した刑は執行猶予刑の刑の消滅に何らの影響を及ぼさないということである。なお，このことは，執行猶予刑の確定は，消滅期間を進行しつつある他の刑の，刑の消滅を中断する事由にならないと言っているわけではない。後掲⑩（151頁）の事例を参照されたい。図でも，執行猶予期間と刑の消滅期間を区別し，執行猶予期間を実線で示してある。

③ 執行猶予が取り消された場合

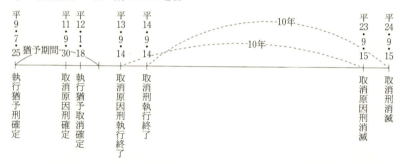

③は，懲役1年，3年間刑執行猶予の言渡しがあり，その執行猶予期間中に懲役2年の実刑が確定し，これにより執行猶予が取り消された事例である。刑執行猶予言渡しの取消しの裁判が確定すると，その刑は当然に刑法27条の適用を受けることがなくなり，その執行終了後，34条の2所定の刑の消滅期間を経過することにより刑が消滅することになる。事例では，取消原因刑（執行猶予取消しの原因となった刑〈懲役2年の刑〉）は平成13年9月14日に刑の執行が終了し，取消刑（執行猶予の言渡しが取り消された刑）

もその1年後に刑の執行が終了しているが，この場合，取消刑は，取消原因刑の刑の消滅期間内に確定したものではないので，取消原因刑の刑の消滅の中断事由とはならず，したがって，刑の消滅期間はそれぞれの刑執行終了日の翌日から各別に進行を開始し，それから10年の経過後各別に刑が消滅することになる。なお，このような事案で，刑の執行順序の変更により取消刑が取消原因刑より早い時期に執行終了となる場合があるが，この場合も，刑の消滅期間は前同様各別に進行し，各別に刑が消滅する。

④　禁錮以上の刑で再犯（禁錮以上の実刑）のある場合

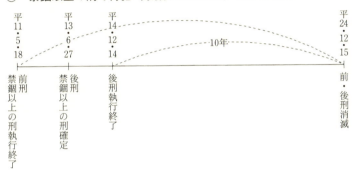

⑤　罰金以下の刑で再犯（罰金の実刑）のある場合

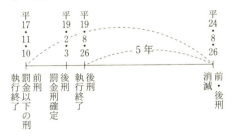

④は，禁錮以上の刑の消滅期間中に禁錮以上の刑の実刑が確定した事例，⑤は，罰金以下の刑の消滅期間中に罰金の実刑が確定した事例である。いずれの場合も前刑の消滅期間は，後刑の確定によりその進行を停止し，④については後刑執行終了の日の翌日から，⑤については後刑執行終了の日から後

刑の消滅期間の進行とともに再進行を開始する。④，⑤の事例のように，前刑と後刑の刑の消滅期間が同一であるときは（④は10年，⑤は5年），常に前刑の消滅期間と後刑の消滅期間は併進し，所定の期間の経過により前・後刑同時に消滅することになるので，期間計算上の問題点は少ない。

⑥ 罰金刑執行終了前に再犯（罰金の実刑）のある場合

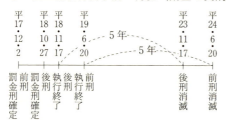

⑥は，罰金刑の確定後その執行終了前に更に罰金刑が確定した事例である。後刑は，前刑の消滅期間内に確定したものではないから前刑の刑の消滅の中断事由にはならない。したがって，この場合の刑の消滅期間は，それぞれの刑の執行終了後各別に進行し，刑の消滅の日も異なる。

⑦ 禁錮以上の刑で再犯（罰金の実刑）のある場合

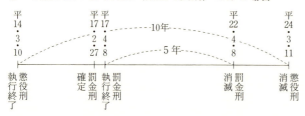

⑦は，懲役刑の執行を終わって3年後に罰金刑が確定し，その罰金を完納した事例である。罰金刑については，その執行終了後5年を経過した時点で，懲役刑の刑の消滅の有無とは関係なくその刑は消滅する。懲役刑については，刑執行終了の3年後に罰金刑が確定したことにより刑の消滅期間の進行が中断し，罰金刑の執行終了の日から，罰金刑の消滅期間の進行とともに改めて

10年の刑の消滅期間が進行する。ところが、再進行して5年後に先に懲役刑の消滅の中断原因となった罰金刑が消滅し、その時点で罰金刑の言渡しはなかったものとなり、したがって、刑の消滅の中断も当初からないものとして刑執行終了後10年を経過した時点でその刑が消滅することになるのである。

⑧ 禁錮以上の刑で再犯（罰金の実刑）のある場合

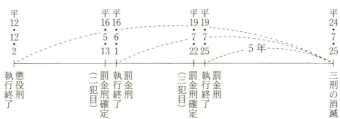

⑧は、懲役刑の執行を終わって3年半後に罰金刑に処せられ、さらに、その3年後に罰金刑に処せられた事例である。3犯目の罰金刑は、その刑の執行終了後5年を経過したときに消滅する。また、2犯目の罰金刑は、その刑の執行終了の日から刑の消滅期間が進行するが、3犯目の罰金刑の確定によりその進行を中断し、その後3犯目の罰金刑の執行終了とともに改めて5年の消滅期間が進行することになる。次に、懲役刑の消滅期間の進行は、2犯目の罰金刑の確定によりいったん中断したのち、その執行終了の日から再び進行を始め、さらに、3犯目の罰金刑の執行終了に伴い三度改めて10年の消滅期間の進行を開始することになるが、事例では、懲役刑の刑の消滅の中断原因となった罰金刑はいずれも平成24年7月25日に消滅し、その時点における懲役刑執行終了後の経過年数は既に10年を超えているので、平成24年7月25日に3刑同時に消滅することになるのである。この場合、2犯目、3犯目の罰金刑の消滅の効果は既往に遡ることはないので、懲役刑が平成12年12月3日から10年を経過した平成22年12月3日に遡って消滅するということはない。

⑨ 罰金以下の刑で再犯（禁錮以上の実刑）のある場合

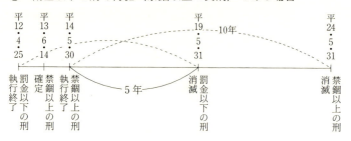

　⑨は，罰金以下の刑の消滅期間中に禁錮以上の刑が確定し，その刑の執行が終了した事例である。罰金以下の刑の消滅期間は，禁錮以上の刑の執行終了の日の翌日から再進行を始め，5年を経過したのちに禁錮以上の刑とは別に消滅する。この場合，刑の消滅期間の再進行の日は，当然のことながら禁錮以上の刑の執行終了日の翌日であるから注意を要する。なお，事例⑦や⑨のように，禁錮以上の刑の消滅期間内に罰金以下の刑のみが消滅しても，依然としてその人に対する各種の資格制限は存続しているので，罰金以下の刑のみを消滅させても無意味ではないかとの考えもあるが，測量法52条2号（測量士及び測量士補），クリーニング業法12条（クリーニング師）などのように，特定の犯罪を犯した場合にのみ一定の資格を制限しようとする法律もあるので，先に消滅した罰金以下の刑がこれらに該当するものであるときは，その時点でたとい禁錮以上の刑が消滅していない場合でも，上の例でいえば，測量士，クリーニング師等になり得る資格を回復することになるのであるから，全く意味がないというわけのものではない。

⑩ 禁錮以上の刑で再犯（科料刑及び執行猶予刑）のある場合

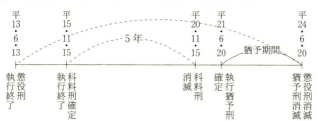

⑩は，懲役刑の消滅期間中に科料の刑が確定し，さらに，その後，執行猶予の刑が確定した事例である。科料の刑の確定は，他の刑の消滅期間の進行を中断する事由にならないから，懲役刑の消滅期間はそのまま進行するが，その後の執行猶予の確定により刑の消滅期間の進行は中断する。事例では，執行猶予刑は，平成24年6月19日に執行猶予期間が満了し，その翌日の6月20日に刑が消滅するが，その時点で懲役刑の執行終了後の経過年数は10年を超えているので，結局，懲役刑も執行猶予刑の消滅と同時に消滅することになる。この場合，懲役刑の消滅期間は，執行猶予の期間中及び執行猶予取消しの場合にはその執行終了に至るまでの間その進行を停止するものと解されている。なお，科料の刑の消滅期間中に罰金以上の刑が確定した場合は，これにより科料の刑の消滅期間の進行が中断することはいうまでもない。

おって，盗品運搬等の罪（刑法256条2項）等により1個の裁判で懲役刑と罰金刑が併科された場合の刑の消滅については，各刑ごとに刑の消滅期間が進行し各別に消滅することになるが，この場合には，⑨の場合と異なり懲役刑が消滅しない間はたとえ罰金刑が消滅したとしても，その罪に係る刑が消滅したということにはならない。刑の消滅期間の計算上このように取り扱われているにすぎず，実益は少ない。

3 刑法27条による刑の消滅

通常，「刑の消滅」というときは，刑法34条の2の規定により刑の言渡しの効力を失う場合を指すのが一般的であるが，刑の執行猶予の言渡しがあっ

152 第1編 解 説

た刑について，同法27条の規定により刑の言渡しの効力を失う場合も，当然のことながら刑の消滅に該当する。ところで，この27条の規定は，現行刑法制定の当初から設けられているものであるが，本来は，刑の消滅を定めたものというよりむしろ執行猶予期間の経過の効果を定めた規定であり，これが34条の2と並んで刑の消滅に関する規定といわれるようになったのは，34条の2新設以後のことであって比較的歴史は新しい。

次に，27条の効果が生ずるためには，執行猶予の言渡しを取り消されることなく執行猶予の期間を経過することが必要であり，猶予期間の最終日の翌日にその効力が生ずる。なお，執行猶予取消しの場合，その効果は，猶予期間中に執行猶予取消決定が確定することにより生ずるとされているので，猶予期間中に取消決定があっても，その確定が猶予期間の経過後であるときは，猶予取消しの効果は生ぜず執行猶予刑は消滅することになる。執行猶予期間満了の日に取消決定が確定する場合も，当然執行猶予刑は消滅する。

刑の消滅の効果は34条の2の場合と全く同じである（140頁参照）。したがって，通常の場合，刑の消滅の効果は既往に遡ることはないので，執行猶予の言渡しにより喪失した地位や資格が執行猶予期間の経過により当然に元に戻るということはない。

次に，執行猶予の刑に処せられた者に対する種々の資格制限について，近時の立法では，これらの者を「禁錮以上の刑に処せられ，……その執行を受けることがなくなるまでの者」として，明確に執行猶予期間中資格制限を受けるものとしている例が多いが（国家公務員法38条2号，地方公務員法16条2号，自衛隊法38条1項2号等），中には「禁錮以上の刑に処せられ，その執行を終わり又は執行を受けることがなくなつてから2（3）年を経過しない者」という法形式で資格制限を規定している法令も相当数に上る（行政書士法2条の2，4号，司法書士法5条1号，土地家屋調査士法5条1号等）。ところで，前記「……その執行を受けることがなくなつてから2（3）年を経過しない者」とする規定は，形式的に解釈すると，執行猶予期間経過後2

年又は 3 年の間は依然として資格制限が続くということになりそうであるが，執行猶予の刑は，刑法 27 条の規定に基づき猶予期間の経過により消滅するので，この 2 年又は 3 年とした部分の規定は，猶予期間が経過した者については適用の余地がなく，刑の執行の免除により刑の執行を受けることがなくなった者についてのみ適用されることになる（昭和 25. 6. 27 法意一発第 61 号法制意見第一局長回答）。

なお，執行猶予の刑が取り消されたときは，その執行終了後，刑法 34 条の 2 に定める期間を経過しなければ刑の消滅の効果が生じないことは，刑の消滅の具体的事例③（146 頁参照）で説明したとおりである。

（参考）　刑法

第 27 条　刑の全部の執行猶予の言渡しを取り消されることなくその猶予の期間を経過したときは，刑の言渡しは，効力を失う。

4　恩赦による刑の消滅

国家が刑罰権を保有しこれを行使することは，国民生活の安定を確保する上で必要不可欠の前提である。しかしながら，人の生活関係における種々の事象の変遷に伴い刑罰自体が適応性を欠くに至ったり，その目的の範囲を逸脱するに至った場合には，刑罰権又はこれに基づく効果を消滅させ若しくは軽減させることが必要となるが，その不合理な刑罰からの救済及びより合理的な刑罰の実現を図ろうとするのが恩赦の制度であるといわれている（他方，恩赦は，行政権の作用により，裁判の内容を変更させ，その効力を変更若しくは消滅させ，又は国家刑罰権を消滅させるものであり，その意味において三権分立主義の例外をなす制度である）。

(1)　恩赦の種類と実施方法

ア　恩赦とは，大赦，特赦，減刑，刑の執行の免除及び復権の総称であるが，これを実施する方法からみると，政令によって一律に行われる**政令恩赦**と特定の者について個別に審査して行われる**個別恩赦**があり，個別恩赦は，

154 第1編 解 説

さらに, 常時いつでも行われる**常時恩赦**と, 一定の期限を限って一定の基準により行われる**特別基準恩赦**とに分けられる。

イ 政令恩赦は, 政令で恩赦の対象となる罪や刑の種類, 基準日等を定め, その要件に該当する者について, 一律に行われる恩赦であり, 従来, 国家的慶弔事に際して行われてきている。

政令恩赦には, 大赦 (恩赦法2条, 3条), 減刑 (同法6条, 7条), 復権 (同法9条, 10条) の3種類があり, 実施される恩赦の種類ごとに, 大赦令, 減刑令又は復権令が公布される。そして, これらの政令に定める要件に該当する者は, 政令の施行により当然に, その政令に定める大赦, 減刑又は復権の効果に浴することになる。

ウ 個別恩赦は, 有罪の裁判が確定した特定の者について, 個別に, 恩赦を相当とするか否かを審査し, 相当と判断されたものについて行われる恩赦である。個別恩赦には, 特赦 (恩赦法4条, 5条), 減刑 (同法6条, 7条), 刑の執行の免除 (同法8条) 及び復権 (同法9条, 10条) の4種類がある。

個別恩赦の手続は, 刑事施設の長, 保護観察所の長又は検察官が, 職権又は本人の出願に基づき, 中央更生保護審査会に上申し, 同審査会において, 本人の性格, 行状, 違法の行為をするおそれがあるかどうか, 本人に対する社会の感情等を総合勘案し, 恩赦相当と認めるときは, その実施について法務大臣に申出を行い, その申出がなされた者について, 内閣は閣議により恩赦を決定し (憲法73条7号), 天皇がこれを認証する (同法7条6号)。その上申手続は次表 (**表2参照**) のとおりである。

エ 個別恩赦は, 前記のとおり, 常時恩赦と特別基準恩赦とに分けられるが, 常時恩赦は, 恩赦法及び恩赦規則に定めるところに従い, 常時いつでも行われる恩赦のことである。また, 特別基準恩赦は, 内閣が一定の基準を設け, 一定の期間を限って行うもので, 国家的慶弔事に際して行われており, 一般には, 政令恩赦を実施する際その政令恩赦の要件から漏れた者を個別

VIII 刑の消滅　155

表2　個別恩赦の上申手続

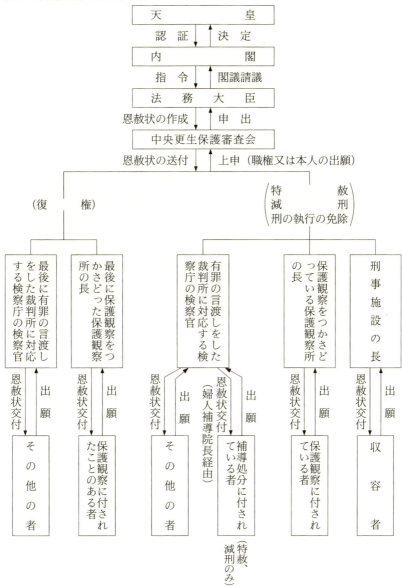

156 第1編 解説

に救済し，公平を期するという配慮から補充的に行われることが多いが，
時には，政令恩赦と関係なく単独で行われたこともある。この特別基準恩
赦は，閣議決定によって特別の基準（いわゆる特別恩赦基準）が示される
こと，本人からの出願及び職権による上申について一定の期間が示される
ことのほかは常時恩赦と手続上の差異はない。

(2) 恩赦の種類とその概要

大赦，特赦，減刑，刑の執行の免除及び復権の5種類の恩赦とその概要を
説明すると，次のとおりである。

ア **大赦**は，政令で罪の種類を定めて行われるもので（恩赦法2条），その
効力は，その政令に特別の定めがある場合を除き，有罪の言渡しを受けた
者については，その言渡しの効力を失わせ，まだ有罪の言渡しを受けてい
ない者については，公訴権を消滅させる（同法3条）。政令に定められた
罪については，有罪の言渡しを受けた者のみならず，捜査中の者，公判中
の者及び有罪の裁判が未確定の者についても国家刑罰権を消滅させる恩赦
であって，5種類の恩赦の中で最も強い効力を有する。大赦は，有罪の言
渡しを受けた者については，その効力を失わせるから，有罪の言渡しを受
けた者は，もはや刑の執行を受けることがなくなるばかりでなく，有罪の
言渡しを受けたため法令の定めるところによって喪失し又は停止されてい
る資格も回復することになる。

イ **特赦**は，有罪の言渡しを受けた特定の者に対し中央更生保護審査会の個
別の審査を経て行われるもので（恩赦法4条），有罪の言渡しの効力を失
わせる（同法5条）。すなわち，個別恩赦として，有罪の言渡しが確定し
た者に対して行われ，個別恩赦の中では最も強い効力を有している。

特赦が行われると，その者に対する有罪の言渡しの効力が失われるから，
その者は，大赦になった場合と同様，もはや刑の執行を受けることがなく
なるばかりでなく，有罪の言渡しを受けたため法令の定めるところによっ
て喪失し又は停止されている資格も回復することになる。

ウ **減刑**は，刑の言渡しを受けた者に対して行われるもので，政令で罪又は刑の種類を定めて行われるものと，特定の者に対し中央更生保護審査会の個別の審査を経て行われるものとがある（恩赦法6条）。政令による減刑は，その政令に特別の定めのある場合を除き，刑を減軽し（同法7条1項），又はこれとともに刑の執行猶予の期間を短縮する（同法7条3項）。特定の者に対する減刑は，刑を減軽し（同法7条1項），刑を変更しないでその執行を減軽し（同法7条2項），又は刑を減軽するとともに執行猶予の期間を短縮する（同法7条3項）。

刑を減軽し，又はこれとともに執行猶予の期間を短縮する減刑が行われると，宣告刑自体が変更されるから，刑の執行終了日や執行猶予期間満了日に変動を生じるほか，刑の時効期間（刑法32条），刑の言渡しの効力の消滅期間（同法34条の2）の起算日，資格の喪失又は停止を規定した法令の適用にも変動を生じ，喪失し又は停止されている資格の回復が早まる結果となる。

エ **刑の執行の免除**は，刑の言渡しを受けた特定の者に対し中央更生保護審査会の個別の審査を経て行われるが，刑の執行猶予中の者については行われない（恩赦法8条）。その効力は，宣告刑それ自体は変更せず，その刑の執行を将来に向かって全部免除するものである。刑の執行を受けるべき立場にある者に対して行われる恩赦であるから，当然のことながら，刑の執行を受け終わった者に対して行われない。

刑の執行の免除は，有罪の言渡しを受けたことによって喪失し又は停止されている資格を回復させる効力はなく（注26），その資格回復がなされるためには，更に復権の恩赦が行われる必要があるが，刑の言渡しの効力の消滅期間（刑法34条の2）の起算日及び満了日が早まるから，間接的には資格回復を早める効果がある。

（注26）　刑の執行を終えるまでを資格制限としている場合（例えば，公職選挙法11条1項2号）には，刑の執行の免除の恩赦により資格を回復する。

オ **復権**は，有罪の言渡しを受けたため法令の定めるところにより資格を喪失し又は停止されている者に対して行われるもので，政令で要件を定めて行われるものと，特定の者に対し中央更生保護審査会の個別の審査を経て行われるものとがある（恩赦法9条）。既に説明したとおり，現行法上，一定の有罪裁判が確定した者に対し，その裁判の付随的な効果として特定の資格の喪失等の資格制限を規定するものが多くあり，復権は，有罪裁判を受けたため資格制限法令により資格を制限された者に対して行われるものである。ただし，刑の執行を終わらない者（執行猶予中の者を含む）又は刑の執行の免除を得ていない者に対しては行われない（同法9条ただし書）。復権は，有罪の言渡しを受けたため喪失し又は停止されている資格を回復するものである（同法10条1項）。復権は，喪失し又は停止されている資格全てについてこれを一般的に回復させるのが原則であるが，特定の資格についてこれを行うこともできる（同法10条2項）。

(3) **恩赦の効力**

大赦及び特赦は，喪失し又は停止されていた権利や資格を回復するという観点からみれば刑法34条の2の場合と同じである。しかし，前記のとおり，大赦及び特赦は，このほか，有罪の言渡しがあった未執行の刑や執行中の刑の言渡しの効力を失わせ，あるいは公訴権をも消滅させるので，その実質的効力は刑法34条の2とは比較できないほど強い。なお，旧恩赦令（大正元年9月26日勅令第23号）では，大赦の効力について「刑ノ言渡ヲ受ケタル者ニ付テハ其ノ言渡ハ将来ニ向テ効力ヲ失フ」と規定していたが，この「将来ニ向テ」の文言は現行恩赦法3条の規定の中にはない。これは，恩赦の性質上，刑の言渡しは当然将来に向かって効力を失うものであり，かつ，同法11条で「有罪の言渡に基く既成の効果は，大赦，特赦，減刑，刑の執行の免除又は復権によって変更されることはない」と規定し，有罪の言渡しに基づく既成の効果は恩赦により変更されることはない旨明記しているので，特にその文言を置く必要がないとされたものである。

次に，恩赦の効力が生ずる日は，政令恩赦の場合は，政令で特別の定めが
ない限り政令公布の日である。政令恩赦では，基準日と政令公布の日を一致
させ，かつ，公布の日から施行されるのが通例だからである。なお，平成元
年2月の昭和天皇崩御に伴う恩赦では，基準日，公布の日，施行の日がそれ
ぞれ異なり，政令施行の日が効力発生の日とされている。個別恩赦の場合は，
天皇の認証があった日に効力が生ずる（昭和42年検務実務家会同質疑1問
答）。

　このように大赦，特赦は有罪の言渡しの効力を失わせ，復権は喪失し又は
停止されていた資格を回復させるものであるところから，恩赦と刑法34条
の2の刑の消滅制度とは，その目的や趣旨において異なるところはないと考
えられている。しかし，恩赦は，旧憲法下では天皇の大権事項とされ，また，
その申立ては検事又は刑事施設の長の裁量に委ねることとされていたため，
その運用はかなり制限的なものになる傾向にあったのと比較し，現行法では
本人からの出願を認め，これを受理した刑事施設の長若しくは保護観察所の
長又は検察官は，自己の意見にかかわらず必ず意見を付して中央更生保護審
査会に上申しなければならない（恩赦法施行規則1条の2，2項）ものとさ
れるなど，恩赦が広く行われる機会が増大したことは事実であるが，恩赦に
は，それがいかに理想的に行われても，政令恩赦についていえば，国家又は
皇室の重大な慶弔禍福に際会した場合にのみ行われるため，常時継続的に運
用していくことができず，個別恩赦についていえば，一人一人について個別
に情状の審査を必要とする関係から出願者が多いときは事実上その審査が不
可能となるなど，恩赦の性格上その運用面で一定の限界のあることは否定で
きない。一方，刑法34条の2の制度は，既に述べたように，具体的情状を
斟酌することなく形式的要件のみにより機械的，画一的に刑の消滅を図ろう
とするものであるため，法定の期間を経過しないで資格を回復させてもよい
と思われる者や，情状酌量の余地が十分に認められる者などを個別に救済す
ることができない。結局，恩赦制度と刑法34条の2の刑の消滅制度は，相

160 第1編 解説

互に一方の制度で補うことのできない者を救済するという補充的機能を備え，相寄り合い助けて同一の目的を達成するものということができる。

5 刑の消滅照会

有罪の確定裁判について，その後，刑法34条の2又は27条，27条の7で定める期間が経過したり，大赦又は特赦に該当するに至ったときは，その刑の言渡しの効力が失われるものであることは既述のとおりである。ところが，市区町村では，犯罪人名簿に登録された犯歴について，その登録後，検察庁等から刑の時効完成通知，財産刑執行終了通知，仮釈放期間満了通知，自由刑等執行終了通知など種々の刑の執行状況等通知には接するものの，これらの通知のみではその犯歴に係る刑が消滅したか否かを正確に判断することはできない。特に，刑法34条の2による刑の消滅については，罰金以上の刑に処せられたことをもって刑の消滅の中断事由になるとされているにもかかわらず，検察庁においては，市区町村長に対し道路交通法違反及び自動車の保管場所の確保等に関する法律違反の罪に係る罰金以下の刑についての既決犯罪通知を行わないこととしており（48頁参照），したがって，これに関する刑の執行状況等通知も行われないので，市区町村としては，刑の消滅の中断事由となる前記の刑に係る罰金刑の存在を知ることができず，刑の消滅の事実の有無の判断をすることができない状況となっている。

このため，市区町村においては，犯罪人名簿に登録された犯歴について，刑の消滅の事実の有無を知る必要があるときは，その都度，有罪の確定裁判の言渡しを受けた者の本籍地を管轄する地方検察庁（本籍地検）に対しその旨の照会を行わなければならず，この照会は，「刑の消滅等に関する照会書」（注27）により行うものとされている。市区町村では，行政官庁等から犯歴に関する身分証明依頼があった場合，あるいは犯罪人名簿の整備・閉鎖を行う場合にこの照会をすることになろうが，照会を要するのは，通常の場合，犯罪人名簿の外形的記載からみて明らかに刑が消滅していると認められる犯

歴についてである。なお，この照会書の書式を見ると，執行猶予刑について，執行猶予期間の満了により刑が消滅した場合においても必ず照会を要するように見えるが，検察庁では，執行猶予の取消しがあった場合には必ず刑執行猶予言渡し取消通知書によりその旨の通知をするものとされているので，この通知に接することなく執行猶予期間満了後相当の期間（3か月以上か）が経過している犯歴については，必ずしもこの照会をする必要はなく，刑法27条により刑が消滅したものとして事務処理を行って差し支えない。

　ところで，昭和天皇崩御に伴う恩赦があったときのように政令復権に該当する犯歴がある場合には，復権により直ちに刑の消滅の効果をもたらすわけではないが，犯歴に関する身分証明等の事務処理を行うに当たり格別の留意が必要となる。すなわち，前記の平成元年政令第28号復権令では，禁錮以上の刑についてはその刑の執行終了後昭和64年1月7日の前日までに5年以上が経過しているもの，罰金刑については前同日までに刑の執行が終了しているものはいずれも復権するものとされているが（190頁参照），1個又は2個以上の裁判により罰金刑のみに処せられた者（公職選挙法に違反する罪により刑に処せられ公民権を停止されている者を除く）については，この復権令に該当する場合であっても検察庁からの恩赦事項通知はほとんど発出されないため，市区町村では，恩赦事項通知に接した犯歴以外の犯歴については，復権令該当の有無を把握することができない。したがって，復権令に該当すると認められる犯歴については，必要の都度検察庁に照会し，その回答を得た上で事務処理を行う必要がある。検察庁に対する照会を怠り，復権した犯歴を復権しないものとして回答するようなことがあってはならない。

　検察庁では，刑の消滅照会を受理すると，電算処理対象犯歴又は非電算処理対象犯歴及び道交犯歴を調査して刑の消滅の事実の有無を回答することになるが，この回答は，照会書の該当犯歴の回答欄におおむね次のように記載して行われる。

　①　**刑法第34条の2による刑の消滅の場合**──○年○月○日刑法第34

条の2の規定により刑の言渡しは効力を失った。

② **刑法第27条による刑の消滅の場合**——○年○月○日執行猶予期間満了により刑の言渡しは効力を失った。

③ **刑の消滅を中断する刑があり消滅しない場合**——○年○月○日○○裁判所において○○罪により罰金○○円に処せられたため，刑の言渡しは効力を失わない。

④ **執行猶予言渡しの取消しにより消滅しない場合**——本執行猶予は，○年○月○日○○裁判所において取り消されその裁判は○年○月○日確定した。

このように，検察庁では，市区町村長に対し既決犯罪通知を行った犯歴について，その後刑の消滅事由が生じた場合でもその旨の通知をしない取扱いとされており，また，道交犯歴の通知も行われていないところから，市区町村では，身分証明を行う場合には，せっかく犯罪人名簿を保有しているにもかかわらず検察庁に刑の消滅照会をしなければならない場合が多く，煩瑣な事務処理が行われている実情にある。このため，全国連合戸籍事務協議会から，検察庁から市区町村長あて刑の消滅に関する通知を行われたい旨の要望が再三にわたって提出されている（同協議会からの平成8年3月5日付け全連戸発第46号も，検察庁においては既に犯歴事務が電算化されていることなどを理由に同様の要望がなされたが，同年4月24日付け刑総第522号をもつて法務省から同協議会宛てに，「検察庁における犯歴事務は，電算化されているものの，大多数を占める道路交通法違反の罪に係る罰金刑以下の裁判に係るいわゆる道交犯歴については，電算化されていない上，各地方検察庁に設置されている電算端末機では，刑法第34条の2による刑の消滅を把握するシステムとなっていないことから，要望に応じることは困難である」旨の回答がなされている）が，検察庁における犯歴管理の現状からみると，制度として刑の消滅に関する通知を発することは到底できず（前記のとおり，①大多数を占める道交犯歴が電算化されていないこと，②電算端末機は，刑

VIII 刑の消滅 *163*

法34条の2による刑の消滅を把握するシステムとなっていないことに加え，③作業に多大の労力を要すること（すなわち，現在は，市区町村ごとに刑の消滅対象者が検察庁に照会されているので，これに応じた調査・回答作業で対応できるが，これが，仮に検察庁から刑の消滅に関する通知を行うとなると，刑の消滅対象者を無限定に抽出する作業に加え，これを市区町村ごとに更に区分けするという作業も要することになる）などが挙げられる），現法制下においては将来もその見込みは極めて薄い。しかし，昭和49年5月29日法務大臣の諮問機関である法制審議会が現行刑法を全面的に改正する必要があるとして，57章369条からなる改正刑法草案を作成して答申しているが，その96条によると（139頁参照），刑の消滅の中断事由となる刑は禁錮以上の刑のみであって，罰金以下の刑は刑の消滅を中断する事由にならないものとしているなど，法務省当局がこの問題に必ずしも無関心ではないことを付言しておきたい。

以上刑の消滅について，刑の消滅に伴う法律上の効果，すなわち，法律上の不利益からの解放という点を中心に見てきたが，もう一つの効果として期待される事実上の不利益からの解放という点は，犯歴事務が直接関知する事柄ではない。社会一般における前科に対する意識の改革という全く別の観点から検討されなければならない問題であるからである。

（注27） 刑の消滅等に関する照会の書式について

$\left(\begin{array}{l}\text{昭 34. 8. 13 自庁行発第 113 号自治庁行}\\\text{政局行政課長発各都道府県総務部長宛}\end{array}\right)$

　　犯罪人名簿に記載された者の前科の抹消に関し，市区町村長からその者の本籍地を管轄する地方検察庁に対し刑法第34条ノ2の規定により刑の言渡しが効力を失つたこと又は執行猶予期間の満了により刑の言渡しが効力を失つたことの有無を照会する場合には，事務処理の都合上，今後は別紙の様式によることとされたい旨法務省から依頼がありましたので，貴職から貴管下市町村に対し御回示方をお願いします。

（別紙）

刑の消滅等に関する照会書

（編注）本照会書については、公文書の左横書きの実施に伴い、現在では、左横書きの様式として使用されている場合が多い。

第　　号

本　籍

氏　名

年　令

　　　　年　月　日

右の者に関する左記前科につき刑法第三四条ノ二の規定により刑が消滅した・執行猶予期間の満了により刑の言渡しが効力を失った事実の有無を調査のうえ回答願います。

　　　　年　月　日

地方検察庁　殿

　　　　　　　　　市区町村長　㊞

記

裁判及び確定の日	裁判所	罪名	刑名・刑期・金額	備考	刑の消滅又は刑の言渡しの効力の消滅の事実の有無回答
宣告　年　月　日 略式　年　月　日 即決　年　月　日 確定　年　月　日	裁判所 支部		懲役　年　月 罰金　　円		
宣告　年　月　日 略式　年　月　日 即決　年　月　日 確定　年　月　日	裁判所 支部		懲役　年　月 罰金　　円		

記

右前科に関し下記回答欄記載のとおりであるから回答する。

　　　　年　月　日

市区町村長　　殿

　　　　　　　　　地方検察庁

IX　犯罪人名簿に基づく身分証明

1　身分証明の根拠とその沿革

　市区町村で行っている住民，滞在者，その他必要と認める者に関する身分証明に関する事務は，平成11年法律第87号による地方自治法の改正前の地方自治法2条3項16号の規定に基づくものである（改正後は，自治事務）（注28）が，犯罪人名簿に基づく犯罪に関する事項の身分証明もその例外ではない。ところが，犯罪に関する事項の身分証明については，地方自治法の施行前（昭和23年8月）から個人に対してはその証明が行われていなかったことを根拠として，同法でいう身分証明には犯罪に関する事項は含まれない。したがって，市区町村では他から依頼（照会）を受けた場合でも犯罪に関する事項を証明（回答）する義務はないとする主張がしばしば見受けられたのである。しかし，ここでいう個人の照会に対する犯罪に関する事項の証明は，後に述べるように現行憲法の施行に伴う必然的な理由があってその取扱いが廃止されたもので，身分証明に犯罪事項を含まないとする理由にはならない。犯罪に関する事項の証明は，他の事項に関する証明と同じように結局は地域住民及び公共の利益のために行うもので，身分証明事項に当然含まれるのであるが，このことは，身分証明に関する沿革をみると一層明白であると思われるので，ここではこの点について触れておこう。

　公法関係において成立する権利（一般人の生活関係を基準として，政治的生活関係を規律する法律が認める権利）を公権といっているが何人もこの公権の主体となることができ，ある種の法律では，一定の刑に処せられた事実，破産，禁治産（現在の成年被後見人。以下同じ），準禁治産（現在の被保佐人。以下同じ）等の宣告を受けた事実を，公権の行使を制限する一つの事由としているものがある。旧刑法（明治13年太政官布告第36号）31条では，

166 第1編 解 説

一定の刑に処せられたことにより，①国民の特権，②官吏となる権利，③勲
章，年金，位記貴号，恩給を有する権利，④外国の勲章を佩用する権利，⑤
兵籍に入る権利，⑥裁判所において証人となる権利（ただし，単に事実を陳
述するにすぎないものを除く），⑦後見人となる権利（ただし，親族の許可
を受けて子孫のためにするときを除く），⑧分散者（破産者）の管財人とな
り又は会社及び共有財産を管理する権利，⑨学校長及び教師学監となる権利
など，剥奪又は停止されることとなる公権の種類を列挙していたが，法制の
発達に伴い，個々の法律で認める権利を刑法が網羅的に把握列挙してその剥
奪や停止を規定するのは相当でないとの考えからか，現行刑法からはこのよ
うな規定は削除されている。しかし，旧刑法時に，一定の刑に処せられたこ
と等を理由として，その法律が認める権利を制限する規定を置く法律が全く
存在しなかったというわけではなく，例えば，衆議院議員選挙法（明治 22
年2月公布），貴族院令（明治 22 年勅令第 11 号），弁護士法（明治 26 年法
律第7号），町村制（明治 21 年4月公布）等では，その法律自体にその法律
で認める権利を制限する事由を規定した条文が設けられており，旧刑法の廃
止後は，このような規定を置く法律が次々に制定されるようになったのであ
る。

　このような規定を置く法律のことを「人の資格を制限する規定を置く法
律」とか「人の資格に関する法令」（少年法 60 条3項）と呼んでいる。

　ところで，このような人の資格を制限する規定を置く法律で定める刑罰，
破産，禁治産，準禁治産等の事実の有無の証明は，旧刑法当時から，市町村
以外他に適当な証明機関がないためか市町村において身分証明として実施さ
れてきている。このことは，明治 16 年の太政官布告の中に，公権停止の者
及び重罪の刑に処せられた者は当時の海軍士官学校生徒になることができな
いものとの規定があり，一方，その者の身元保証は，身元引受人2名のほか
本籍役場の戸長においてするものとの規定があるところから，このころから
本籍役場の戸長において今日の身分証明と同じような証明を行っていたこと

がうかがわれ，また，明治22年の町村制の施行後は，その7条で刑罰に処せられた事実，破産，禁治産，準禁治産の事実等を公民としての欠格事由としていたので，これらの事実は市町村における身分証明の証明事項として欠くことのできない事項であったのである。

　なお，当時，市町村では，犯罪人名簿と戸籍簿とはそれぞれ別冊として作成され，その事務は一応別個のものとして取り扱われていたが，犯罪人名簿事務の沿革からみると，同事務は広い意味で戸籍事務の範ちゅうに属するものとみられてきたことは間違いのない事実である。このようなわけで，当時，市町村では，官公署からの身分証明事項の照会があった場合はもちろん，個人から身分証明の申請があった場合でも，戸籍に関する事項のほか，犯罪に関する事項をも併せて証明していたものと考えられる。その後，大正6年4月12日付け内務省訓令第1号「市町村長ヲシテ本籍人ノ犯罪人名簿ヲ整備シ及転籍者ニ関スル通知ヲ為サシムル件」（40頁参照）が発せられた後から大正末期にかけ，個人に交付し又は官公署に回答する身分証明について，犯罪に関する事項の記載方法等を定めた通達が数多く発出されているが，市町村では，これらの通達に基づき終戦に至るまで，個人に対しても，官公署に対してもこのような証明が行われてきたのである。

　ところが，昭和21年11月3日現行憲法が公布され，その中で基本的人権尊重主義が唱えられることになり，しかも，その14条に「すべての国民は，法の下に平等であって，社会的身分等により，政治的，経済的又は社会的関係において，差別されない」と社会的身分，すなわち，帰化人，破産者，刑罰を科された者たる身分を有することにより，国家機関によって差別的取扱いはされないと規定されたところから，内務省は，急きょ同月12日付け内務省発地第279号「犯罪人名簿の取扱について」と題する地方局長通達（346頁参照）を発したのである。この通達の要旨は，犯罪人名簿は選挙資格の調査のために調製しているのであるから〈編注・過去において身分証明のために使用されていた事実については一切触れていない〉，警察，検事局（現在の検察

庁），裁判所等からの照会に対しては格別，これを身分証明のために使用してはならないというもので，個人に交付する身分証明に犯罪人名簿に基づく身分証明を行わないこととしたのは当然であるとしても，警察，検事局，裁判所等刑事事件に関係する機関以外の機関からの照会に対しては，一切犯罪事項を証明しない趣旨と解され，当初から疑問な通達であるとされていたのである。このため，市区町村長から前記の通達に対する質疑が相次ぎ，その結果，同22年8月内務省は「右通達の中に警察，検事局，裁判所等とあるのは，警察及び司法関係庁のみならず，行政庁が獣医師免許，装蹄師免許等各種の免許処分又は弁護士，弁理士，計理士等の登録等をする際において，法律により申請者の資格調査をする場合又は下級行政庁等が当該申請書を経由進達する必要がある場合においては，主務大臣，都道府県知事，市町村長等を含む意である」旨の通達（昭和22. 8. 14第160号地方局長発）を発したが，なおこの通達を限定的に解する市区町村があって事務の統一処理が図れなかったようで，同25年8月山口県知事からの照会に対し再び同趣旨の回答（昭和25. 8. 17自治庁次長発第448号）を発している。

　現在市区町村では，各種の法律又は条例，規則が一定の刑に処せられたことを資格制限の事由としている場合に，その資格調査のため当該主務官庁が行う照会に対しては，犯罪人名簿に基づく身分証明を行うこととしているが，これは地域住民の利益及び公共の利益のために身分証明事務を取り扱うこととしている市区町村の性格からみてむしろ当然のことといえる。

（注28）　○　改正前の地方自治法
　第2条（略）
　2　普通地方公共団体は，その公共事務及び法律又はこれに基く政令により普通地方
　　公共団体に属するものの外，その区域内におけるその他の行政事務で国の事務に
　　属しないものを処理する。
　3　前項の事務を例示すると，概ね次の通りである。但し，法律又はこれに基く政令
　　に特別の定があるときは，この限りでない。
　　一～十五（略）

IX 犯罪人名簿に基づく身分証明 *169*

　　十六　住民，滞在者その他必要と認める者に関する戸籍，身分証明及び登録等
　　　に関する事務を行うこと。
　　十七～二十二　（略）
○　改正後の地方自治法
　第2条　1～7（略）
　8　この法律において「自治事務」とは，地方公共団体が処理する事務のうち，法
　　定受託事務以外のものをいう。
　9　この法律において「法定受託事務」とは，次に掲げる事務をいう。
　　一　法律又はこれに基づく政令により都道府県，市町村又は特別区が処理する
　　　こととされている事務のうち，国が本来果たすべき役割に係るものであつて，
　　　国においてその適正な処理を特に確保する必要があるものとして法律又はこ
　　　れに基づく政令に特に定めるもの（以下「第一号法定受託事務」という。）
　　二　法律又はこれに基づく政令により市町村又は特別区が処理することとされ
　　　る事務のうち，都道府県が本来果たすべき役割に係るものであつて，都道府
　　　県においてその適正な処理を特に確保する必要があるものとして法律又はこ
　　　れに基づく政令に特に定めるもの（以下「第二号法定受託事務」という。）
　　10～17（略）

○　平成11年6月14日の第145回国会参議院本会議における小渕恵三内閣総理大
　　臣の答弁は，次のとおりである。
　　　「事務例示の廃止についてのお尋ねでありましたが，今回，地方自治法に新たに
　　第1条の2を設け，国と地方の役割分担を明確化するとともに，地方公共団体の
　　役割として，地域における行政を自主的かつ総合的に広く処理する旨を規定いた
　　したところであります。
　　　地方公共団体が広範な事務処理権能を有することは，今日においては広く国民
　　に理解されているところであり，事務の例示はかえって地方公共団体の事務を限
　　定するかのような誤解を与えかねないことから，削除いたしたものであります。」

○　平成15年4月18日の第156回国会衆議院個人情報の保護に関する特別委員会
　　における増田敏男法務副大臣の答弁は，次のとおりである。
　　　「従前は，地方自治法第2条第3項第16号において，身分証明事務は地方公共

170 第1編 解 説

団体の固有事務の一例として規定をされておりました。その規定されていたのが，平成12年の地方自治法の改正後は，地方公共団体が処理する事務のうち，法定受託事務以外のものはすべて自治事務，このようになり，現在においても身分証明事務は自治事務として市町村の事務とされていることは，委員の先ほどの御発言で既に御承知のことかと思います。

　そこで，それらを土台にしながらお答えを申し上げますが，まず，検察庁において犯歴情報を保有している目的は，一般に，裁判の適正を確保し，捜査，公判等の検察事務を適正に遂行するためであります。他方また，身分証明事務は地方自治体の固有の自治事務であることから，犯歴情報の取り扱いにつきましては，必ずしも法律の規定がなければならないということにはならないものと考えます。」

○　平成15年4月18日の第156回国会衆議院個人情報の保護に関する特別委員会における片山虎之助総務大臣の答弁は，次のとおりである。

　「平成12年の4月から地方分権一括推進法ができまして，それまであった機関委任事務だとか団体委任事務だとか，いろいろな考えがあったんですよね。行政事務だとか固有事務だとか。それが全部そこで終わったんですね。機関委任事務というのはなくなったんですよ。

　機関委任事務というのは，もう御承知のように，都道府県の知事さんや市町村長さんを国の出先機関と擬制して，フィクションでつくって，国の事務を執行機関にやらせるんですよ。だから，その限りでは，知事さんが，例えば総務大臣の出先機関，市町村長さんは知事さんの出先機関。これは，一つのそういう仮の，フィクションをつくって，そこで総務大臣の仕事をやらせるんですよ。だから，本来，議会は関与できないんですね。これを機関委任事務と言ったんです。これはたくさんあったんですね。これをちょっと，こういう地方分権ではいかがかなという議論でやめちゃったんです。

　そこでやめて，国が地方にやってもらう場合には，法律に根拠を持って受託，委託する，これが法定受託事務なんですよ。それを法律できちっと限定して決めたものですから，残りは全部自治事務になっちゃったんですよ。自治事務的でないものも，分類は自治事務になっちゃったんですよ。

　この犯罪人名簿，犯歴の，これはなかなか難しい事務なんですね。戦前はき

ちっと整理できていたと思うんですよ，法的根拠もあって。戦後はつなぎでやってきたものですから，そこでその間に地方分権一括推進法なんかできているものだから，受ける方の法的な根拠がなくなっちゃったんですよね。恐らく，出す方の法的根拠もそんなにはっきりしていないと私は思うんですよ。しかし，これは必要な事務なんですね。犯歴をちゃんと本籍地の市町村長が持って，例えば選挙の立候補の欠格条項に該当するとか公務員になれないとか，こういうことのために要るんですよ。

　だから，これは検察庁から通知をしてもらわなければならないと私は思いますけれども，しかし，今のところ法的な根拠は定かでない。これは考えないといかぬと私個人は思っておりますが，これは長い経験がありますから。扱いとしては慎重にやっています。いずれにしろ，出す方も受け取る方も。当たり前ですよね。犯歴情報ですから。慎重にやっておりますが，何か要るのかなということは思っておりまして，これは十分検討してまいりたい。」

2　身分証明の範囲

　犯罪人名簿に基づく身分証明をいかなる場合に，いかなる範囲で行うかについては，全国統一の事務処理要領のようなものの定めはなく，各市区町村では，自治省（現在の総務省）が発出した通達，質疑回答等先例の趣旨に準拠してそれぞれ身分証明事務を行っている実情にある。そしてその先例のほとんどは，個別的な具体的案件の処理に際し質疑回答の形式で単発的に発出されたものであり，中には，先に述べたようにその趣旨に一貫性を欠くのではないかと疑われるような先例もあるが，これまでの多くの先例の趣旨を要約すると，「犯罪人名簿に基づく身分証明は，裁判所，検察庁，警察等司法関係官庁から照会（依頼）があった場合のほか，各種の法律，条例又は規則が一定の前科のあることを資格制限の事由としている場合に，その資格調査のため当該主務行政官庁から照会（依頼）があった場合についてのみ行う」ということになろう。したがって，法令に欠格条項の定めがない場合には，たとえ行政官庁からの照会（依頼）であっても応ずる必要はなく，また，欠

格条項の定めがある場合でも，行政官庁以外の機関からの照会（依頼）に対しては一切これに応ずる必要がないのである。

ところで，前科は，他人に最も知られたくない個人の情報の一つであり，そのみだりな漏えい，公開は直ちに人権の侵害に結びつくことにもなりかねないため，犯罪人名簿の取扱いについては，特に慎重な配意が要請されているが，身分証明を行う場合にも同様の配意が必要である。昭和46年6月京都弁護士会が京都市中京区役所に対し（同市伏見区役所から回送されたもの）弁護士法23条の2の規定に基づき「中央労働委員会，京都地方裁判所に提出するため」との理由を付して前科及び犯罪経歴の照会を行い，同区役所がこれに応じて前科の回答をした案件に対するプライバシー侵害の損害賠償請求事件につき，同56年4月14日最高裁第三小法廷が，「前科及び犯罪経歴（以下「前科等」という）は人の名誉，信用に直接かかわる事項であり，前科等のある者もこれをみだりに公開されないという法律上の保護に値する利益を有するのであって，市区町村長が，本来選挙資格の調査のために作成保管する犯罪人名簿に記載されている前科等をみだりに漏えいしてはならないことはいうまでもないところである〈編注・本件の場合，両当事者は，犯罪人名簿備付けの根拠として大正6年4月12日付け内務省訓令第1号及び昭和21年11月12日付け内発地第279号内務省地方局長通達のみしか提出しなかったため，裁判所に，犯罪人名簿は選挙資格の調査のために作成保管されているものであり，身分証明のためにこれを使用することは禁ぜられているとの誤った事実が，両当事者間に争いのない事実として認定されてしまっている〉。前科等の有無が訴訟等の重要な争点となっていて，市区町村長に照会して回答を得るのでなければ他に立証方法がないような場合には，裁判所から前科等の照会を受けた市区町村長は，これに応じて前科等につき回答することができるのであり，同様な場合に弁護士法第23条の2に基づく照会に応じて報告することも許されないわけのものではないが，その取扱いには格別の慎重さが要求されるものといわなければならない。本件において，原審の適法に確定したところによれば，京都弁護

士会が訴外 A 弁護士の申出により京都市伏見区役所に照会し，同市中京区長に回付された被上告人の前科等の照会文書には，照会を必要とする事由としては，前記照会文書に添付されていた A 弁護士の照会申出書に「中央労働委員会，京都地方裁判所に提出するため」とあったにすぎないというのであり，このような場合に，市区町村長が漫然と弁護士会の照会に応じ，犯罪の種類，軽重を問わず，前科等のすべてを報告することは，公権力の違法な行使にあたると解するのが相当である」と判示して京都市に 25 万円の損害賠償を命ずる判決を言い渡した例もあるので（最判民集 35 巻 3 号 620 頁），身分証明の依頼（照会）があった場合には，漫然とこれに応ずるのではなく，依頼に応じてよい案件であるか否か慎重な検討をした上で証明を行うことが肝要である。

　通常，行政官庁が市区町村長に対し犯罪事項に関する身分証明の依頼（照会）を行うのは，法令が刑に処せられたことを資格制限事由として規定している場合である。法令が罰金以上の刑に処せられたことをもって資格制限事由としている例は少ないが，市区町村長において，罰金刑の有無をも証明する必要がある場合には，既述（9 頁参照）のように検察庁では，昭和 37 年 6 月以降市区町村長に対し道路交通法違反及び自動車の保管場所の確保等に関する法律違反の罪に係る罰金以下の刑の既決犯罪通知を行っていないので，検察庁にこの前科の有無を照会し，その回答を受けて証明を行わなければならない（注 29）。もっとも，欠格事由が，特定の罪に係る有罪の確定裁判に限定されている場合，例えば，電波法 5 条 3 項は，電波法又は放送法に規定する罪を犯し罰金以上の刑に処せられ，その執行を終わり，又はその執行を受けることがなくなった日から 2 年を経過しない者に対しては，無線局の免許を与えないことができると規定していることから，無線局の免許に関して照会があったような場合には，市区町村限りで回答ができることになる。したがって，市区町村に照会があったもの全部について，検察庁に照会する必要はない。また，法令が禁錮以上の刑に処せられたことを資格制限事由とし

174 第1編 解説

ている場合には，罰金以下の刑に係る道交犯歴は資格制限事由に当然該当しないので，道交犯歴照会の必要性はなく，同前様，備付けの犯罪人名簿のみをもって証明（回答）を行って差し支えない。なお，この場合，犯罪人名簿に道交犯歴以外の罰金の刑に係る前科が登録されているときは，資格調査が法令に基づくものである限りこの前科をも回答書に記載して証明（回答）するものとされている（昭和34.3.19自丁行発第38号北海道総務部長あて行政課長回答）。さらに，身分証明を行う場合，刑の言渡しの効力が失われた前科や少年法60条の適用を受ける前科は原則として記載すべきではないが，行政事務処理上刑の消滅の事実の証明を必要とし，かつ，その必要性について明白な根拠法規がある場合には，この証明を行って差し支えない場合もあろう（参考，昭和39.1.21自治行第8号愛知県総務部長宛て行政課長回答）。

いずれにせよ犯罪人名簿に基づく身分証明は，個人及び私の法人に対しては一切行ってはならない（昭和23.9.8自発第766号大分県総務部長あて自治課長回答，昭和25.8.17発連第448号山口県知事宛て地方自治庁次長回答）。「犯罪事項がない」，「既決犯罪通知に接しない」等の証明も，結局は犯罪人名簿に基づく証明にほかならないから，行ってはならない。なお，犯罪人名簿の閲覧も，この名簿の性格からみて何人に対しても許されるべきものではなく，本人からの申請に対しても同様である。

(注29)　市区町村からこの照会を受けた検察庁では，市区町村備え付けの犯罪人名簿の整備に協力する趣旨で回答するものである。
　　　なお，検察庁に道交犯歴の照会を行う場合には，照会書の適当な箇所に，「○○○の資格調査のため道交犯歴の有無の回答が必要である」等回答書の使用目的を具体的に記載しておくとよい。

3　栄典のための身分証明

栄典は，国家が特定の私人の栄誉を表彰するため，これに与える待遇であり，現行の栄典としては，勲章（賜杯を含む），褒章（紅綬，緑綬，黄綬，

紫綬，藍綬，紺綬）及び位階が主たるものである。そして，勲章及び褒章受章者の審査は内閣府賞勲局において，位階受賞者の審査は内閣府大臣官房人事課においてそれぞれ行われているが，栄典受賞者は功労を挙げた者であることは当然，その人格，生活態度等においても非難されるべきものがあってはならないので，賞勲局及び大臣官房人事課では，受賞候補者の功労のみならず，その人格等についても慎重な調査，検討を行い，この結果，栄典の授与が国民感情にそぐわないと認定した者に対しては，栄典の授与を差し控えることとしている。栄典の授与が原則として不適当と認定されるのは，①刑罰を受けた場合，②警察等の取り調べを受けた場合，③所得税法，法人税法等に基づく重加算税を賦課された場合，④独禁法に基づく調査，審決，命令等を受けた場合，⑤許認可取消，営業停止等の行政処分を受けた場合，⑥訴訟が継続中である場合，⑦不祥事等について報道があった場合，⑧事故を起こした場合，⑨懲戒処分を受けた場合，⑩法人等の経営状態に問題がある場合，⑪暴力団員との関係が疑われる場合等であるが，このうち①の事実の有無の認定資料として市区町村長が作成する「刑罰等調書」（注30）が必要となるのである。

　この刑罰等調書は，叙勲，褒章，叙位等の審査に当たり常に必要とされる書面であるが，特に，死没者に対する叙位，叙勲の場合には，死亡の日から原則として1か月以内にその審査，閣議決定，上奏，裁可の手続を完了させなければならないものとされているので，関係機関への速やかな回付が必要となる。また，刑罰等調書には，罰金の刑に係る道交犯歴を記載しなければならないので，必ず検察庁に対する照会手続が必要である。照会書に，叙勲のため，叙位のため等と記載して回答期限を付すれば，速やかな回答を得ることができよう。検察庁からの回答書に全ての犯歴が記載されている場合には，改めて刑罰等調書を作成する必要はなく，賞勲局及び大臣官房人事課では，検察庁からの回答文書の写しの送付によっても差し支えないものとしている。

176 第1編 解 説

　ところで，賞勲局及び大臣官房人事課では，前記①で示したように，犯罪歴のある者について一律に栄典の対象から除外することは適当でないことから，個々の事案ごとに，事案の重大性や社会的影響，事案発生からの経過年数等を総合的に勘案し，栄典を授与することの適否の検討を行っている。

　したがって，刑罰等調書に，例えば刑の消滅により「犯歴がない」と記載した場合でも，栄典授与不適当とされる事例がしばしば生じているが，栄典が国家の顕彰であることからみると，犯罪歴を有する者に対するこの程度の制約はやむを得ないことなのかも知れない。

　なお，各省の大臣表彰，知事表彰，市区町村長表彰等の表彰事務に刑罰等調書を利用する事例を見受けるが，これに対する対応については既述のとおりである（27頁参照）。

IX 犯罪人名簿に基づく身分証明　*177*

（注30）

刑 罰 等 調 書

氏 名

　　　　　　年　　月　　日生

1　刑罰の有無（道路交通法違反及び自動車の保管場所
　の確保等に関する法律違反による罰金刑を含む。）

2　破産宣告又は破産手続開始決定の有無

　上記のとおり相違ありません。

　　　　年　　月　　日

　　　　市町村長　　氏　　　名　㊞

X 犯罪人名簿の閉鎖

1 閉鎖の事由

　市区町村における犯罪人名簿の整理保管の目的は，専ら身分証明事務及び選挙人名簿調製事務に資するためである。したがって，犯罪人名簿が身分証明事務及び選挙人名簿調製事務のために必要でなくなったときは，これを整理保管しておく実益のないことは明白であり，かえってこのような名簿をいつまでも保管しておくことは，人の名誉の保持，人権の擁護の観点からみると好ましくないばかりでなく，職務上の過誤の発生の原因ともなりかねないので，速やかに名簿の閉鎖（抹消）を行うことが必要となる。

　犯罪人名簿の閉鎖（抹消）は，名簿に登録されている犯歴又は名簿に登録されている者について，次の事由の一が生じたときに行われる。

① 刑法34条の2の規定により，名簿に登録されている犯歴の刑の言渡しの効力が失われたとき

② 刑法27条の規定により，名簿に登録されている犯歴（執行猶予が付されている刑）の刑の言渡しの効力が失われたとき

③ 恩赦法2条の規定による大赦又は同法4条の規定による特赦により，名簿に登録されている者の犯歴の有罪の言渡しの効力が失われたとき（同法3条，5条）

④ 恩赦法9条の規定による復権（同法10条2項の制限復権〈特定資格復権〉である場合を除く）により，名簿に登録されている者が犯歴の存在により喪失し又は停止されていた資格の全部を回復したとき（同法10条1項）

⑤ 少年法60条1項の規定により，名簿に登録されている者の犯罪時少年の犯歴が人の資格の法令の適用について刑の言渡しを受けなかったものと

みなされたとき

⑥　既決犯罪通知撤回通知を受理したとき

⑦　再審結果通知を受理し，再審の裁判の内容が管轄違い，無罪，免訴又は公訴棄却であるとき

⑧　名簿に登録されている者が本籍を他の市区町村の管轄区域に異動したとき

⑨　名簿に登録されている者が外国国籍の取得等により日本国籍を離脱したとき

⑩　名簿に登録されている者が死亡したとき

　ところで，このうち④の恩赦法9条の規定による復権があった場合，復権した犯歴を犯罪人名簿から抹消してよいかどうかが以前から問題になっている。これは，(1)復権の効力が，単に，喪失し又は停止されていた資格を回復させるにとどまり，刑の言渡しの効力を消滅させるものではないこと，(2)復権には，喪失し又は停止されていた資格の全てを回復させるいわゆる全面復権と，恩赦法10条2項の規定による特定の資格のみを回復させるいわゆる制限復権（例えば，公職選挙法252条の規定により停止されていた選挙権及び被選挙権のみを回復させる復権）の二つの種類の復権があることによるものであるが，いわゆる全面復権の場合には，たとい刑の言渡しの効力が失われていなくても，その効力からみて，犯罪人名簿備付けの目的から外れる犯歴であることが明らかであるのに対し，いわゆる制限復権の場合には，復権により回復された資格以外の資格は，なお人の資格に関する諸法令の適用の対象になっており，その意味でこの犯歴を把握しておく必要性が残っているのである。

　昭和21年11月12日付け内務省発地第279号各地方長官あて地方局長通知では，「……恩赦により資格を回復した者については，速やかに関係部分を削除整理する等……」とし，また，昭和29年8月4日付け法務省刑事局長発高松地検検事正あて質疑回答の中でも，「……犯罪人名簿の登録を抹消

180 第1編 解説

すべき場合としては，……復権（恩赦法 10 条）のあった場合……」として，復権があった場合，常にこれが犯罪人名簿の抹消事由となるように言っているようにみえるが，この通知及び質疑回答は，いずれも犯罪人名簿備付けの目的である身分証明事務及び選挙人名簿調製事務に不必要な犯歴の抹消を図ろうとするものであって，制限復権とされた犯歴をも抹消しようとする趣旨のものではない。

　なお，近時の政令恩赦等では，昭和 43 年 11 月のいわゆる明治百年恩赦の際，全面復権のほか公職選挙法上の選挙権及び被選挙権を回復させる制限復権があったが，同 47 年 5 月のいわゆる沖縄恩赦，平成元年 2 月の昭和天皇崩御に伴う恩赦，同 2 年 11 月の今上天皇即位に伴う恩赦及び同 5 年 6 月の皇太子徳仁親王御結婚に伴う特別基準恩赦では，復権は全て全面復権であり制限復権はない。制限復権は，特別恩赦（個別恩赦）で時々見受けられる。

2　閉鎖の方法

　犯罪人名簿の閉鎖（抹消）の方法については，昭和 21 年 11 月 12 日付け前記地方局長通達（346 頁参照）及び同 40 年 9 月 30 日付け自治行第 126 号行政課長発佐賀県総務課長宛て質疑回答（349 頁参照）の中で「関係部分を削除整理する等その者の氏名を全く認知できないようにする」ものとされているが，具体的な方法としては，廃棄認可の上司の決裁を得たのち，犯罪人名簿がカード式又はバインダー等によるとじ込み式である場合は，これを取り外した上，破毀又は焼却するなどして原形をとどめないように廃棄するのが相当である。また，犯罪人名簿が大福帳式簿冊になっていて容易に取り外しができない場合や，犯歴事項が連記式となっている場合は，閉鎖（抹消）すべき事由が生じた犯歴部分及び必要に応じ氏名等の身分事項部分を，何人も全く認知できないように塗りつぶす等して抹消することとしても差し支えない。

　閉鎖（抹消）の時期については，前記 1 の閉鎖（抹消）事由中①ないし⑦の犯罪人名簿の廃棄が相当とされた場合には，速やかに完全なる破毀又は

焼却若しくは該当部分の抹消を行う必要がある。しかし，⑧の名簿の場合は，新本籍地を管轄する市区町村長及び所轄の地方検察庁に，また，⑨，⑩の名簿の場合は，所轄の地方検察庁にそれぞれその旨の通知を行ったのち名簿の閉鎖をすることになるので，事後の事務処理（死没者叙勲，いわゆる民刑事項に関する照会等）に支障がないと認められるまでの期間（約6か月位か），当該名簿を別途保管するのはやむを得ないことである。

　また，名簿の閉鎖について文書取扱細則のようなものを設け，閉鎖事由の発生後一定期間保存し，保存期間の経過後廃棄することとしている場合には，当然これによらなければならないが，この場合の保存期間はなるべく短期（1年又は他に保存期間1年とする書類がないときは2年）であることが望ましい。既決犯罪通知書，刑の執行状況等通知書についても，犯罪人名簿の取扱いの場合と同じく，名簿への移記後は速やかな処分が望まれる。

　犯罪人名簿の閉鎖（抹消）は，実務上の取扱いとして前記のように運用されているが，法律上の根拠に基づくものではない。ただ，昭和15年に刑法調査委員会，監獄法調査委員会が起草した改正刑法仮案125条には「刑ノ言渡其ノ効力ヲ失ヒタルトキハ命令ノ定ムル所ニ依リ其ノ登録ヲ除去スヘシ」と刑の言渡しの効力を失った犯歴の前科登録簿からの抹消を定める規定が置かれ，さらに，昭和22年の刑法改正時にも，このような規定を設けることの是非が検討されたが，結局，我が国の前科登録制度そのものが直接法律に基づくものではないため，刑法に登録除去に関する規定のみを設けるのは相当でないということになり，上記の改正案に取り入れられなかったのである。以上のように，刑法34条の2の規定からは，刑の言渡しの効力が消滅したとき，前科の登録を抹消しなければならないという結論を直接導き出すことはできないが，このような場合，市区町村の犯罪人名簿はもとより検察庁の犯歴票についても，その登録を抹消すべきであるとの説（団藤重光「刑法綱要・総論」438頁　創文社　1990. 6. 15第三版発行）があることや，昭和22年の刑法改正直後に法務省刑事局内で引き続き前科抹消の手続が検討された

182 第1編 解 説

という事実には留意を要しよう。要するに，前科の抹消は，法律で定めるべき事項とするか否かその限界点にある重要な事務といえるのである。とはいえ，検察庁で保管する犯歴については，たとえ刑の消滅した前科であっても，前記のように（141頁参照）審問の対象となり，量刑判断の資料となり，あるいは併合罪関係を遮断する前科になり得るなど，裁判及び検察事務のためになおこれを把握しておく必要性が十分に存するので，その者の死亡に至るまで前科登録の抹消が行われることはない（規程18条参照）。

3 関係機関への通知

(1) 新本籍地を管轄する市区町村長への通知

犯罪人名簿の調製は，有罪の確定裁判を受けた者の戸籍を管掌する市区町村長において行うものとされているので，その者が本籍を他の市区町村の管轄区域に異動したときは，名簿の調製者も当然変更されなければならない。大正6年内務省訓令第1号（40頁参照）でも，前記の事由が生じたときは，新たに戸籍を管掌することになった市区町村長に対し，犯歴事項等を通知すべき旨を定めており，名簿の閉鎖は，この通知の実施後行うことになる。

新本籍地を管轄する市区町村長に対する通知については，その方法，様式等について全国的に統一されたものはない。このため，各市区町村では，都道府県知事又は市区町村長が定めたいわゆる民刑事項通知書によりこの通知を行っているようであるが，通知書には，新・旧本籍，氏名，生年月日，通知の事由，通知事由発生の年月日及び犯罪人名簿に記載されている犯歴事項の全てを正確に記入することが必要である。

検察庁では，犯罪人名簿に登録されている者が本籍を他の市区町村の管轄区域に異動した場合には，前記の内務省訓令に基づくこの通知が各市区町村において確実に励行されているとの前提に立って事務処理が行われている。このため，犯歴担当事務官が，犯歴登録者の再犯等により本籍変更の事実を知った場合でも，検察庁部内限りで本籍訂正の事務処理が行われ，新たに戸

籍を管掌することとなった市区町村長に対しては改めてその旨の通知や，既決犯罪通知を行わないこととしているのである。ところが，その後，本籍を変更した者に関する刑の執行状況等通知書を新本籍地を管掌する市区町村長に送付すると，「既決犯罪通知に接しない」又は「犯罪人名簿が作成されていない」として通知書が返戻される事例がいまだ各地において相当数見受けられる。このため，市区町村によっては本籍の変更等に伴ういわゆる民刑事項通知が必ずしも確実に行われていないのではないかと危ぐされるので，この通知の一層確実な励行が望まれる。

　なお，名簿の閉鎖とは無関係であるが，同一市区町村の管轄区域内において本籍の変更等身分上の異動があったときは，犯罪人名簿の補正を要するのは当然である。

　市区町村においては，犯罪人名簿に登録されている者の本籍等身分事項の異動の把握について，戸籍簿が一般人の閲覧に供し得ることとされているため，戸籍簿又はその附票に犯罪人名簿が調製されている者である旨の表示をすることができず，大変な労力を費やしているものと思われるが，人の名誉の保持と事務の合理的運用を考慮しつつなお特段の創意と工夫が期待されるところである。

(2)　検察庁への通知

　犯罪人名簿に登録されている者が本籍を他の市区町村の管轄区域に異動したとき，外国国籍を取得したとき及び死亡したときは，所轄の地方検察庁へその旨通知することが必要である。このほか，同一市区町村内の本籍の変更，改姓，養子縁組など戸籍，身分上の異動があったときも同様である。

　これは，検察庁においても，犯歴を登録してある者について，戸籍及び身分上の異動があったときは，迅速，的確にその事実を把握して犯歴の整備に努める必要があるからである。しかし，実際には，これらのほとんどの事実は，再犯等ごく僅かの例外の場合を除き市区町村からの通報を待たなければ知ることができない実情にあり，結局，検察庁保管の犯歴及び市区町村保管

184 第1編 解 説

の犯罪人名簿を適正に管理するためには，検察庁，市区町村相互間の緊密な協力が必要とされるのである。検察庁保管の犯歴を適正に整備し，かつ，犯罪人名簿に関する事後事務の円滑を期するために，検察庁に対する前記の通知が迅速，的確に行われるよう強く希望する次第である（昭和40.9.7自治省行政課長発第112号各都道府県総務部長あて通知参照）。

　なお，参考までにこの通知の様式例を掲げるが，各市区町村においてこれと異なる様式を定めていればもちろんそれによって差し支えない。

X 犯罪人名簿の閉鎖　*185*

戸籍・身分事項異動通知書				
氏　　　名		旧氏名		
生 年 月 日	年　　　月　　　日			
旧 本 籍				
現新 本 籍				
最近の前科	裁判及び確定の日	裁判所	罪　　名	刑名・刑期・金額等
	年　月　日宣告略式 年　月　日確定			
変更年月日 及 び そ の 事 由	年　　　月　　　日 婚姻により新戸籍編製。 転籍。離婚により復籍。 養子縁組により入籍。土地の名称変更。 死亡。その他（　　　　　　　）。			
上記のとおり戸籍・身分事項の異動があったから通知する。 年　　　月　　　日 市 区 町 村 長 地方検察庁検察事務官　　　　　　殿				

該当文字を○で囲むこと。

XI 昭和天皇崩御に伴う恩赦事務

1 概 説

　昭和64年1月7日昭和天皇の崩御に際会し，平成元年2月13日政令第27号をもって「大赦令」が，同第28号をもって「復権令」が公布され，また，同日法務省令第4号をもって「特赦，減刑又は刑の執行の免除の出願に関する臨時特例に関する省令」が公布され，これらの政令及び省令は同月24日からそれぞれ施行された。

　この度の恩赦に該当する者は，個別上申に基づく特別恩赦該当者を除き，大赦令該当者28,300人，復権令該当者10,964,000人にのぼったといわれている。恩赦令の施行後，検察庁では，大赦令及び復権令に該当する者を一人一人調査した上，捜査中の事件の大赦令該当者については不起訴処分の手続，公判係属中の事件の大赦令該当者については免訴（刑訴法337条3号）又は刑の分離決定（刑法52条，刑訴法350条）の手続，刑未執行の大赦令該当者については刑の執行不能決定の手続がそれぞれとられ，また，有罪の裁判が確定している大赦令該当者又は復権令該当者については，判決原本へのその旨の付記（恩赦法14条，同規則13条，14条），赦免又は復権証明申立人に対するその旨の証明（同規則15条），恩赦該当者に対する赦免又は復権の通知，犯歴用電子計算機又は犯歴票への恩赦事項の登録，市区町村長に対する恩赦事項の通知等の事務手続が進められたが，その事務量が極めて膨大であるため，当面の措置として，大赦令該当者，公職選挙法違反事件により公民権停止中の復権令該当者，赦免又は復権証明の申立人に対するその旨の証明など，速やかな事務処理を要すると認める案件について優先事務処理が行われた。

　市区町村における恩赦事務は，検察庁からの恩赦事項通知に基づいて処理

XI　昭和天皇崩御に伴う恩赦事務　*187*

されることになっているが，この事務について，検察庁における恩赦事務と
関連付けながら大赦及び復権に関する事務について若干の説明を加える。

2　大赦に関する事務

大赦令（平成元年政令第 27 号）

第 1 条　昭和 64 年 1 月 7 日前に次に掲げる罪を犯した者は，赦免する。

一　食糧管理法（昭和 17 年法律第 40 号）第 32 条第 1 項第 1 号の罪（第 3 条
　　第 1 項の規定に違反する行為に係るものに限る。），第 32 条第 1 項第 3 号
　　（これに相当する旧規定を含む。）の罪及び第 33 条の罪並びにこれらに関す
　　る第 37 条の罪

二　食糧緊急措置令（昭和 21 年勅令第 86 号）に違反する罪

三　物価統制令（昭和 21 年勅令第 118 号）に違反する罪

四　地代家賃統制令（昭和 21 年勅令第 443 号）に違反する罪

五　外国人登録法（昭和 27 年法律第 125 号）第 18 条の 2（これに相当する旧
　　規定を含む。）の罪並びに外国人登録法の一部を改正する法律（昭和 57 年法
　　律第 75 号）及び外国人登録法の一部を改正する法律（昭和 62 年法律第 102
　　号。以下「改正法」という。）による各改正前の外国人登録法第 18 条第 1 項
　　第 8 号の罪（改正法施行後に行われたとしたならば罪とならない行為に係る
　　ものに限る。）

六　未成年者喫煙禁止法（明治 33 年法律第 33 号）第 3 条の罪

七　鉄道営業法（明治 33 年法律第 65 号）第 34 条の罪，第 35 条の罪，第 37
　　条の罪及び第 40 条の罪

八　未成年者飲酒禁止法（大正 11 年法律第 20 号）に違反する罪

九　軽犯罪法（昭和 23 年法律第 39 号）に違反する罪

十　興行場法（昭和 23 年法律第 137 号）第 10 条の罪及びこれに関する第 11
　　条の罪

十一　旅館業法（昭和 23 年法律第 138 号）第 12 条の罪

十二　公衆浴場法（昭和 23 年法律第 139 号）第 10 条の罪及びこれに関する
　　11 条の罪

十三　古物営業法（昭和 24 年法律第 108 号）第 32 条の罪

188　第1編　解　説

> 十四　郵便物運送委託法（昭和24年法律第284号）第23条の罪及びこれに関
> する第24条の罪
> 十五　質屋営業法（昭和25年法律第158号）第34条の罪
> 十六　狂犬病予防法（昭和25年法律第247号）第28条の罪
> 十七　酒に酔つて公衆に迷惑をかける行為の防止等に関する法律（昭和36年
> 法律第103号）第4条の罪
> **第2条**　前条に掲げる罪に当たる行為が，同時に他の罪名に触れるとき，又は他
> の罪名に触れる行為の手段若しくは結果であるときは，赦免をしない。

(1)　この大赦令により赦免の対象となる者は，昭和64年1月7日（以下
「基準日」という）前に大赦令1条に掲げる罪を犯した者である。犯行の日
が基準日前でありさえすれば，2条に該当する場合を除き，当該事件が現に
捜査中であると，裁判中であると，また，裁判確定後であるとを問わず全て
赦免される。しかし，有罪の確定裁判について，大赦令の施行日前に刑法
27条（刑の執行猶予期間の経過）又は同法34条ノ2の規定により，既に刑
の言渡しの効力が失われている場合には，当然赦免の余地はない。なお，大
赦令は，基準日と公布の日を一致させ，かつ，公布の日から施行されるのが
通例であるが，今回の恩赦ではその日が異なっているので，赦免の効力が生
ずるのは大赦令施行の日となる。

(2)　次に，大赦令1条は，その1号から17号で赦免されることとなる罪を
定めているが，これらの罪は，おおよそ①1号から4号までの第二次大戦中
又はその終了直後に制定されたいわゆる経済統制関係法令に違反する罪，②
5号の外国人登録法に違反する罪の一部，③6号から17号までの軽犯罪法
違反などのいずれも拘留又は科料のみを法定刑とする罪の三つの類型に分類
することができる。ところで，市区町村においては，上記②及び③の類型に
属する罪の違反者の犯罪人名簿は原則として調製されていない。したがって，
市区町村における大赦に関する事務は，①の類型に属する罪の違反者に関し
てのみ行えばよいことになるが，大赦令に該当する者約28,300人の内訳は，

XI 昭和天皇崩御に伴う恩赦事務 *189*

5号の外国人登録法違反該当者約 10,000 人，9号の軽犯罪法違反該当者約 15,500 人，7号の鉄道営業法違反該当者約 500 人，17 号の迷惑防止法違反該当者約 2,200 人，その他約 100 人であり，大部分は②及び③の類型に属する罪の違反者であるため，全市区町村における大赦に関する事務量は約 100 件足らずの微細なものにとどまった。

1号から4号に掲げる罪を犯した者に係る市区町村長に対する赦免の旨の通知は，有罪の確定裁判の言渡しをした裁判所に対応する検察庁から，恩赦事項通知書（甲）又は同（乙）（犯歴事務規程様式4号，22 号。230・244 頁参照）により，当該確定裁判を受けた者の本籍地を管轄する地方検察庁（本籍地検）を経由して行われる。恩赦事項通知書の恩赦事項欄には，①罪名が赦免罪のみである場合は，「平成元年2月13日政令第27号大赦令により赦免」，②併合罪の関係にある複数の罪のうちの一部が大赦になった場合，例えば，併合罪の関係にある物価統制令違反，詐欺事件について，物価統制令違反につき罰金刑，詐欺につき懲役刑の言渡しがあり，物価統制令違反の罪のみが大赦になった場合は，「物価統制令違反の罪につき平成元年2月13日政令第27号により赦免」と記載される。また，③併合罪の関係にある複数の罪のうちの一部が大赦になった場合で，非赦免罪について刑の分離決定があった場合も，刑の分離決定通知書（甲）又は同（乙）（前同様式5号，23 号。231・245 頁参照）の恩赦事項欄に②と同様の記載がなされる。なお，刑の分離の裁判は，例えば，前記の物価統制令違反，詐欺事件について，物価統制令違反につき懲役刑が選択されたため，詐欺の刑に併合加重されて1個の懲役刑が言い渡された場合に（刑法47条），物価統制令違反の罪のみが大赦になったような場合，大赦にならない詐欺罪について，物価統制令違反の罪と分離し改めて刑を定める必要が生じ，このような場合の刑を定める裁判を指す（刑法52条）。

⑶ 恩赦事項通知書を受理したときは，犯罪人名簿に登載されている大赦の対象となった犯歴の備考欄に恩赦事項を記載し，また，刑の分離決定通知書

190 第1編 解説

を受理したときは，当該名簿の分離決定の対象となった犯歴の備考欄に恩赦事項のほか，分離決定の日，その裁判の確定の日，裁判所名，罪名及び刑名，刑期を記載する。大赦の対象となった刑は，大赦令施行の日に刑の言渡しの効力を失うので，犯罪人名簿に登載されている犯歴が赦免罪に係るもののみである場合は直ちに名簿閉鎖の手続をとらなければならないが，非赦免罪を含む場合はその刑の消滅に至るまで引き続き名簿を保管することになる。なお，この場合の非赦免罪の刑の消滅期間は，刑の分離の裁判があった場合でも，分離前の刑を言い渡した裁判の確定の日から起算される。

3 復権に関する事務

復権令（平成元年政令第28号）

第1条 1個又は2個以上の裁判により罰金に処せられた者で，昭和64年1月7日（以下「基準日」という）の前日までにその全部の執行を終わり又は執行の免除を得たものは，この政令の施行の日において，その罰金に処せられたため法令の定めるところにより喪失し又は停止されている資格を回復する。

2 基準日の前日までに1個又は2個以上の略式命令の送達，即決裁判の宣告又は有罪，無罪若しくは免訴の判決の宣告を受け，平成元年5月23日までにその裁判に係る罪の一部又は全部について罰金に処せられた者で，基準日から平成元年5月23日までにその全部の執行を終わり又は執行の免除を得たものは，基準日からこの政令の施行の日の前日までにその全部の執行を終わり又は執行の免除を得た場合にあってはこの政令の施行の日において，この政令の施行の日から平成元年5月23日までにその全部の執行を終わり又は執行の免除を得た場合にあってはその執行を終わり又は執行の免除を得た日の翌日において，それぞれその罰金に処せられたため法令の定めるところにより喪失し又は停止されている資格を回復する。ただし，他に罰金に処せられているときは，この限りでない。

第2条 1個又は2個以上の裁判により禁錮以上の刑に処せられた者で，その全部の刑の執行を終わり又は執行の免除を得た日から基準日の前日までに5年以上を経過したものは，この政令の施行の日において，その禁錮以上の刑に処せ

> られたため法令の定めるところにより喪失し又は停止されている資格を回復する。
>
> **第3条** 1個又は2個以上の裁判により罰金及び禁錮以上の刑に処せられた者は，罰金については第1条の，禁錮以上の刑については前条の，いずれの要件にも該当する場合に限り，復権する。

(1) 今回の復権令では，①罰金刑に処せられた者については，その罪名を限定せず，全ての者を復権の対象とし，②罰金刑に処せられた者について，刑の執行を終わった日又は執行の免除を得た日からの経過期間を要せず，基準日までに刑の執行を終わり又は執行の免除を得た者を一律に復権させることとし，③基準日以後に，裁判が確定した者又は刑の執行を終わり若しくは執行の免除を得た者をも一定の条件の下に復権させることとしているほか，④禁錮以上の刑に処せられている者についても，その刑の執行を終わり又は執行の免除を得た日から5年以上を経過していれば復権させることとしているなど，極めて広い範囲の者を復権の対象としており，罰金刑に係る復権該当者は約1082万人，禁錮以上の刑に係る復権該当者は約14万4000人にのぼることになる。なお，通常復権令は，大赦令の場合と同様，基準日と政令施行の日が一致していることが多いが，今回はその日が異なっており，復権の効力は特に定めのある場合を除き政令施行の日に生ずることとされた。

(2) 復権令1条は罰金刑に処せられた者，同2条は禁錮以上の刑に処せられた者，同3条は罰金刑及び禁錮以上の刑に処せられた者の復権の要件をそれぞれ定め，その要件を満たす者について復権させるものとしている。

　1条第1項により復権する者は，①1個又は2個以上の裁判により罰金刑に処せられたこと，②他に禁錮以上の刑に処せられていないこと，③基準日の前日までに，その罰金に対する全ての裁判が確定し，かつ，その全ての刑の執行を終了（罰金完納）するか又はその執行の免除を得ていること，④基準日から政令の施行の日までの間に，他に罰金以上の刑に処せられていないこと，との要件の全てを満たす者であり，この要件を満たす者は復権令施行

192 第1編 解 説

の日に復権する。

　復権するのは①のように罰金刑に処せられた者に限られるから，罰金刑より軽いとされている拘留又は科料に処せられた者でも復権しない。しかし，復権の妨げになる他の刑は②のように禁錮以上の刑であるから，他に拘留又は科料の刑があり，たとえこれが未執行であっても罰金刑の復権に影響することはない。

　次に，同条2項により復権する者は，前記①，②の要件のほか，③基準日の前日までに略式命令の送達，即決裁判の宣告又は有罪，無罪若しくは免訴の判決の宣告を受け，平成元年5月23日までにその裁判に係る罪の一部又は全部が確定していること，④基準日から平成元年5月23日までに，そのすべての刑の執行を終了するか又はその執行の免除を得ていること，⑤基準日から復権することとなる日の前日までの間に，他の罰金刑が確定していないこと，との要件の全てを満たす者である。この要件を満たす者が，基準日から政令施行の日の前日までに罰金を完納し又は執行の免除を得た場合には，復権令施行の日に復権し，政令施行の日から平成元年5月23日までに罰金を完納し又は執行の免除を得た場合には，罰金完納の日又は執行の免除を得た日のそれぞれ翌日に復権する。

　2条により復権する者は，①1個又は2個以上の裁判により禁錮以上の刑に処せられ，②基準日の前日までに，禁錮以上の刑に処する全ての裁判が確定し，かつ，その全ての刑について，執行を終わった日又は執行の免除を得た日から5年以上を経過している者である。2個以上の禁錮以上の刑に処せられた者については，基準日の前日までに，それぞれの刑について刑の執行終了後各5年以上を経過していることを要する。この要件を満たす者は，復権令施行の日に復権する。

　3条により復権する者は，1個又は2個以上の裁判により罰金及び禁錮以上の刑に処せられた者で，罰金については1条の，禁錮以上の刑については2条の各要件のいずれの要件をも満たす者である。「いずれの要件にも該当

する場合に限り」とは，例えば，罰金刑の復権に関していえば，1条の要件を充足するとともに，禁錮以上の刑についても同時に2条の要件を充足することが必要であるということである。要するに，罰金刑と禁錮以上の刑がある場合には，罰金刑又は禁錮以上の刑が単独で復権することはなく，復権する場合には常に同時に復権するという趣旨である。

(3)　復権令に該当する者に係る市区町村長に対する復権の旨の通知は，原則として有罪の確定裁判の言渡しをした裁判所に対応する検察庁（2個以上の裁判があるときは，最後に確定した有罪の裁判をした裁判所に対応する検察庁）が，復権事務担当庁となって恩赦事項通知書により行うことになるが，復権令該当者が前記のように膨大な数にのぼるため，検察庁では，当面，次のような方法で事務処理を行うこととした。

①　公職選挙法違反の罪により公民権停止中の者に係る市区町村長への恩赦事項通知は，復権事務担当検察庁から本籍地検を経由せず，直接送付する。この場合，公職選挙法違反以外の刑が同時に復権するときも，同様の取扱いとする。本籍地検経由としないのは，通知事務の迅速処理を期する趣旨である。なお，公職選挙法違反の罪に係る復権令該当者に対しては，復権事務担当検察庁から復権通知書により必ずその旨の通知をする。これは，復権した者の選挙権・被選挙権の行使に支障を来さないようにするためである。

②　禁錮以上の刑に処せられた者に係る復権の旨の恩赦事項通知は，犯歴事務規程にのっとり，復権事務担当検察庁から本籍地検を経由し，速やかに市区町村長に送付する。

③　復権令該当者から復権証明の申出があったときは，復権証明書を交付してその証明を行うとともに，恩赦事項通知が行われていない場合には，速やかに同通知書を作成し，市区町村長に送付する（既決犯罪通知が行われない刑を除く）。

④　復権令該当者について，市区町村長から復権令該当の有無の照会又は刑の消滅照会等があったときは，回答書に恩赦事項を記入し，速やかに回答す

194 第1編 解説

る。この場合には，前に恩赦事項通知をしていない場合でも，改めてその通知はしない。

⑤　恩赦事項通知書の恩赦事項欄には，政令の施行の日に復権した場合は，「平成元年2月13日政令第28号復権令により復権」，政令の施行日以後平成元年5月24日までに復権した場合は，「平成元年2月13日政令第28号復権令により同年○月○日をもって復権」と記載する。

(4)　恩赦事項通知書を受理したときは，犯罪人名簿に記載されている復権の対象となる刑の備考欄に恩赦事項を記載する。この場合，復権された刑に係る犯罪人名簿を閉鎖するか否か取扱いが区々にわたっているが，今回の復権令による復権は，法令に定めるところにより喪失し又は停止されている資格の全てを回復させる全面復権であるから，復権を犯罪人名簿の閉鎖事由として定めている場合には，これを閉鎖して差し支えない。全面復権とされた犯歴は，将来，選挙人名簿の調製のためにも，身分証明のためにも利用されることはないからである。

　なお，検察庁から市区町村長に対する復権の旨の通知は，全ての犯歴について行われるわけではなく，また，通知を要するとされている事項の通知にも，相当の日数を要するものと予測されるので，市区町村において犯罪人名簿の閉鎖，整理を要する場合には，時期をみて検察庁に恩赦事項照会又は刑の消滅照会を行う必要があろう。検察庁からの通知又は回答に基づかず，犯罪人名簿の記載のみをもって独自の判断でその整理を行うことはできない。

(参考)

⑴　**昭和天皇の崩御に際会して行われる恩赦と選挙事務の取扱いについて**

（平元.2.13自治選第2号自治省選挙部長発）
（各都道府県選挙管理委員会委員長あて通知）

　2月24日をもって大赦令（平成元年政令第27号）及び復権令（平成元年政令第28号）が施行されるほか，特別の基準を設けて特赦等が行われることとなったが，これらの措置により選挙権及び被選挙権を回復する者があるので，この取扱いについては，特に下記の諸点にご留意願うとともに，貴管下市町村の選挙管理委員会に

もすみやかに通知されたい。

記

一 復権令による復権

(1) 復権令に基づいて復権する者の範囲は，別紙復権令に規定する要件に該当する者であるが，該当者は政令の規定により公職選挙法（以下「法」という。）第252条の規定によって停止されていた資格（選挙権及び被選挙権）を当然に回復されることとなる。

(2) (1)により資格を回復した者に対しては，恩赦事務を行う検察官から，別紙様式（「復権通知書」）（編注，登載略）により，その旨通知されることとなっている。

(3) (1)により資格を回復した者から恩赦法施行規則第15条の規定による復権証明の申出があったときは，(2)の通知を行った場合においても，刑の言渡しをした裁判所に対応する検察庁（以下「対応検察庁」という。）の検察官から復権証明書が交付されることとなっている。

(4) 復権令により資格を回復した者については，対応検察庁の検察官より，その恩赦事項を本籍地の市町村長に通知することとされている。

(5) 復権の効力は，将来に向かって生ずるのみで，有罪の言渡しに基づく既成の効果は，変更されるものではない（恩赦法11）。

(6) 選挙に関して注意すべき事項

復権令による選挙人の資格の回復は，本籍地の市町村に対する照会によっても知ることができる建前ではあるが，今回の復権については(4)による本籍地の市町村長への通知がおくれることが予想されるので，選挙事務の取扱いにあたっては，次に掲げる措置によることとされたい。

ア 復権令により資格を回復した者は，すべて本人に対して復権通知書が発せられ，また，(3)により復権証明書の交付を受けることができるので，投票当日投票の際に選挙権の回復を申し立てた者に対しては，これらの書面の呈示を求め，それらに基づいてそれぞれ処理すること。

イ 投票当日，既決犯罪により選挙人名簿に表示されている選挙人が，復権通知書又は復権証明書を持参することなく投票に来た場合は，その理由をただしたうえ仮投票をさせ，開票管理者が当該仮投票の受理，不受理を決定する時刻までに選挙管理委員会において，最寄りの地方検察庁に依頼して調査した結果，当該選挙人が資格を回復した事実を確認したときは，その投票を受理する取扱いとするこ

196　第1編　解説

と。

　ウ　候補者の被選挙権の認定にあたっては，ア及びイの手続きに準じて措置すること。

二　個別恩赦

　　個別恩赦には，特赦，特別減刑，刑の執行の免除及び特別復権があり，それぞれ恩赦状が下付されることとなっている。

　　選挙事務の取扱いにあたって，法第11条又は沖縄の復帰に伴う特別措置に関する法律（以下「特別措置法」という。）第153条の規定により選挙権及び被選挙権を制限されていた者が，特赦，特別減刑，刑の執行の免除又は特別復権があったことによる選挙権又は被選挙権の回復を申し立てた場合には，前記恩赦状の呈示を求めるとともに，同一人に関し法第11条又は特別措置法第153条に該当する事由が他にないかどうかについて調査すること。この場合における調査は，一(6)に掲げる方法によること。

三　その他

　今回の大赦令に基づく大赦によって選挙権及び被選挙権を回復される者はないと見込まれる。

(2)　今上天皇即位に伴う復権令

　復権令（平成2年政令第328号）

第1条　1個又は2個以上の裁判により罰金に処せられた者で，平成2年11月12日（以下「基準日」という。）の前日までにその全部の執行を終わり又は執行の免除を得たものは，基準日において，その罰金に処せられたため法令の定めるところにより喪失し又は停止されている資格を回復する。ただし，他に禁錮以上の刑に処せられているときは，この限りでない。

第2条　基準日の前日までに，1個又は2個以上の略式命令の送達，即決裁判の宣告又は有罪，無罪若しくは免訴の判決の宣告を受け，平成3年2月12日までにその裁判に係る罪の一部又は全部について罰金に処せられた者で，基準日から平成3年2月12日までにその全部の執行を終わり又は執行の免除を得たものは，その執行を終わり又は執行の免除を得た日の翌日において，その罰金に処せられたため法令の定めるところにより喪失し又は停止されている資格を回復する。ただし，他に罰金以上の刑に処せられているときは，この限りでない。

この政令は，公布の日（編注，平成2.11.12）から施行する。

(3) 徳仁親王御結婚に伴う特別基準恩赦

皇太子徳仁親王の結婚の儀に当たり行う特別恩赦基準

（平成5年6月8日　閣議決定・内閣指令）（抄）

（趣旨）

一　皇太子徳仁親王の結婚の儀が行われるに当たり，内閣は，この基準により特赦，減刑，刑の執行の免除及び復権を行うこととする。

（対象）

二　この基準による特赦，減刑，刑の執行の免除又は復権は，平成5年6月9日（以下「基準日」という。）の前日までに有罪の裁判が確定している者に対して行う。ただし，第四項第2号，第五項第2号及び第七項第2号に掲げる者については，それぞれ，その定めるところによる。

（出願又は上申）

三1　この基準による特赦，減刑，刑の執行の免除又は復権は，本人の出願を待って行うものとし，本人は，基準日から平成5年9月8日までに刑務所（少年刑務所及び拘置所を含む。以下同じ。）若しくは保護観察所の長又は検察官に対して出願をするものとする。

　2　刑務所若しくは保護観察所の長又は検察官は，前号の出願があった場合には，平成5年12月8日までに中央更生保護審査会に対して上申をするものとする。

　3　第四項第2号の規定による特赦，第五項第2号の規定による減刑又は第七項第2号の規定による復権の場合は，前二号の定めにかかわらず，それぞれ，第1号の出願は平成5年12月8日までに，前号の上申は平成6年3月8日までにすることができる。

　4　第1号及び第2号の規定は，この基準による特赦，減刑，刑の執行の免除又は復権について，刑務所若しくは保護観察所の長又は検察官が必要があると認める場合に職種により上申をすることを妨げるものではない。この場合においては，上申をする期限は，前二号に定めるところによる。

四～六（略）

（特別復権の基準）

198　第1編　解　説

七　1　復権は，1個又は2個以上の裁判により罰金以上の刑に処せられ，基準日の前日までに刑の全部につきその執行を終わり又は執行の免除を得た次に掲げる者のうち，犯情，本人の性格及び行状，犯罪後の状況，社会の感情等にかんがみ，特に復権することが相当であると認められる者について行う。

　　㈠　基準日において70歳以上の者

　　㈡　禁錮以上の刑又は罰金及び禁錮以上の刑に処せられ，禁錮以上の刑の全部につきその執行を終わり又は執行の免除を得た日から基準日の前日までに3年以上を経過した者であって，刑に処せられたことが現に社会生活を営むに当たり障害となっている者

　　㈢　禁錮以上の刑又は罰金及び禁錮以上の刑に処せられた者であって，社会のために貢献するところがあり，かつ，近い将来における公共的職務への就任又は現に従事している公共的職務の遂行に当たり，刑に処せられたことが障害となっている者

　　㈣　罰金に処せられた者であって，刑に処せられたことが現に社会生活を営むに当たり障害となっている者

　　2　前号に掲げる者のほか，基準日の前日までに1個又は2個以上の略式命令の送達，即決裁判の宣告又は有罪，無罪若しくは免訴の判決の宣告を受け，平成5年9月8日までにその裁判に係る罪の一部又は全部について罰金に処せられ，同日までにその全部につき執行を終わり又は執行の免除を得た者のうち，刑に処せられたことが現に社会生活を営むに当たり障害となっている者については，前号の例により，この基準による復権を行うことができる。

　　（その他）

八　この基準に当たらない者であっても，特赦，減刑，刑の執行の免除又は復権を行うことが相当であるものには，常時恩赦を行うことを考慮するものとする。

(4) 恩赦先例一覧表（戦後以降）

年次別	恩赦事由	大赦令	特赦(基準)	減刑令	特別減刑(基準)	刑の執行の免除(基準)	復権令	特別復権(基準)
昭20.10.17	第二次大戦終局	昭20.10.17公布 勅令第579号	同日内閣指令(昭20.10.10閣議決定)	同日公布 勅令第580号	同日内閣指令(昭20.10.10閣議決定)		昭20.10.17公布 勅令第581号	同日内閣指令(昭20.10.10閣議決定)
昭21.11.3	日本国憲法公布	昭21.11.3公布 勅令第511号	同日内閣指令(昭21.11.2閣議決定)	同日公布 勅令第512号	同日内閣指令(昭21.11.2閣議決定)		昭21.11.3公布 勅令第513号	同日内閣指令(昭21.11.2閣議決定)
昭22.11.3	第二次大戦終局の恩赦及び日本国憲法公布の恩赦における減刑令の修正			昭22.11.3公布 政令第233号				
昭27.4.28	平和条約発効	昭27.4.28公布 政令第117号	同日内閣指令(昭27.3.18閣議決定)	同日公布 政令第118号	同日内閣指令(昭27.3.18閣議決定)	同左	昭27.4.28公布 政令第119号	同日内閣指令(昭27.3.18閣議決定)
昭27.11.10	皇太子殿下(明仁親王)立太子礼		昭27.11.10内閣指令(同日閣議決定)		昭27.11.10内閣指令(同日閣議決定)			昭27.11.10内閣指令(同日閣議決定)
昭31.12.19	国際連合加盟	昭31.12.19公布 政令第355号	昭31.12.18内閣指令(同日閣議決定)		昭31.12.18内閣指令(同日閣議決定)	同左		昭31.12.18内閣指令(同日閣議決定)
昭34.4.10	皇太子殿下(明仁親王)御結婚		昭34.4.9内閣指令(同日閣議決定)		昭34.4.9内閣指令(同日閣議決定)	同左	昭34.4.10公布 政令第113号	昭34.4.9内閣指令(同日閣議決定)
昭43.11.1	明治百年記念		昭43.11.1内閣指令(同日閣議決定)		昭43.11.1内閣指令(同日閣議決定)	同左	昭43.11.1公布 政令第315号	同日内閣指令(同日閣議決定)
昭47.5.15	沖縄復帰		昭47.5.15内閣指令(昭47.5.13閣議決定)		昭47.5.15内閣指令(昭47.5.13閣議決定)	同左	昭47.5.15公布 政令第196号	同日内閣指令(昭47.5.13閣議決定)
平1.2.24	昭和天皇御大喪	平1.2.13公布 政令第27号	平1.2.8内閣指令(同日閣議決定)		平1.2.8内閣指令(同日閣議決定)	同左	平1.2.13公布 政令第28号	平1.2.8内閣指令(同日閣議決定)
平2.11.12	今上天皇御即位		平2.11.9内閣指令(同日閣議決定)		平2.11.9内閣指令(同日閣議決定)	同左	平2.11.12公布 政令第328号	平2.11.9内閣指令(同日閣議決定)
平5.6.9	皇太子殿下(徳仁親王)御結婚		平5.6.8内閣指令(同日閣議決定)		平5.6.8内閣指令(同日閣議決定)	同左		平5.6.8内閣指令(同日閣議決定)

第2編

資　　料

資料

202 第2編 資 料

I 犯歴事務概略図

〔規程2条〕

【電算処理対象犯歴】

①本邦に本籍のある明治以前の出生者に対する有罪の確定裁判

②本籍が明らかでない者又は本邦に本籍がない大正以前の出生者に対する有罪の確定裁判

③法人又は団体に対する有罪の確定裁判

④道路交通法，道路交通取締法，道路交通取締法施行令，道路交通取締令又は自動車の保管場所の確保等に関する法律違反の罪に係る裁判であって，罰金以下の刑に処し，又は刑を免除するもの（以下「道交裁判」という）

→ これらを除く有罪の確定裁判
〔 死刑，懲役
　禁錮，罰金
　拘留，科料
　刑の免除
　刑の執行の免除 〕

〔規程2条〕

【非電算対象犯歴】

①本邦に本籍のある明治以前の出生者に対する有罪の確定裁判

②本籍が明らかでない者又は本邦に本籍がない大正以前の出生者に対する有罪の確定裁判

③法人又は団体に対する有罪の確定裁判

→ 有罪の確定裁判
（範囲は上記に同じ）

〔規程2条〕

道交裁判

→ 有罪の確定裁判のうち罰金以下の刑に処し又は刑を免除するもの

I 犯歴事務概略図　*203*

〔規程3条〕

| 刑事訴訟法472条の検察官（執行指揮検察官）所属庁の犯歴担当事務官

既決犯罪通知書（甲）作成・送付 | → | 地方検察庁本庁の犯歴担当事務官が電算機に犯歴を入力

既決犯罪通知書（甲）送付 | → | 本籍地方検察庁の犯歴担当事務官

既決犯罪通知書（甲）送付（本邦に本籍がない昭和以降の出生者を除く） |

本籍市区町村長『犯罪人名簿』に登載

〔規程7条〕

| 刑事訴訟法472条の検察官（執行指揮検察官）所属庁の犯歴担当事務官

既決犯罪通知書（乙）作成・送付 | ①③ → | 本籍（本店等所在地）地方検察庁の犯歴担当事務官 | → | 犯歴票作成・保管，既決犯罪通知書（乙）送付（法人及び団体を除く） |
| | ② → | 東京地方検察庁の犯歴担当事務官 | → | 犯歴票作成・保管（外国法人を含む） |

〔規程9条〕

| 刑事訴訟法472条の検察官（執行指揮検察官）所属庁の犯歴担当事務官

既決犯罪通知書(丙)作成・送付又は切符原票送付 | → | 本籍地方検察庁の犯歴担当事務官 | → | 既決犯罪通知書（丙）又は切符原票を保管 |

II 犯歴事務規程

〔昭和59年4月26日法務省刑総訓第329〕
〔号訓令，検事総長，検事長，検事正あて〕
最近改正 平成28年6月16日法務省刑総訓第7号

第1章 総則
　第1条 目的
第2章 電算処理の対象となる犯歴
　　　 の把握
　第2条 電算処理の対象となる裁
　　　　判
　第3条 既決犯罪通知
　第4条 刑執行状況等通知
　第5条 戸籍事項の訂正
　第6条 犯歴事項の訂正
第3章 電算処理の対象とならない
　　　 犯歴の把握
　第7条 既決犯罪通知
　第8条 刑執行状況等通知
　第9条 道交裁判の既決犯罪通知
　第10条 道交裁判の刑執行状況等
　　　　 通知
　第11条 戸籍事項の訂正
　第12条 犯歴事項の訂正
第4章 犯歴の照会回答

第13条 前科照会及び前科調書
第14条 身上調査照会
第5章 とん刑者等の把握のための
　　　 特別手続
　第15条 とん刑者等通知
　第16条 とん刑者等に係る戸籍事
　　　　 項及び犯歴事項の訂正
　第17条 とん刑者等発見・解除通
　　　　 知
第6章 犯歴の抹消
　第18条 犯歴の抹消
第7章 雑則
　第19条 電子計算機に入力する手
　　　　 続
　第20条 地方検察庁の本庁の所在
　　　　 地を管轄する区検察庁にお
　　　　 ける特別取扱い
　第21条 その他の特別取扱い
附則
犯歴事務規程書式例

第1章　総則

（目的）

第1条　この規程は，犯歴の把握等に関する事務の取扱手続を規定し，これを取り扱う職員の職務とその責任を明確にし，もつてその事務の適正かつ迅速な運用を図ることを目的とする。

第2章　電算処理の対象となる犯歴の把握

（電算処理の対象となる裁判）

第2条　電子計算機により把握する裁判は，次に掲げる裁判以外の有罪の裁判（以下「電算処理対象裁判」という。）であつて，確定したものとする。

(1)　次に掲げる者（以下「非電算処理対象者」という。）に対する裁判

ア　本邦に本籍がある明治以前の出生者及び本邦に本籍がない大正以前の出生者

イ　本籍が明らかでない者

ウ　法人又は団体

(2)　道路交通法，道路交通取締法，道路交通取締法施行令，道路交通取締令又は自動車の保管場所の確保等に関する法律違反の罪に係る裁判であつて，罰金以下の刑に処し，又は刑を免除するもの（以下「道交裁判」という。）

（既決犯罪通知）

第3条　刑事訴訟法第472条の規定により裁判の執行を指揮すべき検察官（刑の全部の執行を猶予し，刑を免除し，又は刑の執行を免除する裁判にあつては，執行を要する刑の言渡しがなされたとした場合においてその執行を指揮すべき検察官。以下「執行指揮検察官」という。）の属する検察庁の犯歴担当事務官（犯歴の把握等に関する事務を所管し，又は分担する検察事務官をいう。以下同じ。）は，電算処理対象裁判が確定したときは，既決犯罪通知書（甲の1）（様式第1号），既決犯罪通知書（甲の2）（様式第2号）又は外国人既決犯罪通知

書（様式第2号の2）（以下「既決犯罪通知書（甲）」という。）を作成する。

2　地方検察庁の本庁の犯歴担当事務官は，既決犯罪通知書（甲）を作成したとき又は次項の規定によりその送付を受けたときは，電子計算機により当該裁判を把握する手続をする。

3　地方検察庁以外の検察庁又は地方検察庁の支部（以下「地方検察庁の本庁以外の検察庁」という。）の犯歴担当事務官は，既決犯罪通知書（甲）を作成したときは，その検察庁の所在地（その犯歴担当事務官が支部に勤務するものであるときは，その支部の所在地。以下同じ。）を管轄する地方検察庁の本庁の犯歴担当事務官に対して送付する。

4　地方検察庁の本庁の犯歴担当事務官は，既決犯罪通知書（甲）に記載されている裁判が罰金以上の刑に処する裁判（少年のときに犯した罪に係る裁判であつて，確定のときにその裁判に係る刑の執行を受け終わつたこととなるもの，刑の全部の執行を猶予するもの及び刑の執行を免除するものを除く。ただし，満18歳以上満20歳未満のときに犯した罪に係る裁判であつて，その裁判を受けた者が公職選挙法（昭和25年法律第100号）第11条第1項第5号若しくは第252条又は政治資金規正法（昭和23年法律第194号）第28条の規定により選挙権及び被選挙権を有しないこととされるものは，この限りでない。）であるときは，その裁判を受けた者の戸籍事務を管掌する市区町村長（以下「本籍市区町村長」という。）に対し，その既決犯罪通知書（甲）を送付してその裁判に関し必要な事項を通知する。

（刑執行状況等通知）

第4条　電算処理対象裁判に関して別表第1の第1欄に掲げる事由が生じたときは，同表第2欄に掲げる犯歴担当事務官は，同表第3欄に掲げる通知書（以下「刑執行状況等通知書（甲）」という。）を作成する。

2　地方検察庁の本庁の犯歴担当事務官は，刑執行状況等通知書（甲）を作成したとき又は次項の規定によりその送付を受けたときは，電子計算機により当該事由を把握する手続をする。

3 地方検察庁の本庁以外の検察庁の犯歴担当事務官は，刑執行状況等通知書（甲）を作成したときは，その検察庁の所在地を管轄する地方検察庁の本庁の犯歴担当事務官に対して送付する。

4 地方検察庁の本庁の犯歴担当事務官は，刑執行状況等通知書（甲）が罰金以上の刑に処する裁判（少年のときに犯した罪に係る裁判であつて，確定のときにその裁判に係る刑の執行を受け終わつたこととなるもの，刑の全部の執行を猶予するもの及び刑の執行を免除するものを除く。ただし，満18歳以上満20歳未満のときに犯した罪に係る裁判であつて，その裁判を受けた者が公職選挙法第11条第1項第5号若しくは第252条又は政治資金規正法第28条の規定により選挙権及び被選挙権を有しないこととされるものは，この限りでない。）に関して別表第1の第1欄中1から8までに掲げる事由が生じたことにより作成されたものであるときは，本籍市区町村長に対し，その刑執行状況等通知書（甲）を送付してその事由に関し必要な事項を通知する。

5 地方検察庁の本庁の犯歴担当事務官は，電算処理対象裁判が少年のときに犯した罪に係る裁判であつて，刑の全部の執行を猶予するものであつた場合においても，刑執行状況等通知書（甲）が次の各号の一に掲げる事由が生じたことにより作成されたものであるときは，前項の手続に準じてその事由に関し必要な事項を通知する。

(1) 別表第1の第1欄中に掲げる事由

(2) 別表第1の第1欄中3，5又は6に掲げる事由（ただし，罰金の刑に処し，その執行を猶予しない裁判に関して生じたものに限る。）

（戸籍事項の訂正）

第5条 犯歴担当事務官は，有罪の裁判を受けた者の氏名，出生の年月日又は本籍若しくは国籍（以下「戸籍事項」という。）であつて，電子計算機により把握されているものについて，訂正すべき事項を知つたときは，戸籍事項訂正通知書（甲）（様式第17号）又は外国人身分事項訂正通知書（様式第17号の2）（以下「戸籍事項訂正通知書（甲）」という。）を作成する。

208 第2編 資 料

2 地方検察庁の本庁の犯歴担当事務官は，戸籍事項訂正通知書（甲）を作成したとき又は次項の規定によりその送付を受けたときは，電子計算機により把握されている当該戸籍事項を訂正する手続をする。

3 地方検察庁の本庁以外の検察庁の犯歴担当事務官は，戸籍事項訂正通知書（甲）を作成したときは，その検察庁の所在地を管轄する地方検察庁の本庁の犯歴担当事務官に対して送付する。

4 地方検察庁の本庁の犯歴担当事務官は，第2項に規定する手続をしたときは，当該裁判を受けた者について第3条第1項又は前条第1項に規定する手続をした犯歴担当事務官及びその者の本籍地（戸籍事項の訂正が本籍地を他の地方検察庁の管轄区域内に変更するものであるときは，変更前の本籍地）を管轄する地方検察庁の本庁の犯歴担当事務官に対し，当該戸籍事項訂正通知書（甲）を送付する。

（犯歴事項の訂正）

第6条 犯歴担当事務官は，有罪の裁判及び別表第1の第1欄に掲げる事由を把握するために必要な事項のうち戸籍事項を除く事項（以下「犯歴事項」という。）であつて，電子計算機により把握されているものについて，訂正すべき事項があると思料されるときは，その犯歴事項に関して第3条第1項又は第4条第1項に規定する手続をした犯歴担当事務官に対してその旨を通報する。

2 犯歴担当事務官は，電子計算機により把握されている犯歴事項について，訂正すべき事項を知つた場合において，その犯歴事項に関して第3条第1項又は第4条第1項に規定する手続をしていたときは，犯歴事項訂正通知書（甲）（様式第18号）を作成する。

3 地方検察庁の本庁の犯歴担当事務官は，犯歴事項訂正通知書（甲）を作成したとき又は次項の規定によりその送付を受けたときは，電子計算機により把握されている当該犯歴事項を訂正する手続をする。

4 地方検察庁の本庁以外の検察庁の犯歴担当事務官は，犯歴事項訂正通知

書（甲）を作成したときは，その検察庁の所在地を管轄する地方検察庁の本庁の犯歴担当事務官に対して送付する。

5 地方検察庁の本庁の犯歴担当事務官は，第3項に規定する手続をした場合において，当該犯歴事項が罰金以上の刑に処する裁判（少年のときに犯した罪に係る裁判であつて，確定のときにその裁判に係る刑の執行を受け終わつたこととなるもの，刑の全部の執行を猶予するもの及び刑の執行を免除するものを除く。ただし，満18歳以上満20歳未満のときに犯した罪に係る裁判であつて，その裁判を受けた者が公職選挙法第11条第1項第5号若しくは第252条又は政治資金規正法第28条の規定により選挙権及び被選挙権を有しないこととされるものは，この限りでない。）に係るものであるときは，本籍市区町村長に対し，当該犯歴事項訂正通知書（甲）を送付してその犯歴事項の訂正に関し必要な事項を通知する。

第3章 電算処理の対象とならない犯歴の把握

（既決犯罪通知）

第7条 執行指揮検察官の属する検察庁の犯歴担当事務官は，非電算処理対象者に対する有罪の裁判（道交裁判を除く。）が確定したときは，次の各号に掲げる手続をする。

(1) その犯歴担当事務官がその非電算処理対象者の本籍地（法人又は団体にあつては，その本店又は主たる事務所の所在地。本籍が明らかでない者又は本邦に本籍がない者にあつては，東京都。以下同じ。）を管轄する地方検察庁の本庁（以下「本籍地方検察庁」という。）の犯歴担当事務官であつて，その裁判が罰金以上の刑に処するものであるときは，犯歴票（様式第19号）及び既決犯罪通知書（乙）（様式第20号）を作成し，その裁判が拘留若しくは科料に処し，又は刑を免除するものであるときは，犯歴票を作成する。ただし，同一人について既に保管中の犯歴票があるときは，新たな犯歴票の作成に代えて，これに所定の事項を記入する。

(2) その犯歴担当事務官がその非電算処理対象者の本籍地を管轄する地方検察庁以外の検察庁又はその地方検察庁の支部（以下「本籍地方検察庁以外の検察庁」という。）の犯歴担当事務官であるときは，既決犯罪通知書（乙）を作成する。

2 非電算処理対象者に係る本籍地方検察庁の犯歴担当事務官は，次項の規定により既決犯罪通知書（乙）の送付を受けたときは，犯歴票を作成する。ただし，同一人について既に保管中の犯歴票があるときは，新たな犯歴票の作成に代えて，これに所定の事項を記入する。

3 非電算処理対象者に係る本籍地方検察庁以外の検察庁の犯歴担当事務官は，既決犯罪通知書（乙）を作成したときは，本籍地方検察庁の犯歴担当事務官に対して送付する。

4 非電算処理対象者に係る本籍地方検察庁の犯歴担当事務官は，既決犯罪通知書（乙）に記載されている裁判が罰金以上の刑に処するものであるときは，本籍市区町村長に対し，その既決犯罪通知書（乙）を送付してその裁判に関し必要な事項を通知する。

5 非電算処理対象者に係る本籍地方検察庁の犯歴担当事務官は，その者に係る犯歴票を作成したとき又は第11条第3項の規定によりその送付を受けたときは，当該裁判を受けた者の氏名を別表第2により数字化し，その犯歴票を数字の順に整理して保管する。ただし，本籍が明らかでない者，本邦に本籍がない者（その氏名を漢字で表示するものを除く。），法人又は団体に係る犯歴票の整理については，適宜な方法によることができる。

（刑執行状況等通知）

第8条 非電算処理対象者に対する有罪の裁判（道交裁判を除く。）に関して別表第1の第1欄に掲げる事由が生じたときは，同表第2欄に掲げる犯歴担当事務官は，次の各号に掲げる手続をする。

(1) その犯歴担当事務官が非電算処理対象者に係る本籍地方検察庁の犯歴担当事務官であるときは，その者に係る犯歴票にその事由を把握するた

めに必要な事項を記入し，その事由が同表第一欄中1から8までに掲げるものであつて，罰金以上の刑に処する裁判に関して生じたものであるときは，併せて同表第4欄に掲げる通知書を作成する。

(2) その犯歴担当事務官が非電算処理対象者に係る本籍地方検察庁以外の検察庁の犯歴担当事務官であるときは，同表第4欄に掲げる通知書（以下「刑執行状況等通知書（乙）」という。）を作成する。

2 非電算処理対象者に係る本籍地方検察庁の犯歴担当事務官は，次項の規定により刑執行状況等通知書（乙）の送付を受けたときは，その者に係る犯歴票にその刑執行状況等通知書（乙）に係る事由を把握するために必要な事項を記入する。

3 非電算処理対象者に係る本籍地方検察庁以外の検察庁の犯歴担当事務官は，刑執行状況等通知書（乙）を作成したときは，本籍地方検察庁の犯歴担当事務官に対して送付する。

4 非電算処理対象者に係る本籍地方検察庁の犯歴担当事務官は，刑執行状況等通知書（乙）が罰金以上の刑に処する裁判に関して別表第1の第1欄中1から8までに掲げる事由が生じたことにより作成されたものであるときは，本籍市区町村長に対し，その刑執行状況等通知書（乙）を送付してその事由に関し必要な事項を通知する。

（道交裁判の既決犯罪通知）

第9条 執行指揮検察官の属する検察庁の犯歴担当事務官は，道交裁判が確定したときは，既決犯罪通知書（丙）（様式第31号）を作成する。ただし，その道交裁判が道路交通法等違反事件迅速処理のための共用書式又は反則金不納付事件迅速処理のための共用書式によつて処理されたものであるときは，道路交通法等違反事件迅速処理のための共用書式の第2枚目又は反則金不納付事件迅速処理のための共用書式の第1枚目（以下「切符原票」という。）をもつて既決犯罪通知書（丙）に代える。

2 道交裁判を受けた者に係る本籍地方検察庁の犯歴担当事務官は，既決犯

212　第2編　資料

罪通知書（丙）を作成したとき若しくは切符原票をもつてこれに代えたとき又は次項若しくは第11条第3項の規定によりこれらの送付を受けたときは，第7条第5項の例に準じて保管する。

3　道交裁判を受けた者に係る本籍地方検察庁以外の検察庁の犯歴担当事務官は，既決犯罪通知書（丙）を作成したとき又は切符原票をもつてこれに代えたときは，本籍地方検察庁の犯歴担当事務官に対してこれらを送付する。

（道交裁判の刑執行状況等通知）

第10条　道交裁判に関して別表第1の第1欄中1から3まで及び5から7までに掲げる事由が生じたときは，同表第2欄に掲げる犯歴担当事務官は，次の各号に掲げる手続をする。

　⑴　その犯歴担当事務官が道交裁判を受けた者に係る本籍地方検察庁の犯歴担当事務官であるときは，その者に係る既決犯罪通知書（丙）又は切符原票にその事由を把握するために必要な事項を記入する。

　⑵　その犯歴担当事務官が道交裁判を受けた者に係る本籍地方検察庁以外の検察庁の犯歴担当事務官であるときは，刑執行状況等通知書（乙）を作成する。

2　道交裁判を受けた者に係る本籍地方検察庁の犯歴担当事務官は，次項の規定により刑執行状況等通知書（乙）の送付を受けたときは，その者に係る既決犯罪通知書（丙）又は切符原票にその刑執行状況等通知書（乙）に係る事由を把握するために必要な事項を記入する。

3　道交裁判を受けた者に係る本籍地方検察庁以外の検察庁の犯歴担当事務官は，刑執行状況等通知書（乙）を作成したときは，本籍地方検察庁の犯歴担当事務官に対して送付する。

（戸籍事項の訂正）

第11条　犯歴担当事務官は，犯歴票，既決犯罪通知書（丙）又は切符原票（以下「犯歴票等」という。）に記載されている戸籍事項について，訂正すべ

き事項があると思料されるときは，その犯歴票等を保管する地方検察庁の本庁の犯歴担当事務官に対してその旨を通報する。

2　地方検察庁の本庁の犯歴担当事務官は，その庁の保管する犯歴票等に記載されている戸籍事項について，訂正すべき事項を知つたときは，その犯歴票等にその戸籍事項を訂正するために必要な事項を記入するとともに，戸籍事項訂正通知書（乙）（様式第32号）を作成し，その戸籍事項に係る者に関して第7条第1項，第8条第1項，第9条第1項又は第10条第1項に規定する手続をした犯歴担当事務官に対して送付する。

3　地方検察庁の本庁の犯歴担当事務官は，その庁の保管する犯歴票等に係る戸籍事項の訂正が非電算処理対象者又は道交裁判を受けた者の本籍地を他の地方検察庁の管轄区域内に変更するものであるときは，新たにその犯歴票等を保管することとなる地方検察庁の本庁の犯歴担当事務官に対し，犯歴票等保管庁変更通知書（様式第33号）にその犯歴票等を添付して送付する。

（犯歴事項の訂正）

第12条　犯歴担当事務官は，犯歴票等に記載されている犯歴事項について，訂正すべき事項があると思料されるときは，その犯歴事項に関して第7条第1項，第8条第1項，第9条第1項又は第10条第1項に規定する手続をした犯歴担当事務官に対してその旨を通報する。

2　犯歴担当事務官は，犯歴票等に記載されている犯歴事項について，訂正すべき事項を知つた場合において，その犯歴事項に関して第7条第1項，第8条第1項，第9条第1項又は第10条第1項に規定する手続をしていたときは，次の各号に掲げる手続をする。

(1)　その犯歴担当事務官がその犯歴票等を保管する地方検察庁の本庁の犯歴担当事務官であるときは，その犯歴票等にその犯歴事項を訂正するために必要な事項を記入し，その犯歴事項が罰金以上の刑に処する裁判（道交裁判を除く。）に係るものであるときは，併せて犯歴事項訂正通知書

214 第2編 資 料

（乙）（様式第34号）を作成する。

(2) その犯歴担当事務官がその犯歴票等を保管する地方検察庁以外の検察庁又はその地方検察庁の支部の犯歴担当事務官であるときは，犯歴事項訂正通知書（乙）を作成し，その犯歴票等を保管する地方検察庁の本庁の犯歴担当事務官に対して送付する。

3　犯歴担当事務官は，前項第2号の規定により犯歴事項訂正通知書（乙）の送付を受けたときは，当該犯歴票等に当該犯歴事項を訂正するために必要な事項を記入する。

4　犯歴担当事務官は，第2項第1号の規定により犯歴事項訂正通知書（乙）を作成したとき又は同項第2号の規定により送付を受けた犯歴事項訂正通知書（乙）に記載されている犯歴事項が罰金以上の刑に処する裁判（道交裁判を除く。）に係るものであるときは，本籍市区町村長に対し，その犯歴事項訂正通知書（乙）を送付してその犯歴事項の訂正に関し必要な事項を通知する。

第4章　犯歴の照会回答

（前科照会及び前科調書）

第13条　検察官又は検察事務官が，刑事事件について，他の検察庁の犯歴担当事務官に対し，特定の者が有罪の裁判を受けこれが確定した事実の有無を照会する場合には，前科照会書（様式第35号）による。ただし，急速を要するときは，適宜な方法によることができる。

2　犯歴担当事務官が，特定の者の有罪の裁判を受けこれが確定した事実を明らかにする書面を作成する場合には，前科調書（甲）（様式第37号），前科調書（乙）（様式第38号），前科調書（丙）（様式第39号）又は前科調書（丁）（様式第40号）による。

（身上調査照会）

第14条　検察官又は検察事務官が，市区町村長に対して書面で身分関係を

照会する場合には，身上調査照会書（様式第41号）による。

第5章　とん刑者等の把握のための特別手続

（とん刑者等通知）

第15条　犯歴担当事務官は，別表第3の第1欄に掲げる者であつて，所在不明となつたもの（以下「とん刑者等」という。）があることを知つたときは，同表第2欄に掲げる通知書等を作成する。ただし，とん刑者等に係る本籍地方検察庁の犯歴担当事務官にあつては，同一人について既に保管中のとん刑者等カード(1)及びとん刑者等カード(2)（以下「とん刑者等カード」という。）があるときは，新たなとん刑者等カードの作成に代えて，これに所定の事項を記入する。

2　地方検察庁の本庁の犯歴担当事務官は，とん刑者通知書（甲），道交とん刑者等通知書（甲）若しくは外国人道交とん刑者等通知書（甲）（以下「とん刑者等通知書（甲）」という。）を作成したとき又は次項の規定によりその送付を受けたときは，電子計算機により当該とん刑者等を把握する手続をする。

3　地方検察庁の本庁以外の検察庁の犯歴担当事務官は，とん刑者等通知書（甲）を作成したときは，その検察庁の所在地を管轄する地方検察庁の本庁の犯歴担当事務官に対して送付する。

4　とん刑者等に係る本籍地方検察庁の犯歴担当事務官は，とん刑者等通知書（乙），道交とん刑者等通知書（乙），外国人道交とん刑者等通知書（乙）若しくはとん刑者等カード（以下「とん刑者等通知書（乙）」という。）を作成したとき又は次項の規定によりその送付を受けたときは，犯歴票等とともにそれぞれ第7条第5項の例に準じて保管する。

5　とん刑者等に係る本籍地方検察庁以外の検察庁の犯歴担当事務官は，とん刑者等通知書（乙）を作成したときは，本籍地方検察庁の犯歴担当事務官に対して送付する。

216　第2編　資　料

（とん刑者等に係る戸籍事項及び犯歴事項の訂正）

第16条　第5条，第11条及び第12条の規定は，とん刑者等に係る戸籍事
項及び犯歴事項の訂正について準用する。

（とん刑者等発見・解除通知）

第17条　犯歴担当事務官は，とん刑者等の所在を知つたときは，とん刑者
等発見通知書（様式第48号）を作成し，第15条第1項に規定する手続を
した犯歴担当事務官（以下「通知庁犯歴担当事務官」という。）に対して送付
する。

2　通知庁犯歴担当事務官は，とん刑者等について，所在発見，時効完成等
の事由（別表第3の第1欄の1に掲げる者及び同表第1欄の2に掲げる者であつて，
その者に関して第3条第1項，第7条第1項又は第9条第1項に規定する手続がな
されているものの死亡を除く。）によりその把握をする必要がなくなつたこと
を知つたときは，別表第3の第3欄に掲げる通知書を作成する。ただし，
その犯歴担当事務官がそのとん刑者等に係る本籍地方検察庁の犯歴担当事
務官であるときは，とん刑者等解除通知書（乙の2）の作成に代えて，そ
のとん刑者等に係るとん刑者等通知書（乙）を廃棄し，又はそのとん刑者
等通知書（乙）の記載事項のうち，その把握をする必要がなくなつた事項
を抹消する。

3　地方検察庁の本庁の犯歴担当事務官は，とん刑者解除通知書（甲）若し
くは道交とん刑者等解除通知書（甲）（以下「とん刑者等解除通知書（甲）」と
いう。）を作成したとき又は次項の規定によりその送付を受けたときは，
電子計算機によりその通知書に係る者をとん刑者等として把握するために
必要とされた事項のうち，その把握をする必要がなくなつた事項を抹消す
る手続をする。

4　地方検察庁の本庁以外の検察庁の犯歴担当事務官は，とん刑者等解除通
知書（甲）を作成したときは，その検察庁の所在地を管轄する地方検察庁
の本庁の犯歴担当事務官に対して送付する。

II　犯歴事務規程　*217*

5　とん刑者等に係る本籍地方検察庁の犯歴担当事務官は，次項の規定により とん刑者解除通知書（乙の1），とん刑者等解除通知書（乙の2）又は道交とん刑者等解除通知書（乙）（以下「とん刑者等解除通知書」（乙）」という。）の送付を受けたときは，そのとん刑者等に係るとん刑者等通知書（乙）を廃棄し，又はそのとん刑者等通知書（乙）の記載事項のうち，その把握をする必要がなくなつた事項を抹消する。

6　とん刑者等に係る本籍地方検察庁以外の検察庁の犯歴担当事務官は，とん刑者等解除通知書（乙）を作成したときは，本籍地方検察庁の犯歴担当事務官に対して送付する。

第6章　犯歴の抹消

（犯歴の抹消）

第18条　犯歴担当事務官は，電子計算機又は犯歴票等により把握されている有罪の裁判を受けた者が死亡したことを知つたときは，次の各号に掲げる手続をする。

(1)　その裁判が電算処理対象裁判であるときは，死亡通知書（甲）（様式第17号）又は外国人死亡通知書（様式第17号の2）（以下「死亡通知書（甲）」という。）を作成する。

(2)　その裁判が非電算処理対象者に対する裁判又は道交裁判であるときは，その者に係る本籍地方検察庁の犯歴担当事務官にあつては，その者に係る犯歴票等及びとん刑者等通知書（乙）を廃棄し，本籍地方検察庁以外の検察庁の犯歴担当事務官にあつては，死亡通知書（乙）（様式第51号）を作成する。

2　有罪の裁判を受けた者に係る本籍地方検察庁の犯歴担当事務官は，死亡通知書（甲）を作成したとき又は次項の規定により死亡通知書（甲）若しくは死亡通知書（乙）の送付を受けたときは，次の各号に掲げる手続をする。

218 第2編 資 料

(1) 死亡通知書（甲）を作成したとき又はその送付を受けたときは，電子
計算機により把握されているその者に係る戸籍事項及びその他の事項を
抹消する。

(2) 死亡通知書（乙）の送付を受けたときは，その者に係る犯歴票等及び
とん刑者等通知書（乙）を廃棄する。

3 有罪の裁判を受けた者に係る本籍地方検察庁以外の検察庁の犯歴担当事
務官は，死亡通知書（甲）又は死亡通知書（乙）を作成したときは，本籍
地方検察庁の犯歴担当事務官に対して送付する。

第7章 雑則

（電子計算機に入力する手続）

第19条 第3条第2項，第4条第2項，第5条第2項（第16条において準用
する場合を含む。），第6条第3項，第15条第2項，第17条第3項及び第
18条第2項第1号に規定する手続は，別に法務省刑事局長が定める。

（地方検察庁の本庁の所在地を管轄する区検察庁における特別取扱い）

第20条 検事正は，第7条第3項，第8条第3項，第9条第3項，第10
条第3項，第12条第2項第2号（第16条において準用する場合を含む。），第
15条第5項及び第17条第6項の規定により，地方検察庁の本庁の犯歴担
当事務官に対し，既決犯罪通知書（乙）その他の書面を送付すべきものと
されている犯歴担当事務官が，その地方検察庁の本庁の犯歴の把握等に関
する事務を取り扱っている場合には，これらの書面の作成を要せず，確定
記録等の回付をもつてその送付に代えることとする取扱いをさせることが
できる。

（その他の特別取扱い）

第21条 検事正は，前条に定めるもののほか，事務処理上支障がないとき
は，法務大臣の許可を得て，犯歴の把握等に関する事務に関し，特別の取
扱いをさせることができる。

2　検事正は，前項の許可を得て特別の取扱いを実施したときは，直接法務大臣に対してその旨を報告するとともに，検事総長及び検事長にそれぞれ同文の報告をしなければならない。

　　　附　則

この訓令は，昭和 59 年 6 月 1 日から施行する。

　　　附　則（平成 28 年 6 月 16 日法務省刑総訓第 7 号）

この訓令は，平成 28 年 6 月 19 日から施行する。

220　第2編　資料

別表第1 （第4条，第8条，第10条関係）

第　　　1	第　　　2	第　　　3	第　　　4
1　刑の執行猶予の言渡しを取り消す決定が確定したとき	執行事務規程（平成6年法務省刑総訓第228号）第44条第1項又は第45条第2項の規定により通知の手続をすべき執行担当事務官の属する検察庁の犯歴担当事務官	刑執行猶予言渡し取消通知書(甲)(様式第3号)	刑執行猶予言渡し取消通知書(乙)(様式第21号)
2　恩赦法の規定により，大赦，特赦，減刑，刑の執行の免除又は復権があつたとき	判決原本に左記事由を付記すべき検察官（復権があつたときは，最後に有罪の裁判をした裁判所に対応する検察庁の検察官）の属する検察庁の犯歴担当事務官	恩赦事項通知書(甲)(様式第4号)	恩赦事項通知書(乙)(様式第22号)
3　刑法第52条の規定により刑を定める決定が確定したとき	刑を定める請求をした検察官の属する検察庁の犯歴担当事務官	刑の分離決定通知書(甲)(様式第5号)	刑の分離決定通知書(乙)(様式第23号)
4　刑の時効が完成したとき	執行指揮検察官の属する検察庁の犯歴担当事務官	刑の時効完成通知書(甲)(様式第6号)	刑の時効完成通知書(乙)(様式第24号)
5　再審の審判によりなされた裁判が確定したとき	執行指揮検察官（再審の審判によりなされた裁判が管轄違い，無罪，免訴又は公訴棄却であるときは，執行を要する刑の言渡しがなされたとした場合においてその執行を指揮すべき検察官）の属する検察庁の犯歴担当事務官	再審結果通知書(甲)(様式第7号)	再審結果通知書(乙)(様式第25号)
6　非常上告により原判決が破棄され更になされた判決が確定	最高検察庁の犯歴担当事務官	非常上告結果通知書(甲)(様式第8号)	非常上告結果通知書(乙)(様式第26号)

Ⅱ 犯歴事務規程　*221*

したとき			
7　上訴権又は正式裁判請求権の回復請求を認める決定が確定したとき	第3条第1項，第7条第1項又は第9条第1項に規定する手続をした犯歴担当事務官	既決犯罪通知撤回通知書（甲）（様式第9号）	既決犯罪通知撤回通知書（乙）（様式第27号）
8　財産刑の執行が終了したとき	執行指揮検察官の属する検察庁の犯歴担当事務官	財産刑執行終了通知書（甲）（様式第10号）	財産刑執行終了通知書（乙）（様式第28号）
9　死刑を執行したとき	執行指揮検察官の属する検察庁の犯歴担当事務官	死刑執行通知書（甲）（様式第11号）	死刑執行通知書（乙）（様式第29号）
10　仮釈放が許されて釈放されたとき	刑事施設（少年法（昭和23年法律第168号）第56条第3項の規定により少年院において刑を執行する場合における当該少年院を含む。以下13において同じ。）の長から左記事由の通知を受けた検察官の属する検察庁の犯歴担当事務官	仮釈放通知書（様式第12号）	犯歴事項通知書（様式第30号）
11　仮釈放が取り消されたとき	地方更生保護委員会から刑の言渡しをした裁判所に対応する検察庁の検察官として左記事由の通知を受けた検察官の属する検察庁の犯歴担当事務官	仮釈放取消通知書（様式第13号の3）	犯歴事項通知書（様式第30号）
12　仮釈放期間が満了したとき	保護観察所の長から左記事由の通知を受けた検察官の属する検察庁の犯歴担当事務官	仮釈放期間満了通知書（様式第14号）	犯歴事項通知書（様式第30号）
13　自由刑の執行が終了したとき（14に掲げる場合を除く。）	刑事施設の長から左記事由の通知を受けた検察官の属する検察庁の犯歴担当事務官	自由刑執行終了通知書（様式第15号）	犯歴事項通知書（様式第30号）

222 第2編 資料

14　更生保護法（平成19年法律第88号）第78条第1項の規定により，刑の執行を受け終わつたものとする決定があつたとき	地方更生保護委員会から左記事由の通知を受けた検察官の属する検察庁の犯歴担当事務官	不定期刑執行終了通知書（様式第13号の6）	犯歴事項通知書（様式第30号）
15　仮釈放を許されている者について，保護観察の停止又は停止の解除（更生保護法第77条第4項により停止を解く決定があつたものとみなされる場合を含む。）若しくは取消しがあつたとき	地方更生保護委員会から左記事由の通知を受けた検察官の属する検察庁の犯歴担当事務官	保護観察停止決定通知書（様式第16号）又は保護観察停止解除決定通知書（様式第16号）若しくは保護観察停止取消決定通知書（様式第16号）	犯歴事項通知書（様式第30号）
16　刑の執行猶予の期間中保護観察に付されている者について，保護観察の仮解除又は仮解除の取消しがあつたとき	地方更生保護委員会から左記事由の通知を受けた検察官の属する検察庁の犯歴担当事務官	保護観察仮解除通知書（様式第13号の1）又は保護観察仮解除取消通知書（様式第13号の2）	犯歴事項通知書（様式第30号）
17　補導処分に付された者について，その執行が終了したとき（18に掲げる場合を除く。）	婦人補導院長から左記事由の通知を受けた検察官の属する検察庁の犯歴担当事務官	補導処分執行終了通知書（様式第13号の4）	犯歴事項通知書（様式第30号）
18　婦人補導院から仮に退院することを許された者について，補導処分の残期間が経過したとき	保護観察所の長から左記事由の通知を受けた検察官の属する検察庁の犯歴担当事務官	仮退院期間満了通知書（様式第13号の5）	犯歴事項通知書（様式第30号）

II 犯歴事務規程 *223*

別表第2（第7条，第9条，第15条関係）

換 数 表

1	あ	い	う	え	お
2	か	き	く	け	こ
3	さ	し	す	せ	そ
4	た	ち	つ	て	と
5	な	に	ぬ	ね	の
6	は	ひ	ふ	へ	ほ
7	ま	み	む	め	も
8	や	ゆ	よ	わ	
9	ら	り	る	れ	ろ
0	ん				

備考

1 氏名は，その読みに従い，氏及び名の上位の各4音を上記換数表によって各4けたの数に換数して数字化する。氏又は名の音が3音以下のときは，これを数字化した数の末尾に4けたに達するまで「0」を加える。

2 濁音又は半濁音は，清音と同様に換数する。ただし，ぢ，づは3に数字化する。

別表第3（第15条，第17条関係）

第　　　1	第　　　2	第　　　3
1　次の各号に掲げる裁判により罰金以上の刑に処せられた者であつて，その執行を受け終わつていないもの（刑の全部の執行を猶予されている者並びに刑の一部の執行を猶予された者であつて，執行が猶予されなかつた部分の期間の執行を受け終わつたもの及びその執行を受けることがなくなつたものを除く。）		
(1)　電算処理対象裁判	とん刑者通知書(甲)（様式第42号） とん刑者通知書(乙)（様式第43号）	とん刑者解除通知書(甲)（様式第42号） とん刑者解除通知書（乙の1)（様式第43号）
(2)　非電算処理対象者に対する裁判	とん刑者等カード(1)（様式第44号） とん刑者等カード(2)（様式第45号）	とん刑者等解除通知書（乙の2)（様式第48号）
(3)　非電算処理対象者でない者に対する道交裁判	道交とん刑者等通知書(甲)（様式第46号） 外国人道交とん刑者等通知書(甲)（様式第46号の2) 道交とん刑者等通知書(乙)（様式第47号） 外国人道交とん刑者等通知書(乙)（様式第47号の2)	道交とん刑者等解除通知書(甲)（様式第49号） 道交とん刑者等解除通知書(乙)（様式第50号）
2　次の各号に掲げる者であつて，犯歴担当事務官の属する検察庁に対応する裁判所に係属している事件の被告人その他検察庁においてその所在を把握する必要があるもの		
(1)　非電算処理対象者でない者	道交とん刑者等通知書(甲)（様式第46号） 外国人道交とん刑者等通知書(甲)（様式第46号の2) 道交とん刑者等通知書(乙)（様式第47号） 外国人道交とん刑者等通知書(乙)（様式第47号の2)	道交とん刑者等解除通知書(甲)（様式第49号） 道交とん刑者等解除通知書(乙)（様式第50号）
(2)　非電算処理対象者	とん刑者等カード(1)（様式第44号） とん刑者等カード(2)（様式第45号）	とん刑者等解除通知書（乙の2)（様式第48号）

犯歴事務規程書式例

目　次

（様式番号）　　（通知書名）

様式番号	通知書名
様式第1号	既決犯罪通知書（甲の一）
様式第2号	既決犯罪通知書（甲の二）
様式第2号の2	外国人既決犯罪通知書　（省略）
様式第3号	刑執行猶予言渡し取消通知書（甲）
様式第4号	恩赦事項通知書（甲）
様式第5号	刑の分離決定通知書
様式第6号	刑の時効完成通知書（甲）
様式第7号	再審結果通知書（甲）
様式第8号	非常上告結果通知書（甲）
様式第9号	既決犯罪通知撤回通知書（甲）
様式第10号	財産刑執行終了通知書（甲）
様式第11号	死刑執行通知書（甲）
様式第12号	仮釈放通知書
様式第13号の1	保護観察仮解除通知書
様式第13号の2	保護観察仮解除取消通知書
様式第13号の3	仮釈放取消通知書
様式第13号の4	補導処分執行終了通知書
様式第13号の5	仮退院期間満了通知書
様式第13号の6	不定期刑執行終了通知書　（省略）
様式第14号	仮釈放期間満了通知書
様式第15号	自由刑執行終了通知書
様式第16号	保護観察停止決定通知書
	保護観察停止解除決定通知書
	保護観察停止取消決定通知書
様式第17号	戸籍事項訂正通知書（甲）
	死亡通知書（甲）
様式第17号の2	外国人身分事項訂正通知書（甲）
	外国人死亡通知書
様式第18号	犯歴事項訂正通知書（甲）
様式第19号	犯歴票
様式第20号	既決犯罪通知書（乙）
様式第21号	刑執行猶予言渡し取消通知書（乙）

226　第2編　資　料

- 様式第22号　恩赦事項通知書（乙）
- 様式第23号　刑の分離決定通知書（乙）
- 様式第24号　刑の時効完成通知書（乙）
- 様式第25号　再審結果通知書（乙）
- 様式第26号　非常上告結果通知書（乙）
- 様式第27号　既決犯罪通知撤回通知書（乙）
- 様式第28号　財産刑執行終了通知書（乙）
- 様式第29号　死刑執行通知書（乙）
- 様式第30号　犯歴事項通知書
- 様式第31号　既決犯罪通知書（丙）　（省略）
- 様式第32号　戸籍事項訂正通知書（乙）
- 様式第33号　犯歴票等保管庁変更通知書
- 様式第34号　犯歴事項訂正通知書（乙）
- 様式第35号　前科照会書
- 様式第36号　削除
- 様式第37号　前科調書（甲）　（省略）
- 様式第38号　前科調書（乙）
- 様式第39号　前科調書（丙）
- 様式第40号　前科調書（丁）
- 様式第41号　身上調査照会書

- 様式第42号　とん刑者通知書（甲）
- 　　　　　　とん刑者解除通知書（甲）
- 様式第43号　とん刑者通知書（乙）
- 　　　　　　とん刑者解除通知書（乙の一）
- 様式第44号　とん刑者等カード(1)
- 様式第45号　とん刑者等カード(2)
- 様式第46号　道交とん刑者等通知書（甲）
- 様式第46号の2　外国人道交とん刑者等通知書（甲）
- 様式第47号　道交とん刑者等通知書（乙）
- 様式第47号の2　外国人道交とん刑者等通知書（乙）　（省略）
- 様式第48号　とん刑者等発見通知書
- 　　　　　　とん刑者等解除通知書（乙の二）
- 様式第49号　道交とん刑者等解除通知書（甲）
- 様式第50号　道交とん刑者等解除通知書（乙）
- 様式第51号　死亡通知書（乙）

前記のほか、別添の「データ・シート様式例」も省略しました。

様式第1号（規程第3条）

既決犯罪通知書（甲の1）

種別コード 0 1　通知番号　氏名コード　本籍コード　追番　異名コード

所轄市区町村長　殿
地方検察庁　検察事務官
下記のとおり通知する。

地方検察庁　検察事務官　殿
検察庁　検察事務官
下記のとおり通知する。

氏名（通常読み）

異名（通常読み）

本籍町字名番地

生年月日　1 大正　2 昭和　年　月　日

本籍

刑番号　併科刑等区分
01 懲役　02 禁錮　03 罰金　04 拘留　05 科料　06 不定期刑　93 死刑　94 刑の免除
07 不定期明細　91 無期懲役　92 無期禁錮　99 併科欄記載のとおり
1 併科刑　2 同時言渡し　3 回目別刑

刑名

罪名

裁判の日（元号　年　月　日）
確定の日（元号　年　月　日）
刑　区分
金額

裁判区分　1 言渡　2 略式
裁判所　支部
裁判所コード
鑑定　部分

確定事由　1 自然確定　2 上訴放棄　3 正式裁判取下げ
4 控訴取下げ　5 上告取下げ

執行猶予　年間

保護観察等区分　1 付保護観察　3 なし
2 付補導処分　9 刑の執行免除

決定通知　裁定区分　通算区分　区分　期間
1・5 確定後　2・6 刑執行了まで及びその後
3・7 執行猶予期間中　4・8 不停止
1 本刑に通ちるまで　2 各刑を通じて
3 全部　算入　年間

控訴棄却の日　上告棄却の日
（元号　年　月　日）

刑終了の日（元号　年　月　日）

公職選挙法等の適用条文（項目コード69）

未決勾留日数

公民権停止　年間

犯行時少年　歳

備考　項目コード　項目コード

取扱者印

（注意）1　通知番号欄は、地方検察庁の本庁において入力する手続をするときに記入すること。
2　元号欄は、右記により記入すること。（1：大正　2：昭和　3：平成）

（用紙　日本工業規格A4）

様式第2号（規程第3条）

既決犯罪通知書（甲の2）

積コード	通知番号	氏名コード	生年月日コード	追番	本籍コード	異名コード
0 1						

所轄市区町村長　殿　　地方検察庁　検察事務官

下記のとおり通知する。

地方検察庁　検察事務官　殿　　検察庁

下記のとおり通知する。

（通常読み）　氏名

（通常読み）　異名

本籍町字名番地

生年月日　1 大正　2 昭和　　年　月　日

本籍

罪名

略式命令の日　元号　年　月　日

確定の日　元号　年　月　日

裁判所コード　簡易裁判所

確定事由　1 自然確定　2 正式裁判取下げ

刑名　03 罰金　05 科料

区分　0

金額　万　千　百　十　円　0 0

刑終了の日　元号　年　月　日

犯行時ノ年　歳

公民権停止　4・8 執行止　1・5 確定後

区分　期間　年間

公職選挙法等の適用条文（項目コード69）

項目コード

備考　項目コード

取扱者印

(1)　(2)　(3)　(4)　(5)　(6)　(7)　(8)　(9)

（注意）　1　通知番号欄は、地方検察庁の本庁において入力する手続をするときに記入すること。
　　　　　2　元号欄は、右記により記入すること。（1：大正　2：昭和　3：平成）

（用紙　日本工業規格A4）

II 犯歴事務規程　*229*

様式第 3 号（規程第 4 条）

刑執行猶予言渡し取消通知書（甲）

様式コード	通知番号	氏名コード	生年月日コード
3 5			

所轄市区町村長　殿
地方検察庁　検察事務官
下記のとおり通知する。

年　月　日

地方検察庁　検察事務官　殿
検察事務官
下記のとおり通知する。

年　月　日

氏　名

生年月日　1 大正　2 昭和　　年　月　日

本（国）籍

執行猶予言渡しの裁判

	裁判の日		確定の日		裁判所コード
元号	年 月 日	元号	年 月 日		

罪　名

刑　名　01 懲役　02 禁錮　03 罰金

刑　期　金　額

裁判所　　　　　支部

取消しの裁判

	決定の日		確定の日		区分	猶予	執行猶予	裁判所コード
元号	年 月 日	元号	年 月 日	区分	部分	年間	

刑法第　条　第　号

取消理由

取消し原因刑

裁判所　　　　　支部

薬物使用等の罪に対する刑の一部の執行猶予に関する法律第5条第2項、刑法第27条の5第2号

付保護観察
付補導処分

公民権停止　1・5 確定後　2・6 刑終了まで及びその後

	区分	期間		留置日数		刑務所
	区分	年 月 日　年間		日		

備考

犯行時少年（犯時　　　　歳）　　年　月　日　刑執行指揮

仮釈放失効の日

（注意）
1　通知番号欄は、地方検察庁の本庁において入力する手続をするときに記入すること。
2　氏名コード及び生年月日コードは、日本人のときに記入すること。
3　元号欄は、左の区分に従い該当の数字を記入すること。（1：大正　2：昭和　3：平成）
4　刑執行猶予期間から刑の全部の執行猶予の場合は、執行猶予期間は、備考欄にその期間を記入すること。
5　生年月日欄は、外国人は西暦で記入すること。
6　事例に応じて不要の文字を消すこと。

取扱者印

（用紙　日本工業規格 A 4）

230 第2編 資料

様式第4号（規程第4条）

恩赦事項通知書（甲）

様式コード	通知番号	氏名コード	年年月日コード
2 1			

所轄市区町村長　殿　　地方検察庁　検察事務官
下記のとおり通知する。　　　　　年　月　日

地方検察庁　検察事務官　殿
検察庁
下記のとおり通知する。　　　　　年　月　日

氏　名		生年月日	大正 1　昭和 2	年　月　日

本（国）籍

裁判所　　　　　　　　支部

裁判所コード

	裁判の日	確定の日
元号	年　月　日	元号　年　月　日

罪　名

刑

区分　01 懲役　02 禁錮　03 罰金　04 拘留　05 科料
06 不定期刑（懲役）　07 不定期刑（禁錮）　08 個別減刑
92 無期禁錮　93 死刑　94 刑の免除　99 その他

区分	刑期 金額	執行猶予 年間	猶予部分	付保護観察 付補導処分

恩赦事項
1 大赦　2 特赦　3 政令特定資格復権　4 政令減刑　5 政令復権
6 政令特定資格復権　7 個別復権　8 個別特定資格復権
9 刑の執行免除

恩赦の日	政令年次	番号	短縮執行猶予期間
区分	軽減 刑期 金額	軽減 猶予部分	短縮執行猶予期間満了日

減軽刑名

備　考
年　月　日　刑終了

項目コード 9 7

取扱者印

（用紙　日本工業規格Ａ４）

（注意）　1　通知番号欄は、地方検察庁の本庁において入力する手続を経るときに記入すること。
　　　　　2　氏名コード及び生年月日コード欄は、日本人のときに記入すること。
　　　　　3　元号欄は、右記により記入すること。（1.大正　2.昭和　3.平成）
　　　　　4　生年月日欄は、外国人は西暦で記入すること。

様式第5号（規程第4条）

刑の分離決定通知書（甲）

様式コード	通知番号	氏名コード	生年月日コード
8 2			

所轄市区町村長　殿　　地方検察庁　検察事務官
下記のとおり通知する。

地方検察庁　検察事務官　殿
検察庁
下記のとおり通知する。

氏　名

本（国）籍

生年月日　　大正　1　　　　年　　月　　日
　　　　　　昭和　2

原裁判

| 裁判所コード | | 裁判所 | 支部 |

裁判の日　元号　　年　　月　　日

罪名

| 区分 | 刑　期 |
| | 金　額 |

刑　名
01 懲役　02 禁錮　03 罰金　04 拘留　05 科料
06 不定期刑（懲役）07 不定期刑（禁錮）91 無期懲役
92 無期禁錮　93 死刑　94 刑の免除

未決勾留日数　　日
法定通算日数　　日
猶予部分　　年　　月　　日

年間執行猶予
付保護観察
付補導処分

分離決定の裁判

| 裁判所コード | | 裁判所 | 支部 |

裁判の日　元号　　年　　月　　日

罪名

| 区分 | 刑　期 |
| | 金　額 |

刑　名
01 懲役　02 禁錮　03 罰金　04 拘留　05 科料
06 不定期刑（懲役）07 不定期刑（禁錮）91 無期懲役
92 無期禁錮　93 死刑　94 刑の免除

執行猶予　年間　　猶予部分　　年　　月　　日

保護観察等区分
0 な　し　1 付保護観察
2 付補導処分　9 刑の執行免除

恩赦事項

取扱者印

備　考

（注意）
1　通知番号欄は、地方検察庁の本庁において入力する手続をするときに記入すること。
2　氏名コード及び生年月日コード欄は、日本よのときに記入すること。
3　元号欄は、右記により記入すること。（1：大正　2：昭和　3：平成）
4　生年月日欄は、外国人は西暦で記入すること。

（用紙　日本工業規格Ａ４）

様式第6号（規程第4条）

刑の時効完成通知書（甲）

様式コード 2 2　通知番号　氏名コード　生年月日コード

所轄市区町村長　殿

下記のとおり通知する。

地方検察庁　検察事務官

年　月　日

地方検察庁　検察事務官　殿

検察庁　検察事務官

下記のとおり通知する。

年　月　日

氏　名

生年月日　1 大正　2 昭和　年　月　日

本（国）籍

裁判所　　　　　支部

裁判所コード

罪　名

裁判の日　元号　年　月　日

確定の日　元号　年　月　日

刑　名　01 懲役　02 禁錮（禁錮）　03 罰金　04 拘留　05 科料　06 不定期刑　07 不定期刑（短期）　91 無期懲役　92 無期禁錮　93 死刑　99 備考欄記載のとおり

区分

刑金額　期額

（偶数）　年　月　（奇数）年　月　鍬子部分　執行猶予　年間　付保護観察　付補導処分

時効完成の日　元号　年　月　日

備　考

取扱者印

（注意）　1 通知番号欄は、地方検察庁の本庁において入力かき手続きするときに記入すること。
　　　　　2 氏名コード及び生年月日コード欄は、日本人のときに記入すること。
　　　　　3 元号欄は、右記により記入すること。（1:大正　2:昭和　3:平成）
　　　　　4 生年月日欄は、外国人は西暦で記入すること。

（用紙　日本工業規格Ａ４）

様式第7号（規程第4条）

再審結果通知書（甲）

様式コード	通知番号	氏名コード	生年月日コード
8 0			

所轄市区町村長　殿　　地方検察庁　検察事務官
下記のとおり通知する。

地方検察庁　検察事務官　殿
検察庁　検察事務官
下記のとおり通知する。　　　年　月　日

氏　名

本（国）籍

生年月日　大正1　昭和2　　年　月　日

原裁判

裁判の日　年　月　日

確定の日　年　月　日

罪名

刑名　区分　刑期　金額

刑名：01 懲役　02 禁錮　03 罰金　04 拘留（禁錮）　05 科料　91 無期懲役　99 その他
06 不定期刑（懲役）　07 不定期刑　94 刑の免除
92 無期禁錮　93 死刑

裁判所　支部　裁判所コード

再審の判決

結果：1 有罪　2 無罪等（無罪、冤罪違い、免訴、公訴棄却）

罪名

刑名　区分　刑期　金額　猶予部分

刑名：01 懲役　02 禁錮　03 罰金　04 拘留（禁錮）　05 科料　91 無期懲役　備考欄に記載のとおり
06 不定期刑（懲役）　07 不定期刑　94 刑の免除　99
92 無期禁錮　93 死刑

裁判の日　年　月　日

確定の日　年　月　日

未決勾留日数　法定通算　算入

執行猶予　年間　猶予部分　月

付保護観察　付補導処分

裁判所コード　裁判所　支部

保護観察等区分　0 なし　1 付保護観察　2 付補導処分　9 刑の執行免除

備考

項目コード　9 7

取扱者印

（注意）　1　通知番号欄は、地方検察庁の本庁において入力する手続をするときに記入すること。
2　氏名コード及び生年月日コード欄は、日本人のときに記入すること。
3　元号欄は、右記による記入をすること（1：大正　2：昭和　3：平成）。
4　生年月日欄は、外国人は西暦で記入すること。

（用紙　日本工業規格A4）

様式第8号（規程第4条）

非常上告結果通知書（甲）

庁コード	通知番号	氏名コード	生年月日コード
8 1			

所轄市区町村長　殿　地方検察庁　検察事務官

下記のとおり通知する。　　　年　月　日

地方検察庁　検察事務官　殿
検察庁　検察事務官

下記のとおり通知する。　　　年　月　日

氏名　　　生年月日　1 大正　2 昭和　年　月　日

本(国)籍

原裁判

裁判所コード
裁判所　　　支部

罪名

刑名　区分　確定の日
01 懲役　02 禁錮　03 罰金　04 拘留　05 科料　06 不定期刑（懲役）07 不定期刑（禁錮）91 無期懲役　93 無期禁錮　94 刑の免除　99 その他

刑金額　期額

非常上告の裁判

結果　1 有罪　2 無罪

罪名

刑名　区分　裁判の日
01 懲役　02 禁錮　03 罰金　04 拘留　05 科料　06 不定期刑（懲役）07 不定期刑（禁錮）91 無期懲役　93 無期禁錮　94 刑の免除　99 その他　備考欄記載のとおり

刑金額　刑期

裁判所コード　0 0 1 1 1 2　最高裁判所

未決勾留日数　法定通算日数　通算人

執行猶予　猶予部分　年間

保護観察等区分　0 なし　1 付保護観察　2 付補導処分
付補導処分　9 刑の執行免除

年間執行猶予　付保護観察　付補導処分

(1)(2)(3)(4)(5)(6)(7)(8)(9)

取扱者印

備考　項目コード 9 7

（注意）1　通知番号欄は、地方検察庁の本庁において入力する手続をとるときに記入すること。
2　氏名コード及び生年月日コード欄は、日本工業規格により記入すること。
3　元号欄は、右記コードを記入すること。1：大正　2：昭和　3：平成
4　生年月日欄は、外国人は西暦で記入すること。

（用紙　日本工業規格Ａ４）

II 犯歴事務規程 235

様式第9号（規程第4条）

既決犯罪通知撤回通知書（甲）

様式コード　5　1

通　知　番　号	生年月日コード	氏　名　コード	追番	本籍コード

所轄市区町村長　殿　　地方検察庁　検察事務官

下記のとおり通知する。

　　　　　　　　　地方検察庁　検察事務所　検察事務官　殿
　　　　　　　　　検察庁

下記のとおり通知する。

氏	名					

生年月日　1 大正　2 昭和　　　　年　　月　　日

本（国）籍

裁判所　　　　　　支部

	裁判所コード

罪　名

裁　判　の　日	確　定　の　日
元号	年	月	日	元号	年	月	日

区　分

刑　名

01 悪役　02 禁錮　03 罰金　04 拘留　05 科料
06 不定期刑（懲役）07 不定期刑（禁錮）91 無期懲役
92 無期禁錮　93 死刑　94 刑の免除　99 併科・確定裁判のとおり

刑　期
年	月	日

金　額

未決	算入	日数
確定	通算	裁定	算入
年	月	日

猶予	部分
年	月	日

年間執行猶予
付保護観察
付補導処分

撤回事由

上記の者につき、上記既決犯罪通知をしたが、上
訴　　　　　　権の回復の請求がなされ、これに対する
　　正式裁判請求権

裁判所

権の回復の請求を認める裁判が、　　年　　月　　日確定したので、上記通知は撤回する。
正式裁判請求権

備　考

取扱者印

（注意）　1　通知番号欄は、地方検察庁の本庁において入力する手続をするときに記入すること。
　　　　　2　氏名コード及び生年月日コード、通番及び本籍コード欄は、日本人のときに記入すること。
　　　　　3　元号欄は、右記により記入すること（1 大正　2 昭和　3 平成）。
　　　　　4　事例に応じ該当文字を〇で囲むこと。
　　　　　5　生年月日欄は、外国人は西暦で記入すること。

（用紙　日本工業規格 A 4 ）

236　第2編　資料

様式第10号（規程第4条）

財産刑執行終了通知書（甲）

様式コード	通知番号	氏名コード	生年月日コード
2 0			

所轄市区町村長　殿

地方検察庁　検察事務官

下記のとおり通知する。

年　月　日

地方検察庁　検察事務官　殿

検察庁　検察事務官

下記のとおり通知する。

年　月　日

氏名

生年月日　1 大正　2 昭和　　年　月　日

本(国)籍

裁判所　　支部

裁判所コード

裁判の日　元号　年　月　日

確定の日　元号　年　月　日

罪名

刑名　区分　金額

03 罰金　05 科料

99 備考欄記載のとおり

万 千 百 十 円
0 0

刑執行終了の日　元号　年　月　日

刑終区分　1 刑執行終了　2 労役場留置による刑執行終了

備考

取扱者印

(注意)　1　通知番号欄は、地方検察庁の本庁において入力する手続をするときに記入すること。
　　　　2　氏名コード及び生年月日コード欄は、日本人のときに記入すること。
　　　　3　元号欄は、右記により記入すること。(1：大正　2：昭和　3：平成)
　　　　4　生年月日欄は、外国人は西暦で記入すること。

(用紙　日本工業規格 A 4)

II　犯歴事務規程　　237

様式第18号（規程第6条）

犯歴事項訂正通知書（甲）

様式コード　通知番号　氏名コード　生年月日コード　追番　本籍コード

6　1

所轄市区町村長　殿
地方検察庁　検察事務官

下記のとおり通知する。

地方検察庁　検察事務官　殿
検察庁

下記のとおり通知する。

氏　名

本（国）籍

罪　名

	裁　判　の　日	確　定　の　日	裁判所コード	区分	刑　期
					金　額

01 懲役　02 禁錮　03 罰金　04 拘留　05 科料
06 不定期刑（懲役）07 不定期刑（禁錮）91 無期懲役
92 無期禁錮　93 死刑　94 刑の免除　99 備考欄記載のとおり

生年月日　1 大正　2 昭和

裁判所　　　　支部

年　　月　　日

年　　月　　日

年　　月　　日

通知事項

処理区分	項目コード	訂正データ
処理区分	項目コード	訂正データ
処理区分	項目コード	訂正データ
処理区分	項目コード	訂正データ
処理区分	項目コード	訂正データ

未決　勾留　　　　法定　通算　　未決算入
日数　　　　　　　減軽　　　　　　　日　　日

年間執行猶予　猶予部分
付保護観察　　　日　　日
付補導処分

取扱者印

（注意）　1　通知番号欄は、地方検察庁の本庁において入力する手続をするときに記入すること。　4　半角文字入力項目は、2段目に、全角文字は3～5段目に記入すること。
　　　　　2　氏名コード、生年月日コード、追番及び本籍コード欄は、日本人のときに記入すること。　5　生年月日欄は、日本人は西暦で記入すること。
　　　　　3　元号欄は、右記により記入すること（1:大正　2:昭和　3:平成）。　　外国人は西暦で記入すること。

（用紙　日本工業規格A4）

様式第19号（規程第7条）（表）

15 cm / 21 cm

〔犯歴票〕

	1	2	3	4	5	6	7	8	9	
										国籍

ふりがな

氏名

生年月日　　年　月　日（時　歳）

本籍

出生地

異名

裁判確定・猶子取消し・刑終了等	確定事由	裁判所名	罪名	刑名・刑期・金額等	

年　月　日　宣告
年　月　日　確定期
年　月　日　刑始期
年　月　日　仮出獄
年　月　日　（仮出獄）実刑部分終了
年　月　日　一部執行猶予起算
年　月　日　刑執行終了
年　月　日　取消確定
年　月　日　裁判所
（　　支部）
年　月　日　一部取消決定
年　月　日　刑執行終了

自然確定
上訴権放棄
正式裁判取下げ
控訴取下げ
控訴棄却判決
一部執行猶予起算決定
上告取下げ
上告棄却判決
破棄自判

懲役・禁錮　年
拘留　　　月
罰金　　　日
科料　　　円
法定未決勾留日数　日通算
裁定未決勾留日数　目算入
懲役刑・禁錮刑・罰金刑
付二つき
付保護観察　年間保護観察処分
付保護観察　付補導処分
刑の免除・刑の執行免除

指紋分類番号

保管庁

検察庁警察庁

外国人登録番号

（年月登録）No.
（年月登録）No.
（年月登録）No.
（年月登録）No.

備考

刑務所出所
犯行時少年（犯歴　歳）
年間公民権停止　公民権不停止

（裏）

裁判確定・猶予取消し・刑終了等	確定事由	裁判所名	罪名	刑名・刑期・金額等	備考
宣告　年　月　日 確定　年　月　日 刑期始　年　月　日 （仮）釈放　年　月　日 （仮）出獄　年　月　日 実刑部分終了　年　月　日 一部猶予起算　年　月　日 刑執行猶予取消決定　年　月　日 裁判所　　　支部） 一部取消期始　年　月　日 刑終了　年　月　日	宣告 確定 自然確定 上訴権放棄 正式裁判取下げ 控訴取下げ 控訴棄却決定 上告取下げ 上告棄却決定 破棄自判			懲役・禁錮　年　月 拘留　　　日 罰金　　　円 科料 法定未決勾留日数　日通算　日算入 懲役刑・禁錮刑・罰金刑 　　年間この 付保護観察・付補導処分 刑の免除・刑の執行免除	刑務所出所　　歳） 犯行時少年（　　犯時） 年間公民権停止　公民権不停止
宣告　年　月　日 確定　年　月　日 刑期始　年　月　日 （仮）釈放　年　月　日 （仮）出獄　年　月　日 実刑部分終了　年　月　日 一部猶予起算　年　月　日 刑執行猶予取消決定　年　月　日 裁判所　　　支部） 一部取消期始　年　月　日 刑終了　年　月　日	宣告 確定 自然確定 上訴権放棄 正式裁判取下げ 控訴取下げ 控訴棄却決定 上告取下げ 上告棄却決定 破棄自判			懲役・禁錮　年　月 拘留　　　日 罰金　　　円 科料 法定未決勾留日数　日通算　日算入 懲役刑・禁錮刑・罰金刑 　　年間この 付保護観察・付補導処分 刑の免除・刑の執行免除	刑務所出所　　歳） 犯行時少年（　　犯時） 年間公民権停止　公民権不停止
宣告　年　月　日 確定　年　月　日 刑期始　年　月　日 （仮）釈放　年　月　日 （仮）出獄　年　月　日 実刑部分終了　年　月　日 一部猶予起算　年　月　日 刑執行猶予取消決定　年　月　日 裁判所　　　支部） 一部取消期始　年　月　日 刑終了　年　月　日	宣告 確定 自然確定 上訴権放棄 正式裁判取下げ 控訴取下げ 控訴棄却決定 上告取下げ 上告棄却決定 破棄自判			懲役・禁錮　年　月 拘留　　　日 罰金　　　円 科料 法定未決勾留日数　日通算　日算入 懲役刑・禁錮刑・罰金刑 　　年間この 付保護観察・付補導処分 刑の免除・刑の執行免除	刑務所出所　　歳） 犯行時少年（　　犯時） 年間公民権停止　公民権不停止

（注意）
1　生年月日欄の（　）内は、生年月日が不明の場合に記入すること。
2　上訴の取下げにより確定したものについては、裁判所名欄に通知庁を括弧を付して記入すること。
3　事例に応じ該当文字を○で囲むこと。

（紙質は、両面マニラとする。）

240　第2編　資料

（継続用紙）（表）

15 cm ／ 21 cm

氏　名	裁判確定・猶予取消し・刑終了等	確定事由	裁判所名	生年月日／罪　名	年　月　日／刑名・刑期・金額等	備　考／国　籍／年　月　日
	宣告　　　　年　月　日 確定　　　　年　月　日 刑期　　　　年　月　日 仮釈放　　　年　月　日 （仮　出　獄） 実刑部分終了　年　月　日 一部執行猶予起算　年　月　日 刑執行終了　年　月　日 取消権消滅　年　月　日 裁判所（　　支部） 一部取消判始　年　月　日 刑終了　　　年　月　日	宣告　確定 上訴権放棄 正式裁判取下げ 控訴取下げ 上告取下げ 上告棄却決定 上告棄却判決 破棄自判			懲役・禁錮　年　月 拘留　　　　　日 罰金　　　　　円 科料 法定未決勾留日数　日通算 裁定未決勾留日数　日通算 懲役刑・禁錮刑・罰金刑 　　　月に□金刑 付保護観察・年間嘱託 　　　年間嘱託猶予 付補導処分 刑の免除・刑の執行免除	刑務所出所（　　歳） 犯行時少年（犯時） 年間公民権停止　公民権不停止
	宣告　　　　年　月　日 確定　　　　年　月　日 刑期　　　　年　月　日 仮釈放　　　年　月　日 （仮　出　獄） 実刑部分終了　年　月　日 一部執行猶予起算　年　月　日 刑執行終了　年　月　日 取消権消滅　年　月　日 裁判所（　　支部） 一部取消判始　年　月　日 刑終了　　　年　月　日	宣告　確定 上訴権放棄 正式裁判取下げ 控訴取下げ 上告取下げ 上告棄却決定 上告棄却判決 破棄自判			懲役・禁錮　年　月 拘留　　　　　日 罰金　　　　　円 科料 法定未決勾留日数　日通算 裁定未決勾留日数　日通算 懲役刑・禁錮刑・罰金刑 　　　月に□金刑 付保護観察・年間嘱託 　　　年間嘱託猶予 付補導処分 刑の免除・刑の執行免除	刑務所出所（　　歳） 犯行時少年（犯時） 年間公民権停止　公民権不停止
	宣告　　　　年　月　日 確定　　　　年　月　日 刑期　　　　年　月　日 仮釈放　　　年　月　日 （仮　出　獄） 実刑部分終了　年　月　日 一部執行猶予起算　年　月　日 刑執行終了　年　月　日 取消権消滅　年　月　日 裁判所（　　支部） 一部取消判始　年　月　日 刑終了　　　年　月　日	宣告　確定 上訴権放棄 正式裁判取下げ 控訴取下げ 上告取下げ 上告棄却決定 上告棄却判決 破棄自判			懲役・禁錮　年　月 拘留　　　　　日 罰金　　　　　円 科料 法定未決勾留日数　日通算 裁定未決勾留日数　日通算 懲役刑・禁錮刑・罰金刑 　　　月に□金刑 付保護観察・年間嘱託 　　　年間嘱託猶予 付補導処分 刑の免除・刑の執行免除	刑務所出所（　　歳） 犯行時少年（犯時） 年間公民権停止　公民権不停止

（裏）

裁判確定・猶予取消し・刑終了等	確定事由	裁判所名	罪名	刑名・刑期・金額等	備考
宣告　　年　月　日 確定　　年　月　日 刑期 （仮出獄）始　年　月　日 累　年　月　日 放　年　月　日 実刑部分終了　年　月　日 一部執行猶予 執行猶予取消 刑取消　決定　年　月　日 確定　年　月　日 （　　支部） 裁判所　一部取消始期　年　月　日 刑終了　年　月　日	自然　確定 上訴権　放棄 正式裁判取下げ 控訴取下げ 控訴棄却判決 上告取下げ 上告棄却決定 破棄自判			懲役・禁錮　年　月　日 拘留 罰金　　　　円 科料 法定未決勾留日数　日通算　目算入 裁定 懲役刑・禁錮刑・罰金刑 年　月につき 付保護観察・付補導処分　年間執行猶予 刑の免除・刑の執行免除	刑務所出所　　歳） 犯行時少年（犯時） 年間公民権停止　公民権下停止
宣告　　年　月　日 確定　　年　月　日 刑期 （仮出獄）始　年　月　日 累　年　月　日 放　年　月　日 実刑部分終了　年　月　日 一部執行猶予 執行猶予取消 刑取消　決定　年　月　日 確定　年　月　日 （　　支部） 裁判所　一部取消始期　年　月　日 刑終了　年　月　日	自然　確定 上訴権　放棄 正式裁判取下げ 控訴取下げ 控訴棄却判決 上告取下げ 上告棄却決定 破棄自判			懲役・禁錮　年　月　日 拘留 罰金　　　　円 科料 法定未決勾留日数　日通算　目算入 裁定 懲役刑・禁錮刑・罰金刑 年　月につき 付保護観察・付補導処分　年間執行猶予 刑の免除・刑の執行免除	刑務所出所　　歳） 犯行時少年（犯時） 年間公民権停止　公民権下停止
宣告　　年　月　日 確定　　年　月　日 刑期 （仮出獄）始　年　月　日 累　年　月　日 放　年　月　日 実刑部分終了　年　月　日 一部執行猶予 執行猶予取消 刑取消　決定　年　月　日 確定　年　月　日 （　　支部） 裁判所　一部取消始期　年　月　日 刑終了　年　月　日	自然　確定 上訴権　放棄 正式裁判取下げ 控訴取下げ 控訴棄却判決 上告取下げ 上告棄却決定 破棄自判			懲役・禁錮　年　月　日 拘留 罰金　　　　円 科料 法定未決勾留日数　日通算　目算入 裁定 懲役刑・禁錮刑・罰金刑 年　月につき 付保護観察・付補導処分　年間執行猶予 刑の免除・刑の執行免除	刑務所出所　　歳） 犯行時少年（犯時） 年間公民権停止　公民権下停止

242 第2編 資料

様式第20号（規程第7条）

既 決 犯 罪 通 知 書（乙）

年　　月　　日	年　　月　　日
所轄市区町村長　殿 　　地方検察庁 　　検察事務官 下記のとおり通知する。	地方検察庁　検察事務官　殿 　　　　検察庁 　　検察事務官 下記のとおり通知する。

ふりがな		指紋分類番号				
氏　名		保管庁			検察庁 警察署	
生年月日	年　月　日（　年時　歳）	外国人 登録番号	年　月登録			
異　名			No.			
出生地		国　籍				
本　籍						

裁　　　判	確定事由	罪名	刑名・刑期・金額等
年　月　日	自然確定		懲役 禁錮　　　　年　　　月
宣告	上訴権放棄		
	正式裁判取下げ		拘留　　　　　　　　日
略式	控訴取下げ		罰金 科料　　　　　　　　円
年　月　日	控訴棄却 決定 判決		法定未決勾留日数　　　日通算 裁定未決勾留日数　　　日算入
確定	上告取下げ		懲役刑・禁錮刑・罰金刑 　　年　　月につき 　　　　　年間執行猶予
裁判所	上告棄却 決定 判決		付保護観察　付補導処分
支部	破棄自判		刑の免除・刑の執行免除

備　考	犯行時少年（犯時　　歳） 　　年間公民権停止　　公民権不停止

（注意）　1　生年月日欄の（　）内は、生年月日が不明の場合に記入すること。
　　　　　2　備考欄には、次に掲げる事項等を記入すること。
　　　　　　(1)　公職選挙法違反等の罪については、選挙権及び被選挙権の停止又は不
　　　　　　　　停止に関する事項。
　　　　　　(2)　恩赦事項があるときは、その旨。
　　　　　　(3)　通知前に既に刑の執行が終了しているときは、その旨。
　　　　　3　事例に応じ不要な文字を削ること。

取扱者印

（用紙　日本工業規格Ａ4）

II 犯歴事務規程 **243**

様式第21号（規程第8条）

刑執行猶予言渡し取消通知書（乙）

年　月　日 所轄市区町村長　殿 　　　地方検察庁 　　検察事務官 下記のとおり通知する。		年　月　日 地方検察庁　検察事務官　殿 　　　　検察庁 　　　検察事務官 下記のとおり通知する。	

ふ り が な		
氏　　　　名		
生 年 月 日	年　　月　　日（　　年時　　歳）	
本　　　　籍		

	罪　　　名	
	裁 判 所	裁 判 所
執行猶予言	裁 判 の 日	年　　月　　日
	確 定 の 日	年　　月　　日
渡しの裁判	刑名刑期等	うち　年　月につき　　年間執行猶予　付保護観察・付補導処分
	取 消 事 由	刑法第　　条　　号 薬物使用等の罪に対する一部の執行猶予に関する法律 第5条第2項，刑法第27条の5第2号

	裁 判 所	裁 判 所
取り消しの裁判	決 定 の 日	年　　月　　日
	確 定 の 日	年　　月　　日

	罪　　　名	
	裁 判 所	裁 判 所
取消原因刑	裁 判 の 日	年　　月　　日
	確 定 の 日	年　　月　　日
	刑名刑期等	うち　年　月につき　　年間執行猶予　付保護観察・付補導処分

備　　　　考	犯行時少年（犯時　　歳） 仮釈放失効の日　　　年　　月　　日

（注意）　1　更生保護法第80条第6項の規定により刑期に算入すべき留置日数があるときは，備考欄にその旨を記載すること。　　　　　　　　取扱者印
　　　　　2　生年月日欄の（　）内は，生年月日が不明の場合に記入すること。
　　　　　3　事例に応じ不要な文字を削ること。

（用紙　日本工業規格Ａ４）

244 第2編 資 料

様式第22号（規程第8条）

恩 赦 事 項 通 知 書 （乙）

年　　月　　日	年　　　月　　　日
所轄市区町村長　殿	地方検察庁　検察事務官　殿
地方検察庁	検察庁
検察事務官	検察事務官
下記のとおり通知する。	下記のとおり通知する。

ふりがな			
氏　　　名			
生年月日	年　　　　月　　　　日（　　　年時　　　歳）		
本　　　籍			
罪　　　名			
裁　判　所	裁判所 支　部	裁判所 支　部	裁判所 支　部
裁判の日	年　　月　　日	年　　月　　日	年　　月　　日
確定の日	年　　月　　日	年　　月　　日	年　　月　　日
刑　　　名 刑　　　期 金　額　等	うち　年　　月につき 年間執行猶予　付保護観察・付補導処分	うち　年　　月につき 年間執行猶予　付保護観察・付補導処分	うち　年　　月につき 年間執行猶予　付保護観察・付補導処分
恩　　　赦 事　　　項			
備　　　考			

（注意）　1　生年月日欄の（　）内は，生年月日が不明の場合に記入すること。
　　　　　2　事例に応じ不要の文字を削ること。

取扱者印

（用紙　日本工業規格Ａ4）

Ⅱ　犯歴事務規程　*245*

様式第23号（規程第8条）

刑 の 分 離 決 定 通 知 書 （乙）

<table>
<tr><td colspan="2">　　　　　　　年　　月　　日
所轄市区町村長　殿
　　　地方検察庁
　　検察事務官
下記のとおり通知する。</td><td colspan="3">　　　　　　　年　　月　　日
地方検察庁　検察事務官　殿
　・検察庁
　検察事務官
下記のとおり通知する。</td></tr>
<tr><td colspan="2">ふ　り　が　な</td><td colspan="3"></td></tr>
<tr><td colspan="2">氏　　　　　名</td><td colspan="3"></td></tr>
<tr><td colspan="2">生　年　月　日</td><td colspan="3">　　　年　　月　　日（　　年時　　歳）</td></tr>
<tr><td colspan="2">本　　　　　籍</td><td colspan="3"></td></tr>
<tr><td rowspan="8">原

裁

判</td><td>罪　　名</td><td colspan="3"></td></tr>
<tr><td>裁　判　所</td><td colspan="3">　　　　　裁判所　　　　支部</td></tr>
<tr><td>裁 判 の 日</td><td colspan="3">　　　年　　月　　日</td></tr>
<tr><td>確 定 の 日</td><td colspan="3">　　　年　　月　　日</td></tr>
<tr><td>刑　　名</td><td colspan="3"></td></tr>
<tr><td>刑　　期</td><td colspan="3"></td></tr>
<tr><td>金　額　等</td><td colspan="3">うち　　年　　月につき　　年間執行猶予　付保護観察・付補導処分</td></tr>
<tr><td rowspan="4">分離決定の裁判</td><td>決定裁判所</td><td colspan="2">　　　　　裁判所　　　　支部</td></tr>
<tr><td>決 定 の 日</td><td colspan="2">　　　年　　月　　日</td></tr>
<tr><td>確 定 の 日</td><td colspan="2">　　　年　　月　　日</td></tr>
<tr><td>決 定 主 文
要　　　旨</td><td colspan="2"></td></tr>
<tr><td colspan="2">恩　赦　事　項</td><td colspan="3"></td></tr>
<tr><td colspan="2">備　　　　　考</td><td colspan="3"></td></tr>
</table>

（注意）　1　生年月日欄の（　）内は，生年月日が不明の場合に記入すること。
　　　　　2　上訴して決定が確定した場合には，その旨備考欄に記入すること。
　　　　　3　未決勾留日数がある場合には，「原裁判」欄中の「刑名刑期金額等」の
　　　　　　欄に記載すること。
　　　　　4　事例に応じ不要の文字を削ること。

取扱者印

（用紙　日本工業規格Ａ4）

246 第2編 資料

様式第24号（規程第8条）

刑 の 時 効 完 成 通 知 書 （乙）

	年　　月　　日	年　　月　　日
	所轄市区町村長　殿 　　　地方検察庁 　　検察事務官 下記のとおり通知する。	地方検察庁　検察事務官　殿 　　　検察庁 　　検察事務官 下記のとおり通知する。

ふりがな		
氏　　　名		
生年月日	年　　　　月　　　　日（　　　年時　　　歳）	
本　　　籍		
罪　　　名		
裁　判　所	裁判所　　　　　支部	
裁判の日	年　　　　月　　　　日	
確定の日	年　　　　月　　　　日	
時効が完成 した刑名刑 期金額等	うち　　年　　月につき　　　年間執行猶予　付保護観察・付補導処分	
刑の時効 完成の日	年　　　　月　　　　日	
備　　　考		

（注意）　1　生年月日欄の（　）内は、生年月日が不明の場合に記入すること。
　　　　　2　事例に応じ不要の文字を削ること。

取扱者印	

（用紙　日本工業規格A4）

Ⅱ　犯歴事務規程　　247

様式第25号（規程第8条）

再審結果通知書（乙）

年　　月　　日 所轄市区町村長　殿 　　　　地方検察庁 　　　検察事務官 下記のとおり通知する。		年　　月　　日 地方検察庁　検察事務官　殿 　　　　検察庁 　　　検察事務官 下記のとおり通知する。	

ふ り が な		
氏　　　名		
生 年 月 日	年　　月　　日（　　年時　　歳）	
本　　　籍		

原 **裁** **判**	罪　　名	
	裁 判 所	裁判所　　　支部
	裁 判 の 日	年　　　月　　　日
	確 定 の 日	年　　　月　　　日
	刑　　名	
	刑　　期	
	金 額 等	うち　年　月につき　　年間執行猶予　付保護観察・付補導処分

再 **審** **後** **の** **判** **決**	罪　　名	
	裁 判 所	裁判所　　　支部
	裁 判 の 日	年　　　月　　　日
	確 定 の 日	年　　　月　　　日
	裁 判 主 文 要　　　旨	

備　　　考	

（注意）　1　生年月日欄の（　）内は，生年月日が不明の場合に記入すること。 　　　　2　再審後の判決の確定事由を備考欄に記入すること。 　　　　3　未決勾留日数がある場合には，「原裁判」欄中の「刑名刑期金額等」の 　　　　　　欄に記載すること。 　　　　4　事例に応じ不要の文字を削ること。	取扱者印

（用紙　日本工業規格A4）

248 第2編 資料

様式第26号（規程第8条）

<table>
<tr><td colspan="2" align="center">非 常 上 告 結 果 通 知 書 （乙）</td></tr>
<tr>
<td>
年　　月　　日
所轄市区町村長　殿
地方検察庁
検察事務官
下記のとおり通知する。
</td>
<td>
年　　月　　日
地方検察庁　検察事務官　殿
検察庁
検察事務官
下記のとおり通知する。
</td>
</tr>
</table>

ふ り が な		
氏　　　名		
生 年 月 日	年　　　月　　　日（　　　年時　　　歳）	
本　　　籍		
原裁判	罪　　　名	
	裁 判 所	裁判所　　　　　支部
	裁 判 の 日	年　　　月　　　日
	確 定 の 日	年　　　月　　　日
	刑　　　名	
	刑　　　期	
	金 額 等	うち　年　月につき　　年間執行猶予　付保護観察・付補導処分
非常上告の裁判	罪　　　名	
	裁 判 所	最 高 裁 判 所
	裁 判 の 日	年　　　月　　　日
	確 定 の 日	年　　　月　　　日
	裁判主文要　　　旨	
備　　　考		

（注意）　1　生年月日欄の（　）内は，生年月日が不明の場合に記入すること。
　　　　　2　未決勾留日数がある場合には，「原裁判」欄中の「刑名刑期金額等」の
　　　　　　欄に記載すること。
　　　　　3　事例に応じ不要の文字を削ること。

取扱者印

（用紙　日本工業規格Ａ４）

Ⅱ 犯歴事務規程 *249*

様式第27号（規程第8条）

既決犯罪通知撤回通知書（乙）

年　月　日	年　月　日
所轄市区町村長　殿 　　　　地方検察庁 　　検察事務官 下記のとおり通知する。	地方検察庁　検察事務官　殿 　　　　検察庁 　　検察事務官 下記のとおり通知する。

ふりがな	
氏　　名	
生年月日	年　　月　　日（　　年時　　歳）
本　　籍	

　　上記の者につき，下記既決犯罪通知をしたが，$\frac{上　訴　権}{正式裁判請求権}$回復請求がなされ，

これに対する　　　　　裁判所　　　の$\frac{上　訴　権}{正式裁判請求権}$の回復を認める裁判が

　　年　　月　　　日に確定したので，下記通知は撤回する。

罪　　名	
裁 判 所	裁判所　　　　　支部
裁判の日	年　　　月　　　日
確定の日	年　　　月　　　日
刑　　名 刑　　期 金 額 等	 うち　年　月につき　　年間執行猶予　付保護観察・付補導処分
備　　考	

（注意）　1　生年月日欄の（　）内は，生年月日が不明の場合に記入すること。
　　　　　2　未決勾留日数がある場合には，刑名刑期金額等欄に記載すること。
　　　　　3　事例に応じ不要の文字を削ること。

取扱者印	

（用紙　日本工業規格Ａ４）

250 第2編 資料

様式第28号（規程第8条）

財産刑執行終了通知書（乙）

年　　月　　日 所轄市区町村長　殿 　　　　地方検察庁 　　検察事務官 下記のとおり通知する。	年　　月　　日 地方検察庁　検察事務官　殿 　　　　検察庁 　　検察事務官 下記のとおり通知する。

ふ り が な	
氏　　　　名	
生 年 月 日	年　　　月　　　日（　　　年時　　　歳）
本　　　　籍	
罪　　　　名	
裁 判 所	裁判所　　　　　支部
裁 判 の 日	年　　　　月　　　　日
確 定 の 日	年　　　　月　　　　日
刑　名 金　額	罰金 科料　　　　　　　円
執　　行 終 了 の 日	年　　　　月　　　　日
備　　　　考	

（注意）　1　生年月日欄の（　）内は、生年月日が不明の場合に記入すること。
　　　　　2　労役場留置の執行により刑が終了した場合は、その旨を備考欄に
　　　　　　記入すること。
　　　　　3　事例に応じ該当文字を○で囲むこと。

　　　　　　　　　　　　　　（用紙　日本工業規格Ａ4）

取扱者印

Ⅱ 犯歴事務規程　251

様式第34号（規程第12条，第16条）

犯 歴 事 項 訂 正 通 知 書 （乙）

年　　月　　日 所轄市区町村長　殿 　　　地方検察庁 　　検察事務官 下記のとおり通知する。		年　　月　　日 地方検察庁　検察事務官　殿 　　　　検察庁 　　　検察事務官 下記のとおり通知する。
ふりがな		
氏　　　名		
生 年 月 日	年　　月　　日（　　年時　　歳）	
本　　　籍		
罪　　　名		
裁 判 所	裁判所　　　支部	
裁 判 の 日	年　　月　　日	
確 定 の 日	年　　月　　日	
刑　　名 刑　　期 金　額　等		
訂 正 事 項		
備　　　考		

（注意）　1　生年月日欄の（　）内は，生年月日が不明の場合に記入すること。
　　　　　2　未決勾留日数がある場合には，刑名刑期金額等欄に記載すること。
　　　　　3　刑名刑期金額等欄には訂正前の犯歴票等に記載されているとおりの内容を
　　　　　　記載した上，訂正することになる犯歴事項の項目に〇を付し，訂正事項欄に
　　　　　　は，訂正後，記載されるべき内容を記載すること。

取扱者印

（用紙　日本工業規格Ａ４）

様式第41号（刑訴197条，規程第14条）

（別添用紙）

身上調査照会回答書

年　月　日

検察庁

殿

（所轄市区町村長）

次の者に係る　年　月　日付け身上調査照会について、下記のとおり回答します。

氏　名				
生年月日等			年　月　日（男・女）	
本　籍	現			
	旧		年　月　日転籍	
出生地				
住　所			（　　年　月　日登録）	
死亡の日			年　月　日	
破産の有無				

戸籍簿及び住民登録の通知に基づく家族

続柄	氏　名	生年月日	住　所

備　考（戸籍筆頭者名）

第　　号	主　任 検察官	照会庁 取扱者印	市区町村 取扱者印
年　検察官			

（注意）1　回答に当たって戸籍謄本等を添付した場合には、氏名欄を除いて、同謄本等により判明している事項については、記載を要しない。
　　　　2　事例に応じ、該当文字を○で囲むこと。

用紙　日本工業規格A4

身上調査照会書

年　月　日

所轄市区町村長　殿

検察庁　　（官職氏名）

下記の者について、別添の身上調査照会回答書記載の各欄の上、各欄に記入して回答願いたく、刑事訴訟法第197条第2項によって照会します。
なお、本籍、氏名等に多少の相違があっても、同一人であると思われるときは、その旨を備考欄に記載し、その者につき各欄に記入願います。また、該当者がいないときは、その旨を備考欄に記入願います。
本籍が移動しているときは、移動先の市区町村役場へ転送願います。

記

氏　名

生年月日等　　　　年　月　日（男・女）

本　籍

戸籍筆頭者氏名

備　考

【照会検察庁の所在地】〒

【取扱者氏名】　　　（電話　　　）

用紙　日本工業規格A4

III 刑の一部の執行猶予の言渡しがあった場合の通知等関係

　平成 25 年 6 月 19 日に公布された刑法等の一部を改正する法律（平成 25 年法律第 49 号）及び薬物使用等の罪を犯した者に対する刑の一部の執行猶予に関する法律（平成 25 年法律第 50 号）の施行により，平成 28 年 6 月 1 日から，刑期の一部を実刑とするとともに，その残りの刑期の執行を猶予する刑の一部の執行猶予制度が導入されたことに伴い，検察庁，矯正施設の長又は保護観察所の長から，刑事裁判を受けた者の戸籍事務を所管する市区町村長（以下「本籍市区町村長」という。）に対する通知等関係を図示すると以下のとおりである。

① 一部執行猶予刑について，執行猶予の言渡しの取消しがなく，実刑部分の期間の執行終了後に他刑の執行がない場合

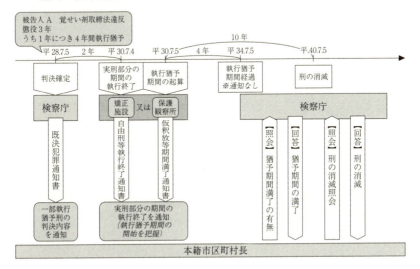

② 一部執行猶予刑について，執行猶予の言渡しの取消しがなく，実刑部分の期間の執行終了後に他刑の執行がある場合

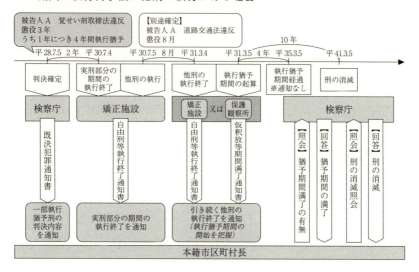

①及び②について

　刑の一部の執行猶予の言渡しがあった場合において，当該言渡しを取り消されることなくその執行猶予期間を経過した場合には，その刑は，実刑部分の期間を刑期とする懲役又は禁錮の刑に減軽され，実刑部分の期間の執行を終わった日又は刑の執行を受けることがなくなった日に，刑の執行を受け終わったこととなる（刑法27条の7）。また，刑の一部の執行猶予の言渡しがあった場合については，実刑部分の期間の執行終了の日からその執行猶予期間を起算するとされている（刑法27条の2，2項）。一方，実刑部分の期間の執行を終わり，又はその執行を受けることがなくなった時点において他刑が存在する場合には，執行猶予期間は，その他刑執行終了の日から起算することとされている（刑法27条の2，3項）。

　刑の一部の執行猶予を言い渡されて，その猶予期間を無事に経過した場合には，刑法27条の7の規定により，実刑部分の期間の執行を終わった日等

において，刑の執行を受け終わったものとされるため，実刑部分の期間の執行を終わった日等から10年が経過したときに，刑の言渡しは効力を失うこととなる。

「執行を終わった日」とは，刑法25条1項2号及び56条1項等における「執行を終わった日」と同義である（注）。「執行が終わった日」から刑の一部の執行猶予の猶予期間が起算される場合には，実刑部分の最終日の翌日から進行することとなる。

（注）
　　　昭和57年3月11日最高裁判所第一小法廷判決は，「刑法56条1項にいう「其執行ヲ終リ……タル日ヨリ5年」とは，受刑の最終日の翌日から起算して5年以内をいう。」と判示している（刑集36巻3号253頁）。

③　一部執行猶予刑について，執行猶予期間中にその執行猶予の言渡しが取り消された場合

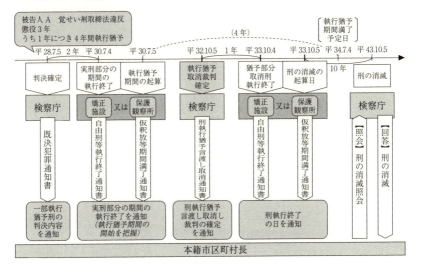

④ 一部執行猶予刑について，実刑部分の期間の執行中（終了前）にその執行猶予の言渡しが取り消された場合

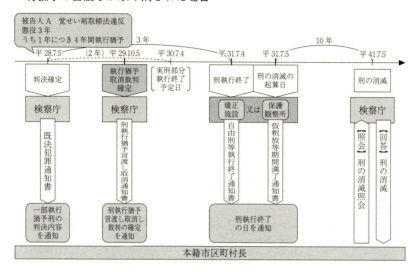

③及び④について

　刑の一部の執行猶予の言渡しが取り消された場合，言い渡された刑の刑期全部について執行を受けることとなるため，全部実刑と同じ取扱いになる。したがって，実刑部分の期間や執行を猶予された部分の期間という区別はなくなる。

Ⅳ　人の資格制限に関する法令一覧表

（五十音順）

資格制限法条	対象となる資格	①　資格を制限する刑 ②　資格制限の期間	効　果
【あ】あへん法 14条3号・7号，42条2項	けし栽培者	①　本法，麻薬及び向精神薬取締法，大麻取締法，覚せい剤取締法，国際的な協力の下に規制薬物に係る不正行為を助長する行為等の防止を図るための麻薬及び向精神薬取締法等の特例等に関する法律，刑法14章の罪による罰金以上の刑 ②　刑執行終了後3年	1　許可を与えないことがきる 2　許可を取り消すことがきる
アルコール事業法 5条1号・4号・5号，12条2号	アルコール製造事業者	①　本法，酒税法の罪による罰金の刑，禁錮以上の刑 ②　刑執行終了後3年	1　許可を受けることができない 2　許可を取り消し，又は6月以内の期間を定めて事業の停止を命ずることができる
7条1項	アルコール製造事業の承継者		地位を承継しない
あん摩マツサージ指圧師，はり師，きゅう師等に関する法律 3条3号，12条の3，1項3号	あん摩マツサージ指圧師，はり師，きゅう師	①　罰金以上の刑	1　免許を与えないことがある 2　期間を定めて業務を停止し，又は業務の全部若しくは一部を禁止することができる
3条の4，4項4号ロ，3条の17，1項	指定試験機関の役員	①　本法の罪による刑 ②　刑執行終了後2年	1　指定をしてはならない 2　指定を取り消さなければならない

258 第2編 資 料

資格制限法条	対象となる資格	① 資格を制限する刑 ② 資格制限の期間	効　果
3条の25	指定登録機関の役員		
位階令 　8条1項	有位者	① 死刑，懲役又は無期若しくは3年以上の禁錮の刑	位を失う
8条2項		① 執行猶予刑，3年未満の禁錮の刑	情状により位を失わせる
遺失物法 　17条（遺失物法施行令5条5号ロ(2)・(3))	特例施設占有者	① 禁錮以上の刑，刑法235条，243条，247条，254条，256条2項，261条，遺失物法罪による罰金の刑 ② 刑執行終了後2年	指定することができない
医師法 　4条3号，7条2項	医師	① 罰金以上の刑	1　免許を与えないことがある 2　免許の取消し又は3年以内の医業の停止の処分をすることができる
医薬品，医療機器等の品質，有効性及び安全性の確保等に関する法律 　5条3号ハ，75条1項	薬局開設者	① 禁錮以上の刑 ② 刑執行終了後3年	1　許可を与えることができる 2　許可を取り消し，又は期間を定めて業務の全部若しくは一部の停止を命ずることができる
12条の2，3号，75条1項	医薬品，医薬部外品又は化粧品の製造販売業者		
13条4項2号，75条1項	医薬品，医薬部外品又は化粧品の製造業者		
23条の2の2，3号，75条1項	医療機器又は体外診断用医薬品の製造販売業者		
23条の21，3号，75条1項	再生医療等製品の製造販売業者		

【い

IV　人の資格制限に関する法令一覧表（あ～え）　*259*

資格制限法条	対象となる 資　格	①　資格を制限する刑 ②　資格制限の期間	効　果
23条の22，4項 2号，75条1項	再生医療等製 品の製造業者		
26条4項3号， 75条1項	医薬品店舗販 売業者		
30条2項2号， 75条1項	医薬品配置販 売業者		
34条2項2号， 75条1項	医薬品卸売販 売業者		
39条3項2号， 75条1項	高度管理医療 機器等販売業 者又は貸与業 者		
40条の2，4項 2号，75条1項	医療機器の修 理業者		
40条の5，3項 2号，75条1項	再生医療等製 品の販売業者		
医療法 　46条の5，5項	医療法人の役 員（理事，監 事）	①　禁錮以上の刑，本法，医師法， 歯科医師法その他医事に関する 法令の罪による罰金以上の刑	役員になることがで きない
46条の4，2項 　3号・4号	医療法人の評 議員	②　刑執行終了後2年，禁錮以上 の刑は，刑執行終了まで	評議員になることが できない
インターネット異 性紹介事業を利用 して児童を誘引す る行為の規制等に 関する法律 　8条2号・6号， 　14条2項	インターネッ ト異性紹介事 業者	①　禁錮以上の刑又は本法，児童 福祉法60条1項，児童買春，児 童ポルノに係る行為等の規制及 び処罰並びに児童の保護等に関 する法律の罪による罰金の刑 ②　刑執行終了後5年	1　事業を行っては 　ならない 2　事業の廃止を命 　ずることができる
【う】運輸安全委員会設 置法 　8条4項2号， 　10条	運輸安全委員 会の委員長及 び委員	①　禁錮以上の刑	1　なることができ 　ない 2　罷免しなければ 　ならない
【え】液化石油ガスの保 安の確保及び取引 の適正化に関する 法律 　4条1項1号・ 　4号，26条1号	液化石油ガス 販売事業者	①　本法，高圧ガス保安法の罪に よる罰金以上の刑 ②　刑執行終了後2年	1　登録を拒否しな 　ければならない 2　登録を取り消し， 　又は期間を定めて 　事業の全部若しく 　は一部の停止を命 　ずることができる

260　第2編　資　料

資格制限法条	対象となる資格	① 資格を制限する刑 ② 資格制限の期間	効　果
10条1項	液化石油ガス販売事業の承継人		地位を承継しない
30条1号・4号 35条の3,1号	保安業務者		1　認定を受けることができない 2　認定を取り消すことができる
38条の15,1号・3号イ,38条の26,2項1号	液化石油ガス設備士試験の指定試験機関	①　本法の罪による罰金以上の刑 ②　刑執行終了後2年	1　指定を受けることができない 2　指定を取り消し,又は期間を定めて事務の全部若しくは一部の停止を命ずることができる
38条の4,3項2号	液化石油ガス設備士	①　本法,高圧ガス保安法,特定ガス消費機器の設置工事の監督に関する法律,ガス事業法40条の4の罪による罰金以上の刑 ②　刑執行終了後2年	免状の交付を行わないことができる
52条1号・3号	特定液化石油ガス器具等の適合性検査機関	①　本法の罪による罰金以上の刑 ②　刑執行終了後2年	登録を受けることができない
61条1号	国内登録検査機関		登録を取り消し,又は期間を定めて業務の全部若しくは一部の停止を命ずることができる
64条1項1号	外国登録検査機関		登録を取り消すことができる
エネルギーの使用の合理化等に関する法律 22条2号イ,32条2項2号	エネルギー管理士試験の指定試験機関	①　本法の罪による刑 ②　刑執行終了後2年	1　指定を受けることができない 2　指定を取り消し,又は期間を定めて事務の全部若しくは一部の停止を命ずることができる
36条2項	指定講習機関		

Ⅳ　人の資格制限に関する法令一覧表（え〜か）　261

資格制限法条	対象となる資格	①　資格を制限する刑 ②　資格制限の期間	効　果
40条1号・3号，49条1号	登録調査機関		1　登録を受けることができない 2　登録を取り消し，又は期間を定めて業務の全部若しくは一部の停止を命ずることができる
【お】沖縄振興開発金融公庫法 　12条の2，2項2号	役員（理事長，副理事長，理事，監事）	①　刑事事件による有罪の判決言渡し	解任することができる
卸売市場法 　17条1項2号・4号ロ，25条1項	中央卸売市場の卸売業者	①　本法の罪による罰金の刑（法人の役員は，禁錮以上の刑又は本法の罪による罰金の刑） ②　刑執行終了後3年	1　許可をしてはならない 2　許可を取り消さなければならない
21条4項	中央卸売市場の卸売業の承継人		地位を承継しない
57条1項1号・3号，65条1項	地方卸売市場の開設者	①　本法の罪による罰金以上の刑 ②　刑執行終了後2年	1　許可をしてはならない
59条，65条1項	地方卸売市場の卸売業者		2　許可を取り消さなければならない
卸売市場法施行規則 　27条1号ロ	中央卸売市場のせり人	①　禁錮以上の刑又は卸売市場法の罪による罰金の刑 ②　刑執行終了後3年	登録をしてはならない
恩給法 　9条1項2号・2項	年金恩給受給者	①　死刑，無期，3年を超える懲役・禁錮刑又は在職中の職務に関する犯罪（過失犯を除く）による禁錮以上の刑	恩給を受ける権利が消滅する
51条1項2号	公務員	①　在職中禁錮以上の刑	恩給を受ける資格を失う
58条の2	普通恩給及び増加恩給の受給者	①　3年以下の懲役又は禁錮の刑 ②　刑執行終了まで（執行猶予中を除く）	恩給を停止する
77条1項	扶助料受給者		扶助料を停止する
【か】会計検査院法 　7条	検査官	①　禁錮以上の刑	官を失う

262　第2編　資　料

資格制限法条	対象となる資格	①　資格を制限する刑 ②　資格制限の期間	効　　果
外国医師等が行う臨床修練等に係る医師法第17条等の特例等に関する法律 　3条4項2号, 　6条2項2号	外国医師, 外国歯科医師, 外国看護師等	①　罰金以上の刑に相当する外国の法令による刑	1　許可を与えないことができる 2　許可を取り消すことができる
外国弁護士による法律事務の取扱いに関する特別措置法 　8条, 14条1項2号	外国法事務弁護士	①　禁錮以上の刑	1　資格を有しない 2　承認を取り消さなければならない
外務公務員法 　7条1項	外務公務員	①　禁錮以上の刑 ②　刑執行終了まで	なることができない
会社法 　331条1項3号・4号	取締役	①　本法, 一般社団法人及び一般財団法人に関する法律, 金融商品取引法197条, 197条の2, 1号から10号の3まで, 13号から15号まで, 198条8号, 199条, 200条1号から12号の2まで, 20号, 21号, 203条3項, 205条1号から6号まで, 19号, 20号, 民事再生法255条, 256条, 258条から260条まで, 262条, 外国倒産処理手続の承認援助に関する法律65条, 66条, 68条, 69条, 会社更生法266条, 267条, 269条から271条まで, 273条, 破産法265条, 266条, 268条から272条まで, 274条の罪による刑 ①'　①に規定する法律の規定以外の法令の規定違反による禁錮以上の刑 ②　刑執行終了後2年 ②'刑執行終了まで（執行猶予を除く）	なることができない

Ⅳ　人の資格制限に関する法令一覧表（か〜　）　263

資格制限法条	対象となる資格	①　資格を制限する刑 ②　資格制限の期間	効　果
海上運送法 　5条1号・3号, 16条4号 19条の3,2 項・3項 21条2項,23条	一般旅客定期航路事業者	①　1年以上の懲役又は禁錮の刑 ②　刑執行終了後2年	1　許可をしてはならない 2　事業の停止を命じ，又は許可を取り消すことができる
	特定旅客定期航路事業者		
	旅客不定期航路事業者		
海事代理士法 　3条3号,12条 3号	海事代理士	①　禁錮以上の刑 ②　刑執行終了後2年	1　なることができない 2　登録を抹消しなければならない
海賊多発海域における日本船舶の警備に関する特別措置法 　4条3項4号 イ・ハ,6条4号	特定警備計画事業者	①　本法の罪による罰金以上の刑 ②　刑執行終了後2年	1　認定をすることができない 2　認定を取り消すことができる
海難審判法施行規則 　20条1号,27条 1号	海事補佐人	①　禁錮以上の刑	1　なることができない 2　登録を抹消しなければならない
海洋汚染等及び海上災害の防止に関する法律 　9条の7,3項 1号・3項,9 条の19,1号	船舶排出有害液体物質の事前処理基準適合の登録確認機関	①　本法の罪による罰金以上の刑 ②　刑執行終了後2年	1　登録を受けることができない 2　登録を取り消し，又は期間を定めて業務の全部若しくは一部の停止を命ずることができる
22条1号・3号, 33条1項2号	廃油処理事業者	①　本法の罪による刑 ②　刑執行終了後1年	1　許可を受けることができない 2　6月以内の期間を定めて事業の停止を命じ，又は許可を取り消すことができる

264 第2編 資料

資格制限法条	対象となる 資　格	①　資格を制限する刑 ②　資格制限の期間	効　果
化学物質の審査及び製造等の規制に関する法律 　19条1号・4号，33条1項1号	第一種特定化学物質の製造事業者	①　本法の罪による罰金以上の刑 ②　刑執行終了後2年	1　許可を与えない 2　許可を取り消し，又は期間を定めて事業の停止を命ずることができる
23条2項，33条2項	第一種特定化学物質の輸入者		1　許可を与えない 2　許可に係る第一種特定化学物質が輸入されるまでの間に限り，許可を取り消すことができる
化学兵器の禁止及び特定物質の規制等の関する法律 　5条1号・3号・5号，9条1項1号	特定物質の製造事業者	①　本法の罪による罰金以上の刑 ①′　他の法令の罪による罰金以上の刑 ②　刑執行終了後3年 ②′　刑執行終了後3年を経過しない者で，その情状が特定物質の製造をする者として不適当なもの	1　許可を受けることができない 2　許可を取り消し，又は期間を定めて製造の停止を命ずることができる
11条2項，12条1号	特定物質の使用者		1　許可をしてはならない 2　許可に係る特定物質の使用を終えていないときは，許可を取り消すことができる
核原料物質，核燃料物質及び原子炉の規制に関する法律 　5条2号・4号，10条2項1号	製錬事業者	①　本法の罪による罰金以上の刑 ②　刑執行終了後2年	1　指定を与えない 2　指定を取り消し，又は1年以内の期間を定めて事業の停止を命ずることができる
8条2項	製錬事業の承継人		地位を承継しない

Ⅳ　人の資格制限に関する法令一覧表（か～　）　265

資格制限法条	対象となる資　格	①　資格を制限する刑 ②　資格制限の期間	効　果
15条2号・4号, 20条2項1号	加工事業者		1　許可を与えない 2　許可を取り消し, 又は1年以内の期間を定めて事業の停止を命ずることができる
18条2項	加工事業の承継人		地位を承継しない
22条の3, 2項2号	核燃料取扱主任者		免状の交付を行わないことができる
25条2号・4号, 33条2項1号	試験研究用等原子炉設置者		1　許可を与えない 2　許可を取り消し, 又は1年以内の期間を定めて運転の停止を命ずることができる
25条2号・4号, 33条3項1号	外国原子力船運航者		1　許可を与えない 2　許可を取り消すことができる
31条2項	試験研究用等原子炉設置の承継人		地位を承継しない
39条3項	試験研究用等原子炉の譲受人		許可を与えない
39条3項・5項	原子力船の譲受人		1　許可を与えない 2　許可を取り消すことができる
41条2項2号	原子炉主任技術者		免状の交付を行わないことができる
43条の3の7, 2号・4号, 43条3の20, 2項1号	発電用原子炉設置者		1　許可を与えない 2　許可を取り消し, 又は1年以内の期間を定めて運転の停止を命ずることができる
43条の6, 2号・4号, 43条の16, 2項1号	使用済燃料貯蔵設備事業者		

266　第2編　資　料

資格制限法条	対象となる資格	①　資格を制限する刑 ②　資格制限の期間	効　　果
44条の3，2号・4号，46条の7，2項1号	再処理事業者		1　指定を与えない 2　指定を取り消し，又は1年以内の期間を定めて事業の停止を命ずることができる
46条の5，2項	再処理事業の承継人		地位を承継しない
51条の4，2号・4号，51条の14，2項1号	廃棄事業者		1　許可を与えない 2　許可を取り消し，又は1年以内の期間を定めて事業の停止を命ずることができる
51条の12，2項	廃棄事業の承継人		地位を承継しない
51条の19，2項	廃棄物埋設地の譲受人		許可を与えない
54条2号・4号，56条1号	核燃料物質の使用者		1　許可を与えない 2　許可を取り消し，又は1年以内の期間を定めて使用の停止を命ずることができる
61条の4，2号・4号，61条の6，1号	国際規制物資の使用者		
61条の13，2号・3号，61条の21，1号	指定情報処理機関		1　指定を与えない 2　指定を取り消し，又は1年以内の期間を定めて業務の全部若しくは一部の停止を命ずることができる
61条の23の5，2号・3号イ，61条の23の16，2号	指定保障措置検査等実施機関	①　本法の罪による刑 ②　刑執行終了後2年	

Ⅳ　人の資格制限に関する法令一覧表（か〜　）　*267*

資格制限法条	対象となる資格	①　資格を制限する刑 ②　資格制限の期間	効　　果
貸金業法 　6条1項4号・ 　5号・9号・10 　号，24条の6の 　5，1項1号	貸金業者	①　禁錮以上の刑，本法，出資の受入れ，預り金及び金利等の取締りに関する法律，旧貸金業者の自主規制の助長に関する法律若しくは暴力団員による不当な行為の防止等に関する法律の規定に違反し，又は貸付けの契約の締結若しくは当該契約に基づく債権の取立てに当たり，物価統制令12条の規定に違反し，若しくは刑法若しくは暴力行為等処罰に関する法律の罪による罰金の刑 ②　刑執行終了後5年	1　登録を拒否しなければならない 2　登録を取り消さなければならない
24条の8，5項 　2号・4号イ， 24条の19，1項	貸金業務取扱主任者資格試験の実施者	①　本法，出資の受入れ，預り金及び金利等の取締りに関する法律若しくは旧貸金業者の自主規制の助長に関する法律に違反し，又は貸付けの契約の締結若しくは当該契約に基づく債権の取立てに当たり，物価統制令12条に違反した罪による罰金以上の刑 　　法人の役員については，本法，出資の受入れ，預り金及び金利等の取締りに関する法律，旧貸金業者の自主規制の助長に関する法律若しくは暴力団員による不当な行為の防止等に関する法律の規定に違反し，又は貸付けの契約の締結若しくは当該契約に基づく債権の取立てに当たり，物価統制令12条の規定に違反し，若しくは刑法若しくは暴力行為等処罰に関する法律の罪による罰金以上の刑 ②　刑執行終了後5年	1　指定してはならない 2　指定を取り消さなければならない

268　第2編　資　料

資格制限法条	対象となる資格	① 資格を制限する刑 ② 資格制限の期間	効　果
24条の27, 1項4号・5号, 24条の30, 1号	貸金業務取扱主任者	① 禁錮以上の刑, 本法, 出資の受入れ, 預り金及び金利等の取締りに関する法律, 旧貸金業者の自主規制の助長に関する法律若しくは暴力団員による不当な行為の防止等に関する法律の規定に違反し, 又は貸付けの契約の締結若しくは当該契約に基づく債権の取立てに当たり, 物価統制令12条の規定に違反し, 若しくは刑法若しくは暴力行為等処罰に関する法律の罪による罰金の刑 ② 刑執行終了後5年	1 登録を拒否しなければならない 2 登録を取り消すことができる
24条の37, 1号・3号, 24条の46, 1号	登録講習機関	① 本法, 出資の受入れ, 預り金及び金利等の取締りに関する法律, 旧貸金業者の自主規制の助長に関する法律若しくは暴力団員による不当な行為の防止等に関する法律の規定に違反し, 又は貸付けの契約の締結若しくは当該契約に基づく債権の取立てに当たり, 物価統制令12条の規定に違反し, 若しくは刑法若しくは暴力行為等処罰に関する法律の罪による罰金以上の刑 ② 刑執行終了後2年	1 登録を拒否しなければならない 2 登録を取り消し, 又は期間を定めて事務の全部若しくは一部の停止を命ずることができる

Ⅳ 人の資格制限に関する法令一覧表（か～　）　*269*

資格制限法条	対象となる資格	① 資格を制限する刑 ② 資格制限の期間	効　果
41条の13，1項3号・4号ハ・ヘ，41条の33，1項1号	信用情報提供等業務事業者	① 本法，個人情報の保護に関する法律又はこれらに相当する外国の法令の罪による罰金の刑（これに相当する外国法令による刑を含む） 　法人の役員については，禁錮以上の刑（これに相当する外国法令による刑を含む），本法，個人情報の保護に関する法律又はこれらに相当する外国の法令の罪による罰金の刑（これに相当する外国法令による刑を含む） ② 刑執行終了後5年	1 指定することができない 2 指定若しくは承認を取り消し，6月以内の期間を定めて業務の全部若しくは一部の停止を命じ，又は役員の解任を命ずることができる
ガス事業法 32条4項2号	（甲種・乙種・丙種）ガス主任技術者	① 本法の罪による罰金以上の刑 ② 刑執行終了後2年	免状の交付を行わないことができる
36条の3，1号・3号イ，36条の13，2項2号	指定試験機関		1 指定を受けることができない 2 指定を取り消し，又は期間を定めて事務の全部若しくは一部の停止を命ずることができる
36条の17，1号・3号，36条の26，1号	登録ガス工作物検査機関		1 登録を受けることができない 2 登録を取り消し，又は期間を定めて業務の全部若しくは一部の停止を命ずることができる
家畜商法 4条2号・5号，7条1項	家畜商	① 禁錮以上の刑，本法，家畜伝染病予防法，家畜取引法の罪による罰金の刑 ② 刑執行終了後2年	1 免許を与えない 2 免許を取り消さなければならない

270 第2編 資料

資格制限法条	対象となる資格	① 資格を制限する刑 ② 資格制限の期間	効果
家畜改良増殖法 17条2項3号, 19条2項	家畜人工授精師	① 家畜伝染病予防法, 種畜法, 医薬品, 医療機器等の品質, 有効性及び安全性の確保等に関する法律, 獣医師法, 獣医療法, 家畜商法の罪による罰金以上の刑	1 免許を与えないことができる 2 免許を取り消し, 又は業務の停止を命ずることができる
家畜取引法 5条3号・4号, 18条1項	家畜市場開設者	① 禁錮以上の刑, 本法, 家畜商法, 家畜伝染病予防法の罪による罰金の刑 ② 刑執行終了後2年	1 登録をしてはならない 2 登録を取り消さなければならない
学校教育法 9条2号 133条1項 134条2項	学校の校長, 教員 専修学校の校長, 教員 各種学校の校長, 教員	① 禁錮以上の刑	なることができない
割賦販売法 15条1項7号・8号ロ, 23条1項1号	前払式割賦販売業者	① 本法の罪による罰金の刑 　法人の役員については, 禁錮以上の刑, 本法の罪による罰金の刑 ② 刑執行終了後2年	1 許可をしてはならない 2 許可を取り消さなければならない
33条の2, 1項5号・6号ロ・ハ, 34条の2, 1項1号 35条の3の26, 1項4号・5号ロ・ハ, 35条の3の32, 1項1号	包括信用購入あっせん業者 個別信用購入あっせん業者	① 本法, 貸金業法の罪による罰金の刑 　法人の役員については, 禁錮以上の刑, 本法, 貸金業法, 暴力団員による不当な行為の防止等に関する法律, 刑法, 暴力行為等処罰に関する法律の罪による罰金の刑 ② 刑執行終了後5年	1 登録を拒否しなければならない 2 登録を取り消さなければならない

Ⅳ 人の資格制限に関する法令一覧表（か〜 ） *271*

資格制限法条	対象となる資格	① 資格を制限する刑 ② 資格制限の期間	効　果
35条の3の36, 1項3号・4号 ハ・ヘ, 35条の 3の54, 1項1 号	特定信用情報 提供等業務者	① 本法, 個人情報の保護に関する法律又はこれらに相当する外国の法令の罪による罰金の刑（これに相当する外国法令による刑を含む） 　法人の役員については, 禁錮以上の刑（これに相当する外国法令による刑を含む）, 本法, 個人情報の保護に関する法律の罪又はこれらに相当する外国の法令による罰金の刑（これに相当する外国法令による刑を含む） ② 刑執行終了後5年	1　指定することができない 2　指定若しくは承認を取り消し, 6月以内の期間を定めて, 業務の全部若しくは一部の停止を命じ, 又は役員の解任を命ずることができる
35条の5, 6号・7号ロ, 35条の14, 2項2号	指定受託機関	① 本法の罪による罰金の刑 　法人の役員については, 禁錮以上の刑, 本法の罪による罰金の刑 ② 刑執行終了後3年	1　指定をしてはならない 2　指定を取り消し, 又は6月以内の期間を定めて, 事業の全部若しくは一部の停止を命ずることができる
家庭用品品質表示法 　8条2項1号・3号	家庭用品品質表示者	① 本法の罪による刑 ② 刑執行終了後2年	認可をしない
貨物自動車運送事業法 　5条1号・4号, 33条2号 35条4項・6項	一般貨物自動車運送事業者 特定貨物自動車運送事業者	① 1年以上の懲役又は禁錮の刑 ② 刑執行終了後2年	1　許可を受けることができない 2　6月以内において期間を定めて自動車その他の輸送施設の事業のための使用の停止若しくは事業の全部若しくは一部の停止を命じ, 又は許可を取り消すことができる

272 第2編 資　料

資格制限法条	対象となる資　格	①　資格を制限する刑 ②　資格制限の期間	効　果
30条3項，31条3項	一般貨物自動車運送事業の承継人		地位を承継しない
19条2項2号	運行管理者	①　本法の罪による罰金以上の刑 ②　刑執行終了後2年	運行管理者資格者証の交付を行わないことができる
47条2項2号・4号イ	運行管理者試験の指定試験機関		指定をしてはならない
貨物利用運送事業法 　6条1項1号・4号，16条3号	第一種貨物利用運送事業者	①　1年以上の懲役又は禁錮の刑 ②　刑執行終了後2年	1　登録を拒否しなければならない 2　3月以内において期間を定めて事業の全部若しくは一部の停止を命じ，又は登録を取り消すことができる
22条1号，33条2号	第二種貨物利用運送事業者		1　許可を受けることができない 2　3月以内において期間を定めて事業の全部若しくは一部の停止を命じ，又は許可を取り消すことができる
14条1項	第一種貨物利用運送事業の承継人		地位を承継しない
29条3項，30条3項	第二種貨物利用運送事業の承継人		
38条1項1号・4号，42条3号	外国人国際第一種貨物利用運送事業者	①　1年以上の懲役又は禁錮の刑（これに相当する外国の法令による刑を含む） ②　刑執行終了後2年	1　登録を拒否しなければならない 2　期間を定めて事業の全部若しくは一部の停止を命じ，又は登録を取り消すことができる

IV　人の資格制限に関する法令一覧表（か～　）　273

資格制限法条	対象となる 資　格	①　資格を制限する刑 ②　資格制限の期間	効　果
火薬類取締法 　6条2号・4号, 　44条7号	火薬類製造業 者, 販売業者	①　禁錮以上の刑 ②　刑執行終了後3年	1　許可を与えない 2　許可を取り消し, 又は期間を定めて 事業の停止を命ず ることができる
31条4項2号	火薬類製造保 安責任者, 火 薬類取扱保安 責任者	①　本法の罪による罰金以上の刑 ②　刑執行終了後2年	免状の交付を行わな いことができる
45条の3の6, 1項5号・7号, 45条の3の11, 1項9号	認定完成検査 実施者, 認定 保安検査実施 者		1　認定を受けるこ とができない 2　認定を取り消す ことができる
45条の5, 1 号・3号イ, 45 条の16, 2項1 号	火薬類製造保 安責任者試験 及び火薬類取 締保安責任者 試験の指定試 験機関		1　指定を受けるこ とができない 2　指定を取り消し, 又は期間を定めて 事務の全部若しく は一部の停止を命 ずることができる
関税法 　24条3項1号・ 　2号・3号	船舶・航空機 と陸地間の交 通被許可者	①　本法の罪による刑, 本法以外 の法令の罪による禁錮以上の刑 ②　本法の罪による刑は刑執行終 了後3年, それ以外は刑執行終 了後2年	許可をしないことが できる

274　第2編　資　料

資格制限法条	対象となる資格	① 資格を制限する刑 ② 資格制限の期間	効　果
43条2号・3号・4号・6号，48条1項2号	保税蔵置場被許可者	① 本法の罪による刑，本法以外の法令の罪による禁錮以上の刑，暴力団員による不当な行為の防止等に関する法律，刑法204条（傷害），206条（現場助勢），208条（暴行），208条の2，1項（凶器準備集合及び結集），222条（脅迫），247条（背任），暴力行為等処罰に関する法律の罪による罰金の刑	1　許可をしないことができる 2　期間を指定して外国貨物又は輸出しようとする貨物を保税蔵置場に入れることを停止させ，又は保税蔵置場の許可を取り消すことができる
61条の4	保税工場被許可者		
62条の7	保税展示場被許可者		
48条の2，3項，61条の4，62条の7	保税蔵置場被許可，保税工場被許可，保税展示場被許可の承継人	② 本法の罪による刑は刑執行終了後3年，それ以外は刑執行終了後2年	地位を承継しない
【き】義肢装具士法 　4条1号，8条1項	義肢装具士	① 罰金以上の刑	1　免許を与えないことがある 2　免許を取り消し，又は期間を定めて義肢装具士の名称の使用の停止を命ずることができる
17条4項4号イ，30条1項	指定試験機関の法人の役員	① 本法の罪による刑 ② 刑執行終了後2年	1　指定をしてはならない 2　指定を取り消さなければならない
技術士法 　3条2号・4号，36条1項1号	技術士，技術士補	① 禁錮以上の刑，本法の罪による罰金の刑 ② 刑執行終了後2年	1　なることができない 2　登録を取り消さなければならない
11条4項4号イ，24条1項 42条	指定試験機関の法人の役員 指定登録機関の法人の役員	① 本法の罪による刑 ② 刑執行終了後2年	1　指定をしてはならない 2　指定を取り消さなければならない

Ⅳ　人の資格制限に関する法令一覧表（か～き）　*275*

資格制限法条	対象となる資　格	①　資格を制限する刑 ②　資格制限の期間	効　果
気象業務法 　18条2項1号， 　21条2号	予報業務を行おうとする者	①　本法の罪による罰金以上の刑 ②　刑執行終了後2年	1　許可してはならない 2　期間を定めて業務の停止を命じ，又は許可を取り消すことができる
24条 の 6，2項 　2号・4号イ， 　24条の16，1項 　24条の33	気象予報士試験の指定試験機関 民間気象業務支援センター		1　指定をしてはならない 2　指定を取り消さなければならない
24条 の21，1号， 　24条 の25，1項 　2号	気象予報士		1　登録を受けることができない 2　登録を抹消しなければならない
32条 の 4，2項 　1号・3号，32 　条の13，1項	気象測器の検定事務を行おうとする者		1　登録をしてはならない 2　登録を取り消さなければならない
揮発油等の品質の確保等に関する法律 　6条1項1号・ 　4号，11条1項 　1号	揮発油販売業者	①　本法の罪による刑 ②　刑執行終了後2年	1　登録を拒否しなければならない 2　登録を取り消すことができる
12条 の 5，1項 　1号・4号，12 　条 の 7，1項2 　号	揮発油特定加工業者		
12条 の12，1項 　1号・4号，12 　条 の14，1項2 　号	軽油特定加工業者		
7条1項，12条 　の 8，12条の15	揮発油販売業，揮発油特定加工業，軽油特定加工業の承継人		地位を承継しない

276　第2編　資　料

資格制限法条	対象となる資格	①　資格を制限する刑 ②　資格制限の期間	効　果
17条の14，1号・3号，17条の23，1号	登録分析機関		1　登録を受けることができない 2　登録を取り消し，又は期間を定めて業務の全部若しくは一部の停止を命ずることができる
義務教育諸学校の教科用図書の無償措置に関する法律 18条1項1号ハ・二，ホ，19条1号	教科用図書発行者	①　禁錮以上の刑，本法，義務教育諸学校において使用する教科用図書の採択に関し刑法198条，233条の罪，組織的な犯罪の処罰及び犯罪収益の規制等に関する法律3条1項・2項の罪，公職にある者等のあっせん行為による利得等の処罰に関する法律4条の罪による罰金の刑 ②　刑執行終了後3年	1　指定しない 2　指定を取り消さなければならない
教育職員免許法 5条1項4号，10条1項1号	教育職員	①　禁錮以上の刑	1　免許状を授与しない 2　免許状は効力を失う
行政書士法 2条の2，4号，7条1項1号	行政書士	①　禁錮以上の刑 ②　刑執行終了後3年	1　資格を有しない 2　登録を抹消しなければならない
金属鉱業等鉱害対策特別措置法 17条1号・3号イ，28条2号	指定鉱害防止事業機関	①　本法，鉱山保安法，鉱業法の罪による罰金以上の刑 ②　刑執行終了後2年	1　指定を受けることができない 2　指定を取り消し，又は期間を定めて業務の全部若しくは一部の停止を命ずることができる
漁業法 87条2項 97条1項	海区漁業調整委員会の委員の被選挙権	①　公職選挙法3条に規定する公職にある間に犯した同法11条1項4号の罪による刑	被選挙権を有しない
	海区漁業調整委員会の委員	②　刑執行終了後5年を経過した日から5年	その職を失う

IV　人の資格制限に関する法令一覧表（き～　）　277

資格制限法条	対象となる 資　格	①　資格を制限する刑 ②　資格制限の期間	効　果
救急救命士法 　4条1号，9条 　1項	救急救命士	①　罰金以上の刑	1　免許を与えない ことがある 2　免許を取り消し， 又は期間を定めて 名称の使用の停止 を命ずることがで きる
12条4項4号イ， 23条1項 41条	指定登録機関 の役員	①　本法の罪による刑 ②　刑執行終了後2年	1　指定をしてはな らない 2　指定を取り消さ なければならない
	指定試験機関 の役員		
銀行等の株式等の 保有の制限等に関 する法律 　23条3号・4号	銀行等保有株 式取得機構の 役員（理事長， 理事，監事）	①　禁錮以上の刑，本法，銀行法， 長期信用銀行法，農林中央金庫 法，信用金庫法，金融機関の信 託業務の兼営等に関する法律の 罪による罰金の刑 ②　刑執行終了後3年	役員となることがで きない

資格制限法条	対象となる資格	① 資格を制限する刑 ② 資格制限の期間	効　果
金融商品取引法 　29条の4，1項 　1号ハ，2号ハ， 　3号，5号ホ 　(2)・(3) 　33条の5，1項 　2号 　66条の4，1 　号・2号イ・ロ 　66条の30，1項 　2号・3号	金融商品取引業者，第一種金融商品取引業者，投資運用業者 登録金融機関 金融商品仲介業者 信用格付業者及びその法人の役員	①　本法，担保付社債信託法，金融機関の信託業務の兼営等に関する法律，商品先物取引法，投資信託及び投資法人に関する法律，宅地建物取引業法，出資の受入れ，預り金及び金利等の取締りに関する法律，割賦販売法，貸金業法，特定商品等の預託等取引契約に関する法律，商品投資に係る事業の規制に関する法律，不動産特定共同事業法，資産の流動化に関する法律，金融業者の貸付業務のための社債の発行等に関する法律，信託業法その他政令で定める法律（特許法，実用新案法，意匠法，商標法，著作権法，半導体集積回路の回路配置に関する法律，金融機関等の更生手続の特例等に関する法律，種苗法，民事再生法，外国倒産処理手続の承認援助に関する法律，一般社団法人及び一般財団法人に関する法律，公益社団法人及び公益財団法人の認定等に関する法律，会社更生法，破産法，会社法）又はこれらに相当する外国の法令の罪による罰金の刑（これに相当する外国の法令による刑を含む） 　　法人の役員等については，禁錮以上の刑（これに相当する外国の法令による刑を含む） ②　刑執行終了後5年	登録を拒否しなければならない

Ⅳ　人の資格制限に関する法令一覧表（き～け）　279

資格制限法条	対象となる資格	① 資格を制限する刑 ② 資格制限の期間	効　果
59条の4，1項2号 60条の3，1項1号チ	引受業務業者 取引所取引業者	① 本法，投資信託及び投資法人に関する法律，商品先物取引法，商品投資に係る事業の規制に関する法律，貸金業法，出資の受入れ，預り金及び金利の取締りに関する法律又はこれらに相当する外国の法令の罪による罰金の刑（これに相当する外国の法令による刑を含む） ② 刑執行終了後5年	許可を拒否しなければならない
64条の2，1項1号，64条の6，1号，64条の4，2号	金融商品取引業の外務員	① 禁錮以上の刑（これに相当する外国の法令による刑を含む） ② 刑執行終了後5年	1　登録を拒否しなければならない 2　登録を抹消する 3　変更等を届け出なければならない
【く】クリーニング業法 7条の3，2項3号イ，7条の15，1項 12条	指定試験機関の役員	① 本法の罪による刑 ② 刑執行終了後2年	1　指定をしてはならない 2　指定を取り消さなければならない
	クリーニング師	① クリーニング業に関しての罪による罰金以上の刑	免許を取り消すことができる
勲章褫奪令 1条 6条	勲章を有する者 文化勲章，記章，褒章を有する者	① 死刑，懲役又は無期若しくは3年以上の禁錮の刑 　刑の執行猶予，3年未満の禁錮の場合は，情状により勲等，年金の褫奪又は外国勲章の佩用の禁止（2条1号・2号，6条）	勲等，年金は褫奪せられたるものとし，外国勲章は佩用を禁止せられたるものとする
【け】警察法 7条4項2号，9条1項	国家公安委員会の委員	① 禁錮以上の刑	1　なることができない 2　その職を失う
警察表彰規則 10条	警察勲功章，警察功労章，警察功績章を授与された者	① 禁錮以上の刑	返納させる
警備業法 3条2号・10号，8条2号	警備業者	① 禁錮以上の刑，本法の罪による罰金の刑 ② 刑執行終了後5年	1　警備業を営んではならない 2　認定を取り消すことができる

280　第2編　資　料

資格制限法条	対象となる 資　格	① 資格を制限する刑 ② 資格制限の期間	効　　果
14条1項	警備員		警備員となってはな らない
22条4項2号・ 7項1号	警備員指導教 育責任者		1　資格者証の交付 　を行わない 2　資格者証の返納 　を命ずることがで 　きる
競馬法 　23条の21，1項 　2号・3号，23 条の22，1項	地方競馬全国 協会運営委員 会の委員	①　禁錮以上の刑，本法又は日本 　中央競馬会法の罪による罰金の 　刑 ②　刑執行終了後3年	1　委員となること 　ができない 2　解任しなければ 　ならない
23条の27，1号， 23条の28，1項	地方競馬全国 協会の役員		1　役員となること 　ができない 2　解任しなければ 　ならない
競馬法施行規則 　15条2号・3号， 　17条3号 　45条6項	中央競馬の馬 主	①　禁錮以上の刑，競馬法，日本 　中央競馬会法，自転車競技法， 　小型自動車競走法，モーター 　ボート競走法の罪による罰金の 　刑	1　登録を拒否しな 　ければならない 2　登録を取り消さ 　なければならない
	地方競馬の馬 主		
22条2号・3号， 25条3号 45条6項	中央競馬の調 教師，騎手		1　免許を受けるこ 　とができない 2　免許を取り消さ 　なければならない
	地方競馬の調 教師，騎手		
計量法 　27条1号・3号， 　38条2号 　106条3項 　121条の10	指定定期検査 機関	①　本法の罪による罰金以上の刑 ②　刑執行終了後2年	1　指定を受けるこ 　とができない 2　指定を取り消し， 　又は期間を定めて 　業務の全部若しく 　は一部の停止を命 　ずることができる
	指定検定機関 特定計量証明 認定機関		
139条1号・3 号，141条2号	指定校正機関		
92条1項1号・ 3号，99条2号	指定製造事業 者		1　指定を受けるこ 　とができない 2　指定を取り消す 　ことができる

Ⅳ　人の資格制限に関する法令一覧表（け～　）　*281*

資格制限法条	対象となる資格	①　資格を制限する刑 ②　資格制限の期間	効　果
113条2号，114条	計量証明事業者	①　本法の罪による罰金以上の刑 ②　刑執行終了後1年	1　登録を受けることができない 2　登録を取り消し，又は1年以内の期間を定めて事業の停止を命ずることができる
122条3項1号	計量士		登録を受けることができない
132条2号，133条	適正計量管理事業所		1　指定を受けることができない 2　指定を取り消すことができる
競輪審判員，選手および自転車登録規則 　9条2号・3号，13条	審判員	①　禁錮以上の刑又は自転車競技法の罪による罰金の刑 ②　刑執行終了後3年	1　なることができない 2　登録を消除しなければならない
16条2号・3号，20条	選手		
言語聴覚士法 　4条1号，9条1項	言語聴覚士	①　罰金以上の刑	1　免許を与えないことがある 2　免許を取り消し，又は期間を定めて言語聴覚士の名称の使用の停止を命ずることができる
検察庁法 　20条1号	検察官	①　禁錮以上の刑	任命することができない
検察審査会法 　5条2号	検察審査員	①　1年以上の懲役又は禁錮の刑	なることができない

282 第2編 資　料

資格制限法条	対象となる資　格	①　資格を制限する刑 ②　資格制限の期間	効　　果
建設業法 　8条7号・8 号・11号・12号， 29条1項2号 17条，29条1項 2号	一般建設業者 特定建設業者	①　禁錮以上の刑，本法，建設工 事の施工若しくは建設工事に従 事する労働者の使用に関する法 令の規定でで政令で定めるもの （建築基準法，宅地造成等規制 法，都市計画法，景観法，労働 基準法，職業安定法，労働者派 遣法），暴力団員による不当な 行為の防止等に関する法律，刑 法204条，206条，208条，208条 の2，222条，247条，暴力行為 等処罰に関する法律の罪による 罰金の刑 ②　刑執行終了後5年	1　許可をしてはな らない 2　許可を取り消さ なければならない
25条の4，2号， 25条の5，1項 25号の7，3項	建設工事紛争 審査会の委員 建設工事紛争 審査会の特別 委員	①　禁錮以上の刑 ②　刑執行終了後5年	1　委員となること ができない 2　解任しなければ ならない
36条	中央建設業審 議会の委員		委員となることがで きない
37条3項	中央建設業審 議会の専門委 員		
26条の5，1 号・3号，26条 の15，1号	登録講習実施 機関	①　本法の罪による罰金以上の刑 ②　刑執行終了後2年	1　登録を受けるこ とができない 2　登録を取り消し， 又は期間を定めて 講習の全部若しく は一部の停止を命 ずることができる
27条の3，2項 2号・4号イ， 27条の14，1項	建設工事の施 工技術検定試 験の指定試験 機関	①　本法の罪による刑 ②　刑執行終了後2年	1　指定をしてはな らない 2　指定を取り消さ なければならない

Ⅳ　人の資格制限に関する法令一覧表（け〜　）　*283*

資格制限法条	対象となる資　格	①　資格を制限する刑 ②　資格制限の期間	効　　果
27条の19，5項	建設監理技術者資格者証の指定資格者証交付機関		指定を取り消さなければならない
建築基準法 68条の12，1号・3号，68条の21，1項1号	型式部材等製造者	①　建築基準法令の罪による刑 ②　刑執行終了後2年	1　認証を受けることができない 2　認証を取り消さなければならない
68条の22，2項 68条の23，1項1号	外国型式部材等製造者		
68条の15	型式部材等製造の承継人		地位を承継しない
68条の22，2項	外国型式部材等製造の承継人		
77条の3，2号・4号イ，77条の15，1項	指定建築基準適合判定資格者検定機関		1　指定を受けることができない 2　指定を取り消さなければならない
77条の19，3号・9号・10号，77条の35，1項 77条の35の3，3号・9号・10号，77条の35の19，1項	指定確認検査機関 指定構造計画適合性判定機関	①　禁錮以上の刑，建築基準法令の罪による刑 ②　刑執行終了後5年	
77条の37，3号・5号，77条の51，1項	指定認定機関	①　禁錮以上の刑，建築基準法令の罪による刑 ②　刑執行終了後2年	
77条の59，3号，77条の61，3号，77条の62，1項2項・3号	建築基準適合判定資格者	①　禁錮以上の刑，建築基準法，建築士法の罪による刑 ②　刑執行終了後5年	1　登録を受けることができない 2　登録を消除しなければならない
80条2号，80条の2，1項	建築審査会の委員	①　禁錮以上の刑 ②　刑執行終了まで	1　なることができない 2　解任しなければならない

284　第2編　資　料

資格制限法条	対象となる資　格	①　資格を制限する刑 ②　資格制限の期間	効　果
建築士法 　7条3号・4号, 　8条の2,3号, 　9条1項2号・ 　3号	一級建築士, 二級建築士, 木造建築士	①　禁錮以上の刑,本法,建築物の建築に関する罪による罰金の刑 ②　刑執行終了後5年	1　免許を与えない 2　免許を取り消さなければならない
8条1号・2号		①　禁錮以上の刑,本法,建築物の建築に関する罪による罰金の刑	免許を与えないことができる
10条 の5,2項 　2号・4号イ, 10条の16,1項	中央指定登録機関	①　本法の罪による刑 ②　刑執行終了後2年	1　指定をしてはならない 2　指定を取り消さなければならない
10条の20,3項	都道府県指定登録機関		
15条の5,1項	一級建築士試験の中央指定試験機関		
15条の6,3項	二級建築士試験,木造建築士試験の都道府県指定試験機関		
10条の23,4号・6号,10条の36,1項	構造設計一級建築士講習,設備設計一級建築士講習の登録講習機関	①　禁錮以上の刑,本法の罪による刑 ②　刑執行終了後2年	1　登録を受けることができない 2　登録を取り消さなければならない
10条の27,1項	登録講習機関の承継人		地位を承継しない
23条の4,1項2号・7号,26条1項2号	建築士事務所	①　禁錮以上の刑,本法,建築物の建築に関する罪による罰金の刑 ②　刑執行終了後5年	1　登録を拒否しなければならない 2　登録を取り消さなければならない

Ⅳ 人の資格制限に関する法令一覧表（け～こ） 285

資格制限法条	対象となる資格	① 資格を制限する刑 ② 資格制限の期間	効　果
23条の4,2項1号・3号,26条2項2号			1 登録を拒否することができる 2 戒告し,若しくは1年以内の期間を定めて事務所の閉鎖を命じ,又は登録を取り消すことができる
建築物における衛生的環境の確保に関する法律 7条2項2号	建築物環境衛生管理技術者	① 本法の罪による罰金の刑 ② 刑執行終了後2年	免状の交付を行わないことができる
7条の3,1号・3号,7条の13,1号	登録講習機関	① 本法の罪による罰金以上の刑 ② 刑執行終了後2年	1 登録を受けることができない 2 登録を取り消し,又は期間を定めて業務の全部若しくは一部の停止を命ずることができる
高圧ガス保安法 7条2項・4号,38条1項6号	高圧ガスの製造業者	① 本法の罪による罰金以上の刑 ② 刑執行終了後2年	1 許可を受けることができない 2 許可を取り消し,又は期間を定めて製造若しくは貯蔵の停止を命ずることができる
39条の6,1項4号・6号,39条の12,1項9号	認定完成検査実施者,認定保安検査実施者		1 認定を受けることができない 2 認定を取り消すことができる
49条の6,1号・3号,49条の17,2号	容器等製造業者		1 登録を受けることができない 2 登録を取り消すことができる
56条の6の3,1号・3号,56条の6の18,2号	特定設備製造業者		

【こ

286 第2編 資料

資格制限法条	対象となる資格	① 資格を制限する刑 ② 資格制限の期間	効果
50条2項，53条1号	容器検査所		1 登録を受けることができない 2 登録を取り消し，又は期間を定めて検査の停止を命ずることができる
58条の4，1号・3号イ，58条の15，2項1号	高圧ガス製造保安責任者，高圧ガス販売主任者試験の指定試験機関		1 指定を受けることができない 2 指定を取り消し，又は期間を定めて事務の全部若しくは一部の停止を命ずることができる
58条の19，1号・3号，58条の30，2号	指定完成検査機関		
58条の30の2，2項	指定輸入検査機関		
58条の30の3，2項	指定保安検査機関		
58条の31，2項	指定容器検査機関		
58条の32，2項	指定特定設備検査機関		
58条の33，2項	指定設備認定機関		
59条	検査組織等調査機関		
29条4項2号	高圧ガス製造保安責任者，高圧ガス販売主任者	① 本法，液化石油ガス法の罪による罰金以上の刑 ② 刑執行終了後2年	免状の交付を行わないことができる
工業所有権に関する手続等の特例に関する法律 18条1号・3号，30条2号	登録情報処理機関	① 特許等関係法令の罪による罰金以上の刑 ② 刑執行終了後2年	1 登録を受けることができない 2 登録を取り消し，又は期間を定めて業務の全部若しくは一部の停止を命ずることができる
39条	登録調査機関		

Ⅳ　人の資格制限に関する法令一覧表（こ～　）　*287*

資格制限法条	対象となる資　格	①　資格を制限する刑 ②　資格制限の期間	効　　果
39条の9，2項 2号，39条の11	特定登録調査機関		登録を取り消し，又は期間を定めて業務の全部若しくは一部の停止を命ずることができる
航空法 101条1項5号 ハ・ニ 123条2項	航空運送事業者	①　本法の罪による禁錮以上の刑 ②　刑執行終了後2年	許可しない
	航空機使用事業者		
114条2項，115条2項，116条3項 124条	航空運送事業の承継人		地位を承継しない
	航空機使用事業の承継人		
航空法施行規則 16条の6，3号，16条の11，2号	耐空検査員	①　禁錮以上の刑 ②　刑執行終了後2年	1　認定を申請することができない 2　認定を取り消すことができる
50条の4，1項イ・ニ，2号ロ，5号ロ	航空従事者養成施設	①　航空法の罪による罰金以上の刑 ②　刑執行終了後2年	欠格者となる
164条の9，1項ニ，2号	査察操縦士，限定査察操縦士		
171条の3	運航管理者養成施設		
62条1項4号，2項2号	指定航空身体検査医	①　罰金以上の刑（医師法7条2項により免許を取り消されたとき） ①'　罰金以上の刑（医師法7条2項により医業の停止処分を受けたとき）	1　指定の効力を失う 1'　指定を取り消すことができる

288　第2編　資料

資格制限法条	対象となる資格	①　資格を制限する刑 ②　資格制限の期間	効　　果
航空機製造事業法 2条の4，1号・3号，2条の13，2項1号	航空機等製造・修理業者	①　本法の罪による1年以上の懲役の刑 ②　刑執行終了後2年	1　許可を受けることができない 2　許可を取り消し，又は1年以内の期間を定めて事業の停止を命ずることができる
航空機製造事業法施行規則 42条2号・3号，44条1号	航空工場検査員	①　航空機製造事業法の罪による刑 ①′　禁錮以上の刑 ②　刑執行終了後2年 ②′　刑執行終了まで	1　指名を受けることができない 2　指名を取り消し，又は1年以内の期間を定めて職務の執行の停止を命ずることができる（①′②′のときに限る）
航空機工業振興法 13条2項1号・3号イ，21条1項4号	指定開発促進機関及びその法人の役員	①　本法の罪による罰金以上の刑 ②　刑執行終了後2年	1　指定をしてはならない 2　指定を取り消し，又は1年以内の期間を定めて業務の全部若しくは一部の停止を命ずることができる
公安審査委員会設置法 7条2号，8条	公安審査委員会の委員長及び委員	①　禁錮以上の刑	罷免しなければならない
公害健康被害の補償等に関する法律 116条2号，117条	公害健康被害補償不服審査会の委員	①　禁錮以上の刑	罷免しなければならない
公害等調整委員会設置法 9条2号，10条	公害等調整委員会の委員長及び委員	①　禁錮以上の刑	罷免しなければならない
公害紛争処理法 16条2項2号，5項，19条	都道府県公害審査会の委員及び公害審査委員候補者	①　禁錮以上の刑	1　なることができない 2　失職する

Ⅳ　人の資格制限に関する法令一覧表（こ〜　）　289

資格制限法条	対象となる資格	① 資格を制限する刑 ② 資格制限の期間	効　果
公共工事の前払金保証事業に関する法律 　6条1項4号・5号，22条2項2号	前払金保証事業者	① 本法の罪による罰金の刑　法人の役員については，禁錮以上の刑又は本法の罪による罰金の刑 ② 刑執行終了後5年	1 登録を拒否しなければならない 2 登録を取り消し，若しくは6月以内の期間を定めて事業の停止を命じ，又は役員の解任を命ずることができる
公証人法 　14条1号，16条	公証人	① 禁錮以上の刑 ② 2年以下の禁錮については刑執行終了まで	1 任ぜられることができない 2 職を失う
公職選挙法 　11条1項2号・3号・4号・5号，11条2項，252条	衆議院議員，参議院議員，地方公共団体の議会の議員及び長の選挙権，被選挙権	① 禁錮以上の刑（執行猶予を除く），公職にある間に犯した刑法197条から197条の4までの罪，公職にある者等のあっせん行為による利得等の処罰に関する法律1条の罪による刑，法律で定めるところにより行われる選挙，投票，国民審査に関する罪による禁錮以上の刑に処せられ執行猶予中 ② 禁錮以上の刑については，その執行を終わるまで又は執行を受けることがなくなるまで，公職にある間に犯した刑法197条から197条の4までの罪，公職にある者等のあっせん行為による利得等の処罰に関する法律1条の罪による刑については，刑執行終了後5年又は執行猶予中，本法の選挙に関する犯罪による刑については，公民権停止期間	選挙権，被選挙権を有しない
99条	当選人		当選を失う
137条の3	選挙運動者	① 本法252条又は政治資金規正法28条に定める罪による刑 ② 本法252条の公民権停止期間	選挙運動をすることができない

290 第2編 資料

資格制限法条	対象となる資格	① 資格を制限する刑 ② 資格制限の期間	効　果
更生保護事業法 21条3号・4号	更生保護法人の役員	① 本法の罪による刑又は禁錮以上の刑 ② 刑執行終了後5年	なることができない
公認会計士法 　4条2号・3号， 21条1項3号 16条の2，1項・5項1号	公認会計士 外国公認会計士	① 本法，金融商品取引法197条から198条まで，投資信託及び投資法人に関する法律233条1項，保険業法328条1項，資産の流動化に関する法律308条1項，会社法967条1項の罪による禁錮以上の刑 ①' 禁錮以上の刑 ② 刑執行終了後5年 ②' 刑執行終了後3年	1　なることができない 2　登録を抹消しなければならない
港湾運送事業法 　6条2項1号・2号4号・5号，22条3号 18条6項	港湾運送事業者 港湾運送事業の承継人	① 禁錮以上の刑，本法，港湾運送事業に従事する労働者の使用に関する法令の規定で政令で定めるもの（港湾労働法10条1項，労働基準法5条，6条，職業安定法44条，労働者派遣法4条1項），暴力団員による不当な行為の防止等に関する法律の罪による罰金の刑 ② 刑執行終了後5年	1　許可をしない 2　3月以内において期間を定めて事業の停止を命じ，又は許可を取り消すことができる 地位を承継しない

IV 人の資格制限に関する法令一覧表（こ～ ） 291

資格制限法条	対象となる資格	① 資格を制限する刑 ② 資格制限の期間	効　果
港湾労働法 　13条1号・2 　号・5号・6号， 　21条1項1号	港湾労働者派遣事業者	① 禁錮以上の刑，本法，労働者派遣法その他労働に関する法律の規定で政令で定めるもの（労働基準法117条，118条1項，119条，120条，121条，職業安定法63条，64条，65条，66条，67条，最低賃金法40条，42条，建設労働者の雇用の改善等に関する法律49条，50条，51条，52条，賃金の支払の確保等に関する法律18条，20条，中小企業における労働力の確保及び良好な雇用の機会の創出のための雇用管理の改善の促進に関する法律19条，20条，21条，22条，育児休業，介護休業等育児又は家族介護を行う労働者の福祉に関する法律62条，63条，64条，65条，林業労働力の確保の促進に関する法律32条，33条，34条，35条，労働者派遣法44条4項の規定により適用される労働基準法118条，119条及び121条の規定並びに労働者派遣法45条7項の規定により適用される労働安全衛生法119条，122条），港湾運送事業法，暴力団員による不当な行為の防止等に関する法律，刑法204条，206条，208条，208条の2，222条，247条，暴力行為等処罰に関する法律，健康保険法208条，213条の2，214条1項，船員保険法156条，159条，160条1項，労働者災害補償保険法51条前段，54条1項，厚生年金保険法102条，103条の2，104条1項，労働保険の保険料の徴収等に関する法律46条前段，48	1 許可を受けることができない 2 許可を取り消すことができる

292　第2編　資　料

資格制限法条	対象となる資格	① 資格を制限する刑 ② 資格制限の期間	効　果
28条2項3号イ, 37条2項	港湾労働者雇用安定センターの役員	条1項, 雇用保険法83条, 86条の罪による罰金の刑 ② 刑執行終了後5年 ① 禁錮以上の刑, 本法の罪による罰金の刑 ② 刑執行終了後5年	1　指定をしてはならない 2　役員を解任すべきことを命ずることができる
国家公務員法 　5条3項2号, 　8条1項1号	人事官	① 禁錮以上の刑又は本法4章の罪による刑	1　なることができない 2　罷免される
38条2号, 43条, 76条	一般職の国家公務員	① 禁錮以上の刑 ② 刑執行終了まで	1　官職に就く能力を有しない 2　受験することができない 3　失職する
国家公務員共済組合法 　97条1項	組合員, 組合員であった者	① 禁錮以上の刑	退職年金又は公務障害年金の全部又は一部を支給しないことができる
97条2項	公務遺族年金の受給権者		公務遺族年金の一部を支給しないことができる
国家公務員退職手当法 　14条1項1号	退職した国家公務員	① 刑事事件（当該退職後に起訴された場合にあっては基礎在職期間中の行為に係る刑事事件に限る）に関し当該退職後に禁錮以上の刑	退職手当等の全部又は一部の支給をしない処分をすることができる
15条1項1号	退職し退職手当等の支給を受けた国家公務員	① 基礎在職期間中の行為に係る刑事事件に関し禁錮以上の刑	全部又は一部の返納を命ずる処分をすることができる
国会職員法 　2条2号, 10条	国会職員	① 懲役又は禁錮の刑 ② 刑執行終了まで	1　官職に就く能力を有しない 2　失職する
国土利用計画法 　39条5項2号, 　6項	土地利用審査会の委員	① 禁錮以上の刑 ② 刑執行終了まで	1　なることができない 2　解任しなければならない

Ⅳ　人の資格制限に関する法令一覧表（こ～　）　293

資格制限法条	対象となる資格	①　資格を制限する刑 ②　資格制限の期間	効　果
小型自動車競走法 　27条1項5号 　ロ・ハ 　42条1項5号 　イ・ロ	小型自動車競走振興法人の役員 競走実施法人の役員	①　禁錮以上の刑，本法の罪による罰金の刑 ②　刑執行終了後3年	小型自動車競走振興法人として指定することができない 競走実施法人として指定することができない
小型自動車競走審判員，選手および小型自動車登録規則 　9条2号・3号， 　13条，16条2 　号・3号，20条	審判員，選手	①　禁錮以上の刑，小型自動車競走法の罪による罰金の刑 ②　刑執行終了後3年	1　なることができない 2　登録を消除しなければならない
小型船造船業法 　7条1項1号・ 　4号，17条1項 　2号	小型船造船業者	①　本法の罪による刑 ②　刑執行終了後1年	1　登録を拒否しなければならない 2　6月以内の期間を定めて事業の停止を命じ，又は登録を取り消すことができる
小売商業調整特別措置法 　5条3号・4号	小売市場開設者	①　本法の罪による刑 ②　刑執行終了後5年	許可をしてはならない
国際観光ホテル整備法 　6条1項3号・ 　6号，16条1項 　1号	ホテル営業者	①　本法の罪による罰金以上の刑 ②　刑執行終了後1年	1　登録を拒否しなければならない 2　登録を取り消さなければならない
20条2項1号・ 　3号，30条1項	登録実施機関	①　本法の罪による罰金以上の刑 ②　刑執行終了後2年	1　登録をしてはならない 2　登録を取り消さなければならない
古物営業法 　4条2号・8号， 　6条2号	古物商，古物市場主	①　禁錮以上の刑，本法31条，刑法247条，254条，256条2項の罪による罰金の刑 ②　刑執行終了後5年	1　許可をしてはならない 2　許可を取り消すことができる

294　第2編　資料

資格制限法条	対象となる資格	①　資格を制限する刑 ②　資格制限の期間	効　果
【さ】債権管理回収業に関する特別措置法 　5条3号・7号ハ・ニ・ホ，24条1項1号	債権管理回収業者	①　株式会社については，本法，弁護士法又はこれらに相当する外国の法令の規定による罰金の刑（これに相当する外国の法令による刑を含む），取締役については，禁錮以上の刑（これに相当する外国の法令による刑を含む），本法，弁護士法又はこ	1　許可をしてはならない 2　許可を取り消し，又は6月以内の期間を定めて業務の全部若しくは一部の停止を命ずることができる
8条3項，9条	債権管理回収業の承継人	れらに相当する外国の法令の規定による罰金の刑（これに相当する外国の法令による刑を含む），債権の管理又は回収に関し，刑法，暴力行為等処罰に関する法律，貸金業法，暴力団員による不当な行為の防止等に関する法律又はこれらに相当する外国の法令による罰金の刑（これに相当する外国の法令による刑を含む） ②　刑執行終了後5年	地位を承継しない
裁判員の参加する刑事裁判に関する法律 　14条2号	裁判員	①　禁錮以上の刑	なることができない
裁判所法 　46条1号	裁判官	①　禁錮以上の刑	任命することができない
裁判外紛争解決手続の利用の促進に関する法律 　7条4号・5号・9号・10号，23条1項1号	民間紛争解決手続業者	①　禁錮以上の刑，本法，弁護士法の罪による罰金の刑 ②　刑執行終了後5年	1　認証を受けることができない 2　認証を取り消さなければならない
裁判所職員臨時措置法 　1号	裁判所職員（裁判官及び裁判官の秘書官を除く）	①　禁錮以上の刑 ②　刑執行終了まで	1官職に就く能力を有しない 2　受験することができない 3　失職する

Ⅳ　人の資格制限に関する法令一覧表（さ〜し）　*295*

資格制限法条	対象となる 資　　格	①　資格を制限する刑 ②　資格制限の期間	効　　果
採石法 　32条の4，1項 　1号・5号，32 　条の10，1項1 　号	採石業者	①　本法の罪による罰金以上の刑 ②　刑執行終了後2年	1　登録を拒否しな ければならない 2　登録を取り消し， 又は6箇月以内の 期間を定めて事業 の全部若しくは一 部の停止を命ずる ことができる
32条の6，1項	採石業の承継 人		地位を承継しない
作業環境測定法 　6条3号，12条 　1項	作業環境測定 士	①　本法，労働安全衛生法の罪に よる罰金以上の刑 ②　刑執行終了後2年	1　なることができ ない 2　登録を取り消さ なければならない
21条2項5号イ， 　30条1項3号 　32条の2，4項	指定試験機関 の役員 指定登録機関 の役員		1　指定をしてはな らない 2　指定を取り消し， 又は期間を定めて 業務の全部若しく は一部の停止を命 ずることができる
参与員規則 　2条1号	参与員	①　禁錮以上の刑	選任することができ ない
【し　自衛隊法 　38条1項2号， 　2項	自衛隊員	①　禁錮以上の刑 ②　刑執行終了まで	1　なることができ ない 2　失職する
自衛隊法施行令 　4条	防衛功労章， 部隊功績貢献 章受章者	①　禁錮以上の刑	返納させることがで きる
120条の4，120 　条の9，3号	自衛隊貸費学 生	①　禁錮以上の刑 ②　刑執行終了まで	1　なることができ ない 2　学資金の貸与を 廃止する
自衛隊法施行規則 　9条	精勤章授与者	①　禁錮以上の刑	返納させることがで きる

296　第2編　資　料

資格制限法条	対象となる資格	①　資格を制限する刑 ②　資格制限の期間	効　果
塩事業法 　7条1項1号・ 　4号, 13条1項 　2号	塩製造業者	①　本法の罪による罰金以上の刑 ②　刑執行終了後2年	1　登録を拒否しな 　ければならない 2　登録を取り消し, 　又は1月以内の期 　間を定めて事業の 　停止を命ずること 　ができる
17条	塩特定販売業者		
20条	塩卸売業者		
8条1項	塩製造業の承継人		地位を承継しない
17条	塩特定販売業の承継人		
20条	塩卸売業の承継人		
歯科医師法 　4条3号, 7条 　2項	歯科医師	①　罰金以上の刑	1　免許を与えない 　ことがある 2　免許の取消し又 　は3年以内の歯科 　医業の停止の処分 　をすることができ 　る
歯科衛生士法 　4条1号, 8条 　1項	歯科衛生士	①　罰金以上の刑	1　免許を与えない 　ことがある 2　免許を取り消し, 　又は期間を定めて 　業務の停止を命ず 　ることができる
8条の2, 4項 　4号イ, 8条の 　13, 1項 　12条の8	指定登録機関の役員	①　本法の罪による刑 ②　刑執行終了後2年	1　指定をしてはな 　らない 2　指定を取り消さ 　なければならない
	指定試験機関の役員		

Ⅳ　人の資格制限に関する法令一覧表（し～　）　*297*

資格制限法条	対象となる資　格	①　資格を制限する刑 ②　資格制限の期間	効　果
資金決済に関する法律 　10条1項8号・ 　9号ハ・ニ, 27 　条1項1号	第三者型前払式支払手段の発行業者	①　禁錮以上の刑（これに相当する外国の法令による刑を含む），本法又はこの法律に相当する外国の法令の規定による罰金の刑（これに相当する外国の法令による刑を含む） ②　刑執行終了後3年	1　登録を拒否しなければならない 2　登録を取り消し，又は6月以内の期間を定めて業務の全部若しくは一部の停止を命ずることができる
40条1項8号・ 　10号ハ・ニ, 56 　条1項1号	資金移動業者	①　禁錮以上の刑（これに相当する外国の法令による刑を含む），本法，銀行法，出資の受入れ，預り金及び金利等の取締りに関する法律，暴力団員による不当な行為の防止等に関する法律，又はこれらに相当する外国の法令の規定による罰金の刑（これに相当する外国の法令による刑を含む） ②　刑執行終了後5年	
66条2項3号・ 　4号ハ・ニ, 82 　条1項	資金清算業者		1　免許を与えてはならない 2　免許を取り消すことができる
99条1項3号・ 　4号　ハ・ホ, 　100条1項1号	指定紛争解決機関	①　禁錮以上の刑（これに相当する外国の法令による刑を含む），本法，銀行法等，弁護士法又はこれらに相当する外国の法令の規定による罰金の刑（これに相当する外国の法令による刑を含む） ②　刑執行終了後5年	1　指定することができない 2　指定を取り消し，又は6月以内の期間を定めて業務の全部若しくは一部の停止を命ずることができる
死体解剖保存法 　3条3号	死体解剖者	①　罰金以上の刑	認定を取り消すことができる
質屋営業法 　3条1項1号・ 　9号, 25条1項 　1・号2号	質屋	①　禁錮以上の刑 ②　刑執行終了後3年	1　許可をしてはならない 2　許可を取り消し，又は1年以内の期間を定めて営業の停止を命ずることができる
自転車競技法 　23条1項5号 　ロ・ハ	競輪振興法人の役員	①　禁錮以上の刑，本法の罪による罰金の刑 ②　刑執行終了後3年	指定することができない

298 第2編 資料

資格制限法条	対象となる資格	① 資格を制限する刑 ② 資格制限の期間	効果
38条1項5号 イ・ロ	競技実施法人の役員		
自動車ターミナル法 　5条1号・3号・4号, 14条2号 12条3項	自動車ターミナル事業者	① 1年以上の懲役又は禁錮の刑 ② 刑執行終了後2年	1 許可を受けることができない 2 許可を取り消すことができる
	自動車ターミナル事業の承継人		地位を承継しない
自動車登録番号標交付代行者規則 　3条4号イ・ハ・ニ	自動車登録番号標交付代行者	① 1年以上の懲役又は禁錮の刑 ② 刑執行終了後2年	指定をすることができない
私的独占の禁止及び公正取引の確保に関する法律 　31条3号・4号, 32条	公正取引委員会の委員長及び委員	① 禁錮以上の刑, 本法の罪による刑	罷免しなければならない
私立学校法 　38条8項 　64条5項	学校法人の役員 私立専修学校, 私立各種学校法人の役員	① 禁錮以上の刑	なることができない
視能訓練士法 　4条1号, 8条1項	視能訓練士	① 罰金以上の刑	1 免許を与えないことがある 2 免許を取り消し, 又は期間を定めて視能訓練士の名称の使用の停止を命ずることができる
司法書士法 　5条1号, 15条1項4号	司法書士	① 禁錮以上の刑 ② 刑執行終了後3年	1 資格を有しない 2 登録を取り消さなければならない

IV 人の資格制限に関する法令一覧表（し～ ） 299

資格制限法条	対象となる資格	① 資格を制限する刑 ② 資格制限の期間	効 果
社会福祉士及び介護福祉士法 　3条2号・3号, 　32条1項1号, 　42条2項	社会福祉士, 介護福祉士	① 禁錮以上の刑, 本法その他社会福祉又は保健医療に関する法律の規定であって政令で定めるもの（児童福祉法, 身体障害者福祉法, 精神保健及び精神障害者福祉に関する法律, 生活保護法, 社会福祉法, 児童扶養手当法, 老人福祉法, 特別児童扶養手当等の支給に関する法律, 児童手当法, 介護保険法, 障害者の日常生活及び社会生活を総合的に支援するための法律, 就学前の子どもに関する教育, 保育等の総合的な提供の推進に関する法律, 平成二十二年度等における子ども手当の支給に関する法律, 平成二十三年度における子ども手当の支給等に関する特別措置法, 子ども・子育て支援法, 国家戦略特別区域法, 医師法, 歯科医師法, 保健師助産師看護師法, 医療法, 医薬品, 医療機器等の品質, 有効性及び安全性の確保等に関する法律, 薬剤師法, 再生医療等の安全性の確保等に関する法律）の罪による罰金の刑 ② 刑執行終了後2年	1　なることができない 2　登録を取り消さなければならない
10条4項4号イ, 22条1項	社会福祉士試験の指定試験機関の役員	① 本法の罪による刑 ② 刑執行終了後2年	1　指定をしてはならない 2　指定を取り消さなければならない
37条	社会福祉士の指定登録機関の役員		
41条3項	介護福祉士試験の指定試験機関の役員		

資格制限法条	対象となる 資　格	①　資格を制限する刑 ②　資格制限の期間	効　　　果
43条3項	介護福祉士の 指定登録機関 の役員		
48条の4，1 号・2号・4号， 48条の7，1号	喀痰吸引等業 務者	①　禁錮以上の刑，本法その他社会福祉又は保健医療に関する法律の規定であって政令で定めるもの（児童福祉法，医師法，歯科医師法，保健師助産師看護師法，医療法，身体障害者福祉法，精神保健及び精神障害者福祉に関する法律，生活保護法，社会福祉法，医薬品，医療機器等の品質，有効性及び安全性の確保等に関する法律，薬剤師法，児童扶養手当法，老人福祉法，特別児童扶養手当等の支給に関する法律，児童手当法，介護保険法，障害者の日常生活及び社会生活を総合的に支援するための法律，就学前の子どもに関する教育，保育等の総合的な提供の推進に関する法律，平成二十二年度等における子ども手当の支給に関する法律，平成二十三年度における子ども手当の支給等に関する特別措置法，子ども・子育て支援法，再生医療等の安全性の確保等に関する法律，国家戦略特別区域法）の罪による罰金の刑 ②　刑執行終了後2年	1　登録を受けることができない 2　登録を取り消し，又は期間を定めて業務の停止を命ずることができる
社会福祉法 36条4項2号・ 3号	社会福祉法人 の役員	①　禁錮以上の刑，生活保護法，児童福祉法，老人福祉法，身体障害者福祉法，本法の罪による刑 ②　刑執行終了まで	なることができない

Ⅳ　人の資格制限に関する法令一覧表（し～　）　*301*

資格制限法条	対象となる資格	①　資格を制限する刑 ②　資格制限の期間	効　果
社会保険労務士法 　5条5号・6号， 　14条の10，1項 　4号	社会保険労務士	①　本法又は労働社会保険諸法令の罪による罰金以上の刑，他の法令の罪による禁錮以上の刑 ②　刑執行終了後3年	1　資格を有しない 2　登録を抹消しなければならない
社会保険審査官及び社会保険審査会法 　24条2号，25条	社会保険審査会の委員長及び委員	①　禁錮以上の刑	罷免しなければならない
砂利採取法 　6条1項1号・ 　5号，12条1項 　1号	砂利採取業者	①　本法の罪による罰金以上の刑 ②　刑執行終了後2年	1　登録を拒否しなければならない 2　登録を取り消し，又は6月以内の期間を定めて事業の全部若しくは一部の停止を命ずることができる
8条1項	砂利採取業の承継人		地位を承継しない
酒税法 　10条7号・7号の2・8号，12条2号，13条，14条2号 　19条2項	酒類製造者，酒母等製造者，酒類販売業者	①　禁錮以上の刑，国税，地方税に関する法令，酒税の保全及び酒類業組合等に関する法律，アルコール事業法，未成年者飲酒禁止法，風俗営業等の規制及び業務の適正化等に関する法律，暴力団員による不当な行為の防止等に関する法律，刑法204条，206条，208条，208条の2，222条，247条，暴力行為等処罰に関する法律の罪による罰金の刑 ②　刑執行終了後3年	1　免許を与えないことができる 2　免許を取り消すことができる
	酒類製造者，酒母等製造者，酒類販売業者の相続人		免許を受けた者とみなされない
宗教法人法 　22条3号	宗教法人の代表役員，責任役員，代務者，仮代表役員，仮責任役員	①　禁錮以上の刑 ②　刑執行終了まで	なることができない
49条4項	宗教法人の清算人		

302 第2編 資料

資格制限法条	対象となる 資　格	①　資格を制限する刑 ②　資格制限の期間	効　　果
獣医師法 　5条1項3号, 　8条2項3号	獣医師	①　罰金以上の刑	1　免許を与えない 　ことがある 2　免許を取り消し, 　又は期間を定めて 　業務の停止を命ず 　ることができる
銃砲刀剣類所持等 取締法 　5条1項12号・ 　13号・14号, 11 　条1項2号	銃砲又は刀剣 類の所持者	①　禁錮以上の刑, 本法, 火薬類 　取締法の罪による罰金刑, 人の 　生命又は身体を害する罪, 銃砲, 　刀剣類, 準空気銃, 刃物を使用 　しての凶悪な罪による罰金刑	1　許可をしてはな 　らない 2　許可を取り消す 　ことができる
5条の4, 1項	猟銃の操作・ 射撃の技能検 定	②　刑執行終了後5年	受けることができな い
出入国管理及び難 民認定法 　5条1項4号・ 　5号	外国人の本邦 上陸者	①　日本国又は日本国以外の国の 　法令に違反して1年以上の懲役 　若しくは禁錮又はこれらに相当 　する刑（政治犯罪による刑を除 　く）, 麻薬, 大麻, あへん, 覚 　醒剤, 向精神薬の取締りに関す 　る日本国又は日本国以外の国の 　法令の罪による刑	上陸することができ ない

Ⅳ　人の資格制限に関する法令一覧表（し～　）　303

資格制限法条	対象となる資格	① 資格を制限する刑 ② 資格制限の期間	効　果
24条4号ニ・ホ・ヘ・ト・チ・リ	在留外国人	① 旅券法23条1項から3項までの罪による刑，本法74条から74条の6の3まで又は74条の8の罪による刑，本法73条の罪による禁錮以上の刑，少年法に規定する少年で昭和26年11月1日以後に長期3年を超える懲役又は禁錮の刑，昭和26年11月1日以後に麻薬及び向精神薬取締法，大麻取締法，あへん法，覚せい剤取締法，国際的な協力の下に規制薬物に係る不正行為を助長する行為等の防止を図るための麻薬及び向精神薬取締法等の特例等に関する法律，刑法2編14章の罪による有罪の判決，これらのほか無期又は1年を超える懲役若しくは禁錮の刑（執行猶予を除く）	本邦からの退去を強制することができる
浄化槽法 24条1項1号・7号，32条2項2号	浄化槽工事業者	① 本法の罪による罰金以上の刑 ② 刑執行終了後2年	1　登録を拒否しなければならない 2　登録を取り消し，又は6月以内の期間を定めて事業の全部若しくは一部の停止を命ずることができる
42条2項2号 45条2項2号	浄化槽設備士 浄化槽管理士		免状の交付を行わないことができる
43条の2，3項4号イ，43条の12，1項 43条の18，3項4号，43条の25，1項 46条の2	浄化槽工事士試験の指定試験機関の役員 浄化槽設備の指定講習機関の役員 浄化槽管理士試験の指定試験機関の役員	① 本法の罪による刑 ② 刑執行終了後2年	1　指定をしてはならない 2　指定を取り消さなければならない

304　第2編　資料

資格制限法条	対象となる資格	① 資格を制限する刑 ② 資格制限の期間	効　果
46条の2	浄化槽保守点検の指定講習機関の役員		
36条2号イ・ヘ・リ・ヌ,41条2項3号	浄化槽清掃業者	① 本法,廃棄物の処理及び清掃に関する法律7条1項,6項,7条の2,1項,16条,7条の3の罪による罰金以上の刑 ② 刑執行終了後2年	1 許可をしてはならない 2 許可を取り消し,又は6月以内の期間を定めて事業の全部若しくは一部の停止を命ずることができる
商工会議所法 　15条2項3号	商工会議所の会員	① 禁錮以上の刑 ② 刑執行終了まで	資格を有しない
35条8項3号	商工会議所の役員(会頭,副会頭,専務理事,常議員,監事,理事)	① 禁錮以上の刑 ② 刑執行終了後5年	役員となることができない
41条6項	商工会議所の議員,議員の職務を行う者		議員,議員の職務を行う者になることができない
72条	日本商工会議所の役員(会頭,副会頭,専務理事,常務理事,理事,常議員,監事)		役員となることができない
商工会法 　32条2項2号	商工会の役員(会長,副会長,理事,監事)	① 禁錮以上の刑 ② 刑執行終了後5年	役員になることができない
58条2項	都道府県連合会の役員		

Ⅳ 人の資格制限に関する法令一覧表（し～　）　305

資格制限法条	対象となる資格	① 資格を制限する刑 ② 資格制限の期間	効　果
使用済小型電子機器等の再資源化の促進に関する法律 10条3項4号ロ・ニ・ホ	再資源化事業者	① 本法の罪による罰金の刑 ② 刑執行終了後5年	認定しない
使用済自動車の再資源化等に関する法律 28条，（使用済自動車の再資源化等に関する法律施行規則30条1号ロ・ハ・チ），30条	自動車製造業者等再資源化の認定を受けようとする者	① 禁錮以上の刑，本法，廃棄物の処理及び清掃に関する法律，暴力団員による不当な行為の防止等に関する法律，刑法204条，206条，208条，208条の2，222条，247条，暴力行為等処罰ニ関スル法律の罪による罰金の刑 ② 刑執行終了後5年	1 認定しない 2 認定を取り消すことができる
28条，（使用済自動車の再資源化等に関する法律施行規則30条2号ロ・ハ），30条	自動車製造業者等が指定再資源化機関以外の者に委託して再資源化に必要な行為を委託する者	① 禁錮以上の刑，本法，廃棄物処理法，浄化槽法，大気汚染防止法，騒音規制法，海洋汚染等及び海上災害の防止に関する法律，水質汚濁防止法，悪臭防止法，振動規制法，特定有害廃棄物等の輸出入等の規制に関する法律，ダイオキシン類対策特別措置法，ポリ塩化ビフェニル廃棄物の適正な処理の推進に関する特別措置法，暴力団員による不当な行為の防止等に関する法律，刑法204条，206条，208条，208条の2，222条，247条，暴力行為等処罰ニ関スル法律の罪による罰金の刑 ② 刑執行終了後5年	

306　第2編　資　料

資格制限法条	対象となる資格	① 資格を制限する刑 ② 資格制限の期間	効　果
45条1項2号・7号，51条1項3号 56条1項2号・7号，58条1項3号	使用済自動車引取業者 フロン類回収業者	①　本法，フロン類法，廃棄物の処理及び清掃に関する法律の罪による罰金以上の刑 ②　刑執行終了後2年	1　登録を拒否しなければならない 2　登録を取り消し，又は6月以内の期間を定めて事業の全部若しくは一部の停止を命ずることができる
62条1項2号ロ・ハ・ト・チ，66条1項4号，69条1項2号，72条	使用済自動車解体業者 解体自動車破砕業者	①　禁錮以上の刑，本法，廃棄物処理法，浄化槽法その他生活環境の保全を目的とする法令で政令で定めるもの（大気汚染防止法，騒音規制法，海洋汚染等及び海上災害の防止に関する法律，水質汚濁防止法，悪臭防止法，振動規制法，特定有害廃棄物等の輸出入等の規制に関する法律，ダイオキシン類対策特別措置法，ポリ塩化ビフェニル廃棄物の適正な処理の推進に関する特別措置法），暴力団員による不当な行為の防止等に関する法律，刑法204条，206条，208条，208条の2，222条，247条，暴力行為等処罰ニ関スル法律の罪による罰金の刑 ②　刑執行終了後5年	1　許可をしてはならない 2　許可を取り消し，又は1年以内の期間を定めて事業の全部若しくは一部の停止を命ずることができる

Ⅳ　人の資格制限に関する法令一覧表（し〜　）　*307*

資格制限法条	対象となる資　格	①　資格を制限する刑 ②　資格制限の期間	効　　果
商品投資に係る事業の規制に関する法律 　6条2項3号・4号ハ・ニ，8条2項，32条1項1号	商品投資顧問業者及びその法人の役員	①　禁錮以上の刑（これに相当する外国の法令による刑を含む），本法，金融商品取引法，商品先物取引法，投資信託及び投資法人に関する法律，出資の受入れ，預り金及び金利等の取締りに関する法律，特定商品等の預託等取引契約に関する法律，信託業法又はこれらに相当する外国の法令，刑法204条，206条，208条，208条の2，222条，247条，暴力行為等処罰に関する法律の罪による罰金の刑（これに相当する外国の法令による刑を含む） ②　刑執行終了後3年	1　許可（許可の有効期間の更新）をしてはならない 2　許可を取り消し，又は6月以内の期間を定めて業務の全部若しくは一部の停止を命ずることができる
消費生活用製品安全法 　17条1号・3号 　27条1号	特別特定製品の適合性検査機関	①　本法の罪による罰金以上の刑 ②　刑執行終了後2年	1　登録を受けることができない 2　登録を取り消し，又は期間を定めて業務の全部若しくは一部の停止を命ずることができる
31条1項1号	外国登録検査機関		登録を取り消すことができる
消防団員等公務災害補償等責任共済等に関する法律 　38条2項2号イ，50条1項	消防団員等公務災害補償責任共済事業及び消防団員退職報償金支給責任共済事業の役員	①　本法の罪による刑 ②　刑執行終了後2年	1　指定をしてはならない 2　指定を取り消さなければならない
消防法 　13条の2, 4項2号 　17条の7, 2項	（甲種・乙種・丙種）危険物取扱者 消防設備士	①　本法の罪による罰金以上の刑 ②　刑執行終了後2年	免状の交付を行わないことができる

308 第2編 資 料

資格制限法条	対象となる資格	① 資格を制限する刑 ② 資格制限の期間	効　果
13条の6，2項 2号・4号イ， 13条の18，1項 17条の9，4項	危険物取扱者試験の指定試験機関 消防設備士試験の指定試験機関	① 本法の罪による刑 ② 刑執行終了後2年	1 指定をしてはならない 2 指定を取り消さなければならない
21条の46，2項 1号，21条の57， 1項	消防用検定対象機械器具等の登録検定機関		1 登録をしてはならない 2 登録を取り消さなければならない
職業能力開発促進法 28条5項2号， 29条1項	職業訓練指導員	① 禁錮以上の刑	1 免許を受けることができない 2 免許を取り消さなければならない
食品衛生法 32条1号，43条 2号	登録検査機関の役員	① 本法の罪による罰金以上の刑 ② 刑執行終了後2年	1 登録を受けることができない 2 登録を取り消し，又は期間を定めて業務の全部若しくは一部の停止を命ずることができる
飼料の安全性の確保及び品質の改善に関する法律 8条1号・3号， 18条2号	特定飼料等製造業者	① 本法の罪による罰金以上の刑 ② 刑執行終了後2年	1 登録を受けることができない 2 登録を取り消すことができる
21条3項，22条 1項2号	外国特定飼料等製造業者		
29条3項	規格設定飼料製造業者		
30条3項	外国規格設定飼料製造業者		
35条1号・3号， 45条1号	登録検定機関		1 登録を受けることができない 2 登録を取り消し，又は期間を定めて業務の全部若しくは一部の停止を命ずることができる

Ⅳ　人の資格制限に関する法令一覧表（し～　）　*309*

資格制限法条	対象となる 資　　格	①　資格を制限する刑 ②　資格制限の期間	効　　果
人権擁護委員法 　7条1項1号, 　2項	人権擁護委員	①　禁錮以上の刑 ②　刑執行終了まで	1　なることができ ない 2　失職する

310 第2編 資 料

資格制限法条	対象となる 資　　格	① 資格を制限する刑 ② 資格制限の期間	効　　果
信託業法 　5条2項6号・ 　8号ハ・チ 　10条1項1号	信託業（株式 会社及びその 役員等） 管理型信託業	① 　株式会社については，本法，信託法，担保付社債信託法，金融機関の信託業務の兼営等に関する法律，金融商品取引法，投資信託及び投資法人に関する法律，商品投資に係る事業の規制に関する法律，資産の流動化に関する法律，著作権等管理事業法その他政令で定める法律（商品先物取引法，宅地建物取引業法，出資の受入れ，預り金及び金利等の取締りに関する法律，特許法，実用新案法，意匠法，商標法，割賦販売法，著作権法，貸金業法，半導体集積回路の回路配置に関する法律，特定商品等の預託等取引契約に関する法律，不動産特定共同事業法，種苗法，金融業者の貸付業務のための社債の発行等に関する法律）又はこれらに相当する外国の法令の規定違反による罰金の刑（これに相当する外国の法令による刑を含む） 　　法人の役員等については，禁錮以上の刑，上記に規定する法律，会社法これらに相当する外国の法令，刑法204条，206条，208条，208条の2，222条，247条，暴力行為等処罰に関する法律，暴力団員による不当な行為の防止等に関する法律46条から49条まで，50条，51条の罪による罰金の刑（これに相当する外国の法令による刑を含む） ② 刑執行終了後5年	免許を与えてはならない 登録を拒否しなければならない

Ⅳ 人の資格制限に関する法令一覧表（し～せ） *311*

	資格制限法条	対象となる資格	① 資格を制限する刑 ② 資格制限の期間	効　果
	85条の2, 1項3号・4号ハ・ホ, 85条の24, 1項1号	紛争解決機関	① 禁錮以上の刑，本法，弁護士法又はこれらに相当する外国の法令の規定違反による罰金の刑（これに相当する外国の法令による刑を含む） ② 刑執行終了後5年	1 指定しない 2 指定を取り消し，又は6月以内の期間を定めて業務の全部若しくは一部の停止を命ずることができる
	新都市基盤整備法27条3項	土地整理審議会の委員，予備委員	① 禁錮以上の刑 ② 刑執行終了まで	1 委員の被選挙権を有しない 2 その地位を失う
【す】	水洗炭業に関する法律 7条1項2号・3号，11条1号	水洗炭業者	① 本法の罪による罰金以上の刑 ② 刑執行終了後2年	1 登録を拒否しなければならない 2 登録を取り消すことができる
【せ】	精神保健福祉士法3条2号・3号，32条1項1号	精神保健福祉士	① 禁錮以上の刑，本法その他精神障害者の保健又は福祉に関する法律の規定であって政令で定めるもの（医師法，保健師助産師看護師法，精神保健及び精神障害者福祉に関する法律，生活保護法，社会福祉法，特別児童扶養手当等の支給に関する法律，社会福祉士及び介護福祉士法，障害者の日常生活及び社会生活を総合的に支援するための法律，公認心理師法）による罰金の刑 ② 刑執行終了後2年	1 なることができない 2 登録を取り消さなければならない
	10条4項4号イ，22条1項 37条	指定試験機関の役員 指定登録機関の役員	① 本法の罪による刑 ② 刑執行終了後2年	1 指定をしてはならない 2 指定を取り消さなければならない

312 第2編 資 料

資格制限法条	対象となる資格	① 資格を制限する刑 ② 資格制限の期間	効 果
税理士法 　4条4号・5号・6号，26条4号	税理士	① 禁錮以上の刑，国税，地方税に関する法令，本法の罪による罰金の刑 ② 禁錮以上の刑については，刑執行終了後5年（国税，地方税に関する法令，本法以外は3年），罰金の刑については，刑執行終了後3年	1 資格を有しない 2 登録を抹消しなければならない
石油パイプライン事業法 　6条1号・3号，13条1号	石油パイプライン事業者	① 本法の罪による罰金以上の刑 ② 刑執行終了後2年	1 許可を受けることができない 2 許可を取り消し，又は期間を定めて事業の停止を命ずることができる
10条3項	石油パイプライン事業の承継人		地位を承継しない
船主相互保険組合法 　17条1項3号ロ	船主相互保険組合の発起人，理事，監事	① 禁錮以上の刑，本法の罪による罰金の刑 ② 刑執行終了後5年	認可してはならない
船員の雇用の促進に関する特別措置法 　7条1項4号，18条2項	船員雇用促進センターの役員	① 禁錮以上の刑，本法，船員職業安定法の罪による罰金の刑 ② 刑執行終了後5年	1 指定することができない 2 役員を解任すべきことを命ずることができる
船舶安全法 　25条の47，2項1号・3号，25条の58，1項1号	登録検定機関	① 本法の罪による罰金以上の刑 ② 刑執行終了後2年	1 登録してはならない 2 登録を取り消し，又は期間を定めて業務の全部若しくは一部の停止を命ずることができる

IV　人の資格制限に関する法令一覧表（せ～そ）　*313*

資格制限法条	対象となる資　格	①　資格を制限する刑 ②　資格制限の期間	効　　果
船舶職員及び小型船舶操縦者法 　17条の2，2項 　1号・3号，17条の11，1号	登録海技免許講習実施機関	①　本法の罪による罰金以上の刑 ②　刑執行終了後2年	1　登録をしてはならない 2　登録を取り消し，又は期間を定めて業務の全部若しくは一部の停止を命ずることができる
23条の13，2項2号，23条の23，1項2号	小型船舶操縦士試験機関の役員		1　指定をしてはならない 2　指定を取り消し，又は期間を定めて業務の全部若しくは一部の停止を命ずることができる
戦傷病者戦没者遺族等援護法 　15条3項 　33条	障害年金受給権者	①　禁錮以上の刑（執行猶予中を除く） ②　刑執行終了まで	障害年金の支給を停止する
	遺族年金，遺族給与金受給権者		遺族年金又は遺族給与金の支給を停止する
38条3号	弔慰金支給対象者		弔慰金を支給しない
戦傷病者等の妻に対する特別給付金支給法 　3条1項2号	戦傷病者等の妻	①　禁錮以上の刑 ②　（平成33年4月1日においてその刑の執行を終わらず，又は執行を受けることがなくなっていない者（刑の執行猶予の言渡しを受けた者で同日においてその言渡しを取り消されていないものを除く））	特別給付金を支給しない
【そ　倉庫業法 　6条1項1号・3号，21条1項2号	倉庫業者	①　1年以上の懲役又は禁錮の刑 ②　刑執行終了後2年	1　登録を拒否しなければならない 2　6月以内において期間を定めて営業の停止を命じ，又は登録を取り消すことができる

314　第2編　資料

資格制限法条	対象となる資格	① 資格を制限する刑 ② 資格制限の期間	効果
測量法 51条の3, 1号・3号, 51条の15, 1号	測量に関する専門の養成施設	① 本法の罪による罰金以上の刑 ② 刑執行終了後2年	1　登録を受けることができない 2　登録を取り消し, 又は期間を定めて業務の全部若しくは一部の停止を命ずることができる
52条2号	測量士, 測量士補	① 本法の罪による罰金以上の刑	登録を消除しなければならない
55条の6, 1項3号・4号・5号	測量業者	① 本法の罪（無登録営業）による刑 ② 刑執行終了後2年	登録を拒否しなければならない
57条2項5号		① 禁錮以上の刑, 本法, 測量に関する他の法令の罪による刑	6月以内の期間を定めて営業の全部若しくは一部の停止を命じ, 又は登録を取り消すことができる
対人地雷の製造の禁止及び所持の規制等に関する法律 6条1号・3号・5号, 9条	対人地雷所持者	① 本法, 他の法令の罪による罰金以上の刑 ② 刑執行終了後3年	1　許可を受けることができない 2　許可を取り消すことができる
大麻取締法 5条2項2号	大麻取扱者	① 禁錮以上の刑	免許を与えない
宅地建物取引業法 5条1項3号・3号の2・6号・7号・8号, 66条1号・2号・3号・4号	宅地建物取引業者	① 禁錮以上の刑, 本法, 暴力団員による不当な行為の防止等に関する法律, 刑法204条, 206条, 208条, 208条の2, 222条, 247条, 暴力行為等処罰に関する法律の罪による罰金の刑	1　免許をしてはならない 2　免許を取り消さなければならない
18条1項5号・5号の2, 21条2号, 22条2号, 68条の2, 2項1号	宅地建物取引士	② 刑執行終了後5年	1　登録を受けることができない 2　登録を消除しなければならない

【た

IV 人の資格制限に関する法令一覧表（そ～た） *315*

資格制限法条	対象となる 資　格	① 資格を制限する刑 ② 資格制限の期間	効　果
52条6号・7号 ロ・ハ，62条2 項2号 63条の3，2項， 64条1項	指定保証機関　　　　　　　 指定保管機関		1　指定をしてはな らない 2　指定を取り消し， 6月以内の期間を 定めて事業の全部 若しくは一部の停 止を命ずることが できる
64条の2，1項 4号イ	宅地建物取引 業保証協会の 役員		指定することができ ない
16条の3，2項 2号・4号イ， 16条の15，1項	宅地建物取引 士資格試験の 指定試験機関	① 本法の罪による刑 ② 刑執行終了後2年	1　指定をしてはな らない 2　指定を取り消さ なければならない
17条の4，1 号・3号，17条 の14，1号	登録講習機関	① 本法の罪による罰金以上の刑 ② 刑執行終了後2年	1　登録を受けるこ とができない 2　登録を取り消し， 又は期間を定めて 業務の全部若しく は一部の停止を命 ずることができる
たばこ事業法 13条1号・4 号・5号，17条 1号・7号・8 号 21条	製造たばこの 特定販売業者　　　　　　 製造たばこの 卸売販売業者	① 本法の罪による罰金以上の刑 ② 刑執行終了後2年	1　登録を拒否しな ければならない 2　登録を取り消し， 又は期間を定めて 営業の停止を命ず ることができる
23条1号・6 号・7号，31条 1号・10号・11 号	製造たばこの 小売販売業者		1　許可をしないこ とができる 2　許可を取り消し， 又は1月以内の期 間を定めて営業の 停止を命ずること ができる

316　第2編　資　料

資格制限法条	対象となる資格	①　資格を制限する刑 ②　資格制限の期間	効　果
14条	製造たばこの特定販売業の承継人		地位を承継しない
27条1項	製造たばこの小売販売業の承継人		
探偵業の業務の適正化に関する法律 　3条2号・5号・6号	探偵業	①　禁錮以上の刑，本法の罪による罰金の刑 ②　刑執行終了後5年	探偵業を営んではならない
地価公示法 　15条4項2号， 　15条7項	土地鑑定委員会の委員	①　禁錮以上の刑	1　委員となることができない 2　職を失う
地方教育行政の組織及び運営に関する法律 　4条3項2号， 　9条1項1号	教育委員会の教育長，委員	①　禁錮以上の刑	1　なることができない 2　職を失う
地方公営企業法 　7条の2，2項 　2号，10項	地方公営企業の管理者	①　禁錮以上の刑 ②　刑執行終了まで	1　なることができない 2　職を失う
39条の2，4項	地方公営企業団の企業長		
地方公営企業等の労働関係に関する法律 　4条（労働組合法19条の4，1項，19条の7，1項）	地方公営企業等労働委員会の委員	①　禁錮以上の刑 ②　刑執行終了まで	1　なることができない 2　職を失う
地方公務員法 　9条の2，3項・8項	人事委員会，公平委員会の委員	①　禁錮以上の刑，本法5章の罪による刑 ②　禁錮以上の刑については刑執行終了まで	1　なることができない 2　職を失う
16条2号，28条4項	地方公務員	①　禁錮以上の刑 ②　刑執行終了まで	1　職員となり，又は競争試験若しくは選考を受けることができない 2　職を失う

Ⅳ　人の資格制限に関する法令一覧表（た〜ち）　317

資格制限法条	対象となる資格	①　資格を制限する刑 ②　資格制限の期間	効　果
地方公務員等共済組合法 　111条1項	組合員，組合員であった者	①　禁錮以上の刑	退職年金又は公務障害年金の全部又は一部を支給しないことができる
111条2項	公務遺族年金受給権者		公務遺族年金の一部を支給しないことができる
地方自治法 　127条1項	普通地方公共団体の議会の議員	①　公職選挙法11条，11条の2，252条，政治資金規正法28条の罪による刑	その職を失う
143条1項	普通地方公共団体の長		
164条1項・2項	副知事，副市町村長	①　公職選挙法11条1項，11条の2の罪による刑	1　なることができない
201条	都道府県の監査委員		2　その職を失う
182条4項	選挙管理委員会の委員，補充員	①　法律の定めるところにより行われる選挙，投票，国民審査に関する罪による刑	なることができない
184条1項	選挙管理委員	①　公職選挙法11条，252条，政治資金規正法28条	その職を失う
地方税法 　407条2号・3号	固定資産評価員	①　禁錮以上の刑，固定資産評価員の職務に関する罪による刑 ②　禁錮以上の刑につき刑執行終了後2年	固定資産評価員であることができない
426条2号・3号	固定資産評価審査委員会の委員	①　禁錮以上の刑，固定資産評価審査委員会の委員の職務に関する罪による刑 ②　禁錮以上の刑につき刑執行終了後2年	委員であることができない
鳥獣の保護及び管理並びに狩猟の適正化に関する法律 　40条5号	狩猟免許	①　本法の罪による罰金以上の刑 ②　刑執行終了後3年	免許を与えない
調理師法施行令 　2条3項4号，7条1項	調理師試験の指定試験機関の役員	①　調理士法の罪による刑 ②　刑執行終了後2年	1　指定をしてはならない 2　指定を取り消さなければならない

318 第2編 資 料

	資格制限法条	対象となる資 格	① 資格を制限する刑 ② 資格制限の期間	効 果
【つ】	通関業法 　6条3号・4 　号・5号・6 　号・10号, 11条 　1項2号	通関業者	① 禁錮以上の刑, 関税法108条 の4から112条の罪による罰金 の刑, 国税又は地方税に関する 法律中偽りその他不正の行為に より国税又は地方税を免れ, 納	1 許可をしてはな らない 2 許可を取り消す ことができる
	31条2項1号, 32条2号	通関士	付せず, 若しくはこれらの税の 還付を受け, 又はこれらの違反 行為をしようとすることに関す る罪による罰金の刑, 本法の罪 による罰金の刑 ② 刑執行終了後3年	1 通関士となるこ とができない 2 通関士でなくな るものとする
	通訳案内士法 　4条1号, 25条 　3号	通訳案内士	① 1年以上の懲役又は禁錮の刑 ② 刑執行終了後2年	1 資格を有しない 2 登録を抹消しな ければならない
	積立式宅地建物販 売業法 　6条4号, 6号 　イ・ロ, 44条2 　項2号・3号	積立式宅地建 物販売業者	① 禁錮以上の刑, 本法, 刑法 204条, 206条, 208条, 208条の 2, 222条, 247条, 暴力行為等 処罰に関する法律の罪による罰 金の刑 ② 刑執行終了後5年	1 許可をしてはな らない 2 許可を取り消さ なければならない
【て】	鉄道事業法 　6条1号・4 　号・5号, 30条 　3号	鉄道事業者	① 1年以上の懲役又は禁錮の刑 ② 刑執行終了後2年	1 許可をしてはな らない 2 期間を定めて事 業の停止を命じ,
	38条	索道事業者		又は許可を取り消 すことができる
	26条3項, 27条 3項	鉄道事業, 索 道事業の承継 人		地位を承継しない
	電気工事士法 　4条5項2号	(第一種・第 二種) 電気工 事士	① 本法の罪による罰金以上の刑 ② 刑執行終了後2年	免状の交付を行わな いことができる
	4条の2, 5項	特種電気工事 資格者, 認定 電気工事従事 者		認定証の交付を行わ ないことができる

Ⅳ　人の資格制限に関する法令一覧表（つ～て）　*319*

資格制限法条	対象となる資格	①　資格を制限する刑 ②　資格制限の期間	効　　果
7条の2，2号イ，7条の13，2項1号	電気工事士試験の指定試験機関の役員		1　指定を受けることができない 2　指定を取り消し，又は期間を定めて事務の全部若しくは一部の停止を命ずることができる
電気工事業の業務の適正化に関する法律 6条1項1号・5号，28条1項1号	電気工事業者	①　本法，電気工事士法3条1項・2項・3項，電気用品安全法28条1項の罪による罰金以上の刑 ②　刑執行終了後2年	1　登録を拒否しなければならない 2　登録を取り消し，又は6月以内の期間を定めて事業の全部若しくは一部の停止を命ずることができる
9条1項	電気工事業の承継人		地位を承継しない
電気事業法 44条3項2号	主任技術者	①　本法の罪による罰金以上の刑 ②　刑執行終了後2年	免状の交付を行わないことができる
68条1号・3号，78条2号	登録安全管理審査機関		1　登録を受けることができない 2　登録を取り消し，又は期間を定めて業務の全部若しくは一部の停止を命ずることができる
82条1号・3号イ，87条2項1号	指定試験機関の役員		1　指定を受けることができない 2　指定を取り消し，又は期間を定めて事務の全部若しくは一部の停止を命ずることができる
電気通信事業法 12条1項1号・3号，14条1項3号	電気通信事業者	①　本法，有線電気通信法，電波法の罪による罰金以上の刑 ②　刑執行終了後2年	1　登録を拒否しなければならない 2　登録を取り消すことができる

320　第2編　資　料

資格制限法条	対象となる資格	① 資格を制限する刑 ② 資格制限の期間	効　果
17条1項	電気通信事業の承継人		地位を承継しない
75条2項2号・4号イ，84条1項	電気通信主任技術者，工事担任者試験の指定試験機関		1　指定をしてはならない 2　指定を取り消さなければならない
85条の3,2項1号・3号，85条の13,1項	登録講習機関		1　登録を受けることができない 2　登録を取り消さなければならない
87条2項1号・3号，100条1項	登録認定機関		
118条1号・3号，126条1号	認定電気通信事業者		1　認定を受けることができない 2　認定を取り消すことができる
123条5項	認定電気通信事業の承継人		地位を承継しない
46条4項2号	電気通信主任技術者	① 本法の罪による罰金以上の刑 ② 刑執行終了後2年	資格者証の交付を行わないことができる
72条2項	工事担任者		
電波法 　5条3項1号，76条4項4号	無線局開設者	① 本法，放送法の罪による罰金以上の刑 ② 刑執行終了後2年	1　免許を与えないことができる 2　免許を取り消すことができる
27条の8,2項，76条5項5号	特定無線局の目的変更		
20条6項	免許人の承継人		地位を承継しない
24条の2,5項1号・3号，24条の10,1号	登録検査等事業者	① 本法の罪による刑 ② 刑執行終了後2年	1　登録を受けることができない 2　登録を取り消し，又は期間を定めて業務の全部若しくは一部の停止を命ずることができる
38条の3,2項，38条の17,1項	特定無線設備の技術基準適合証明の指定証明機関		1　登録を受けることができない 2　登録を取り消さなければならない

資格制限法条	対象となる資格	① 資格を制限する刑 ② 資格制限の期間	効 果
24条の13, 2項, 24条の13, 3項 1号	登録外国点検事業者		1 登録を受けることができない 2 登録を取り消すことができる
38条の31, 4項, 38条の32, 1項	承認証明機関		1 承認を受けることができない 2 承認を取り消さなければならない
38条の40, 2項, 38条の47, 1項	登録修理業者		1 登録を受けることができない 2 登録を取り消さなければならない
39条の2, 5項 2号・4号, 39 条の11, 1項	指定講習機関		1 指定をしてはならない 2 指定を取り消さなければならない
46条4項2号・ 4号イ, 47条の 5	無線従事者国家試験の指定試験機関		
42条1号	無線従事者	① 本法の9章の罪による罰金以上の刑 ② 刑執行終了後2年	免許を与えないことができる
99条の3, 3項 1号, 99条の7	電波監理審議会の委員	① 禁錮以上の刑	1 なることができない 2 罷免しなければならない
電気用品安全法 30条1号・3号	特定電気用品の適合性検査機関	① 本法の罪による罰金以上の刑 ② 刑執行終了後2年	登録を受けることができない
41条1号	国内登録検査機関		登録を取り消し, 又は期間を定めて業務の全部若しくは一部の停止を命ずることができる
42条の4, 1項 1号	外国登録検査機関		

322　第2編　資 料

	資格制限法条	対象となる資格	① 資格を制限する刑 ② 資格制限の期間	効　果
【と	道路運送法 　7条1号・3 　号・4号, 40条 　3号	一般旅客自動車運送事業者	① 1年以上の懲役又は禁錮の刑 ② 刑執行終了後2年	1　許可をしてはならない 2　6月以内において期間を定めて自動車その他の輸送施設の事業のための使用の停止若しくは事業の停止を命じ, 又は許可を取り消すことができる
	43条4項・5項	特定旅客自動車運送事業者		
	49条2項1号・ 　4号, 72条	自動車道事業者		
	45条2項2号・ 　4号イ, 45条の 　11, 1項	運行管理者試験の指定試験機関	① 本法の罪による罰金以上の刑 ② 刑執行終了後2年	1　指定をしてはならない 2　指定を取り消さなければならない
	道路運送車両法 　80条1項2号 　イ・ハ・ニ	自動車分解整備事業者	① 1年以上の懲役又は禁錮の刑 ② 刑執行終了後2年	認証をしない
	94条の2, 2項, 　94条の8, 1項 　4号	指定自動車整備事業者		1　指定をすることができない 2　6月以内において期間を定めて保安基準適合証, 保安基準適合標章及び限定保安基準適合証の交付の停止を命じ, 又は指定を取り消すことができる
	道路交通法 　99条の2, 4項 　2号ハ・ニ	指定自動車教習所の技能検定員	① 本法117条の2の2, 11号の罪による罰金以上の刑, 自動車等の運転に関し自動車の運転により人を死傷させる行為等の処罰に関する法律2条から6条までの罪又はこの法律に規定する罪による禁錮以上の刑 ② 刑執行終了後3年	資格者証を交付しない

IV 人の資格制限に関する法令一覧表（と〜 ）　*323*

資格制限法条	対象となる資　格	① 資格を制限する刑 ② 資格制限の期間	効　果
108条の4，3項3号・4号，108条の11，1項	取消処分者講習，初心運転者講習の指定講習機関	① 自動車の運転に関し自動車等の運転により人を死傷させる行為等の処罰に関する法律2条から6条までの罪又はこの法律に規定する罪による禁錮以上の刑 ② 刑執行終了後2年	1 指定を受けることができない 2 指定を取り消さなければならない
道路交通法施行令35条1項2号ロ・ハ	指定自動車教習所の施設管理者	① 道路交通法117条の2，4号，5号，117条の2の2，8号から11号 まで，118条1項4号，5号，119条1項11号，119条の2，1項3号の罪による罰金以上の刑，自動車等の運転に関し自動車の運転により人を死傷させる行為等の処罰に関する法律2条から6条まで，道路交通法の罪による禁錮以上の刑 ② 刑執行終了後3年	なることができない
特定工場における公害防止組織の整備に関する法律8条の3，2号イ，8の13，2項1号	公害防止管理者試験及び公害防止主任管理者試験の指定試験機関の役員	① 本法の罪による罰金以上の刑 ② 刑執行終了後2年	1 指定を受けることができない 2 指定を取り消し，又は期間を定めて事務の全部若しくは一部の停止を命ずることができる
特定非営利活動促進法20条3号・4号	特定非営利活動法人の役員	① 禁錮以上の刑，本法，暴力団員による不当な行為の防止等に関する法律，刑法204条，206条，208条，208条の2，222条，247条，暴力行為等処罰に関する法律の罪による罰金の刑 ② 刑執行終了後2年	なることができない

資格制限法条	対象となる資格	① 資格を制限する刑 ② 資格制限の期間	効　果
47条1号ロ・ハ， 67条1項1号	認定特定非営利活動法人の役員	① 禁錮以上の刑，本法，暴力団員による不当な行為の防止等に関する法律，刑法204条，206条，208条，208条の2，222条，247条，暴力行為等処罰に関する法律，国税若しくは地方税に関する法律中偽りその他不正の行為により国税若しくは地方税を免れ，納付せず，若しくはこれらの税の還付を受け，若しくはこれらの違反行為をしようとすることに関する罪による罰金の刑 ② 刑執行終了後5年	1　認定を受けることができない 2　認定を取り消さなければならない
62条，67条3項	仮認定特定非営利活動法人の役員		
63条5項	認定特定非営利活動法人，仮認定特定非営利活動法人の承継人		地位を承継しない
毒物及び劇物取締法 　6条の2，3項3号，19条4項	特定毒物研究者	① 毒物若しくは劇物又は薬事に関する罪による罰金以上の刑 ② 刑執行終了後3年	1　許可を与えないことができる 2　許可を取り消し，又は期間を定めて業務の全部若しくは一部の停止を命ずることができる
8条2項4号	毒物劇物取扱責任者		なることができない
都市計画法 　78条4項2号，5項	開発審査会の委員	① 禁錮以上の刑 ② 刑執行終了まで	1　なることができない 2　解任しなければならない
都市再開発法施行令 　4条の2，1項2号，2項 　22条	市街地再開発事業における審査委員	① 禁錮以上の刑 ② 刑執行終了まで	1　なることができない 2　職を失う
	組合に置かれる審査委員		

IV 人の資格制限に関する法令一覧表（と～な） *325*

資格制限法条	対象となる 資　　格	①　資格を制限する刑 ②　資格制限の期間	効　　果
土壌汚染対策法 22条3項2号 イ・ハ, 25条1 号	汚染土壌処理 業者	①　本法の罪による刑 ②　刑執行終了後2年	1　許可をしてはな らない 2　許可を取り消し, 又は1年以内の期 間を定めて事業の 全部若しくは一部 の停止を命ずるこ とができる
30条1号・3号, 42条1号	土壌汚染状況 調査等の指定 調査機関		1　指定を受けるこ とができない 2　指定を取り消す ことができる
土地家屋調査士法 5条1号, 15条 1項4号	土地家屋調査 士	①　禁錮以上の刑 ②　刑執行終了後3年	1　なる資格を有し ない 2　登録を取り消さ なければならない
土地改良法 23条3項	土地改良区の 総代	①　禁錮以上の刑 ②　刑の執行中	総代となることがで きない
土地区画整理法 58条5項, 63条 4項3号	土地区画整理 審議会の委員	①　禁錮以上の刑 ②　刑執行終了まで	1　その地位を失う 2　委員の被選挙権 を有しない
59条4項, 63条 4項3号	土地区画整理 審議会の予備 委員		
土地収用法 54条2号, 55条 3項	収用委員会の 委員, 予備委 員	①　禁錮以上の刑 ②　刑執行終了まで	1　なることができ ない 2　失職する
内航海運業法 6条1項1号・ 4号, 23条1項 2号	内航海運業者	①　本法の罪による刑 ②　刑執行終了後1年	1　登録を拒否しな ければならない 2　3月以内におい て期間を定めて内 航海運業の全部若 しくは一部の停止 を命じ, 又は登録 を取り消すことが できる
10条1項	内航海運業の 承継人		地位を承継しない

【な

326 第2編 資 料

	資格制限法条	対象となる資格	① 資格を制限する刑 ② 資格制限の期間	効　果
【に	日本銀行法 25条1項3号, 2項	日本銀行の役員（理事を除く）	① 禁錮以上の刑	解任しなければならない
	日本国との平和条約に基づき日本の国籍を離脱した者等の出入国管理に関する特例法 22条1項1号・2号・3号・4号	特別永住者	① 刑法2編2章・3章の罪による禁錮以上の刑（刑の全部の執行猶予及び刑法77条1項3号の罪を除く），刑法2編4章の罪による禁錮以上の刑，外国の元首，外交使節又はその公館に対する犯罪行為による禁錮以上の刑で法務大臣がその犯罪行為により日本国の外交上の重大な利益が害されたと認定したもの，無期又は7年を超える懲役又は禁錮で法務大臣がその犯罪行為により日本国の外交上の重大な利益が害されたと認定したもの	退去強制することができる
	日本中央競馬会法 8条の7，2号・3号，33条1項 13条，33条1項	日本中央競馬会の経営委員会の委員 日本中央競馬会の役員（理事長，副理事長，理事，監事）	① 禁錮以上の刑，本法又は競馬法の罪による罰金の刑 ② 刑執行終了後3年	1　なることができない 2　解任しなければならない
【の	農業委員会等に関する法律 8条4項2号，12条	農業委員会の委員	① 禁錮以上の刑 ② 刑執行終了まで	1　なることができない 2　職を失う
	農水産業協同組合貯金保険法 19条2号 29条2項	農水産業協同組合貯金保険機構の運営委員会の委員 農水産業協同組合貯金保険機構の役員	① 禁錮以上の刑	委員を解任することができる 役員を解任することができる

Ⅳ 人の資格制限に関する法令一覧表（に～は） *327*

資格制限法条	対象となる資格	① 資格を制限する刑 ② 資格制限の期間	効　果
農林物資の規格化等に関する法律 17条1号，17条の12，1項	農林物資の登録認定機関	① 本法の罪による罰金以上の刑 ② 刑執行終了後1年	1　登録を受けることができない 2　登録を取り消さなければならない
廃棄物の処理及び清掃に関する法律 7条5項4号ロ・ハ・チ・リ・ヌ，7条の4，1項4号	一般廃棄物の収集運搬業者	① 禁錮以上の刑，本法，浄化槽法その他生活環境の保全を目的とする法令で政令で定めるもの（大気汚染防止法，騒音規制法，海洋汚染等及び海上災害の防止に関する法律，水質汚濁防止法，悪臭防止法，振動規制法，特定有害廃棄物等の輸出入等の規制に関する法律，ダイオキシン類対策特別措置法，ポリ塩化ビフェニル廃棄物の適正な処理の推進に関する法律），暴力団員による不当な行為の防止等に関する法律，刑法204条，206条，208条，208条の2，222条，247条，暴力行為等処罰ニ関スル法律の罪による罰金の刑 ② 刑執行終了後5年	1　許可をしてはならない 2　許可を取り消さなければならない
7条10項4号，7条の4，1項4号	一般廃棄物の処分業者		
8条の2，1項4号，9条の2の2，1項1号	一般廃棄物処理施設設置者		
14条5項2号イ・ハ・ニ・ホ，14条の3の2，1項1号・2号・4号	産業廃棄物の収集運搬業者		
14条10項2号，14条の3の2，1項1号・2号・4号	産業廃棄物の処分業者		
15条の2，1項4号，15条の3，1項1号	産業廃棄物処理施設設置者		
14条の4，5項2号，14条の6	特別管理産業廃棄物の収集運搬業者		
14条の4，10項2号，14条の6	特別管理産業廃棄物処分業者		
9条の5，2項9条の6，2項	一般廃棄物処理施設設置者の承継人		地位を承継しない

328　第2編　資　料

	資格制限法条	対象となる 資　格	①　資格を制限する刑 ②　資格制限の期間	効　　果
	15条の4	産業廃棄物処理施設設置者の承継人		
	半導体集積回路の回路配置に関する法律 29条1号・4号,41条2号	回路配置利用権の設定登録等の登録機関	①　本法の罪による罰金以上の刑 ②　刑執行終了後2年	1　登録を受けることができない 2　登録を取り消し,又は期間を定めて事務の全部若しくは一部の停止を命ずることができる
【ひ】	美容師法 4条の3,2項3号イ,4条の15,1項	美容師試験の指定試験機関の役員	①　本法の罪による刑 ②　刑執行終了後2年	1　指定をしてはならない 2　指定を取り消さなければならない
【ふ】	風俗営業等の規制及び業務の適正化等に関する法律 4条1項2号・9号,8条2号 7条3項,7条の2,2項,7条の3,2項 24条2項2号 (風俗環境浄化協会等に関する規則4条1項2号)	風俗営業者	①　1年以上の懲役又は禁錮の刑。本法,刑法174条,175条,182条,185条,186条,224条,225条,226条,226条の2,226条の3,227条1項,3項,228条,組織的な犯罪の処罰及び犯罪収益の規制等に関する法律3条1項,6条,売春防止法2章,児童買春,児童ポルノに係る行為等の規制及び処罰並びに児童の保護等に関する法律4条から8条まで,労働基準法117条,118条1項,119条1号,船員法129条,130条,職業安定法63条,児童福祉法60条1項,2項,船員職業安定法111条,出入国管理及び難民認定法73条の2,1項,労働者派遣事業の適正な運営の確保及び派遣労働者の保護等に関する法律58条の罪による1年未満の懲役又は罰金の刑 ②　刑執行終了後5年	1　許可をしてはならない 2　許可を取り消すことができる
		風俗営業の承継人		地位を承継しない
		風俗営業所の管理者		管理者となることができない
		都道府県風俗環境浄化協会の調査員		調査の業務に従事させてはならない

Ⅳ　人の資格制限に関する法令一覧表（は〜ふ）　*329*

資格制限法条	対象となる資格	①　資格を制限する刑 ②　資格制限の期間	効　果
武器等製造法 　　5条1項5号 　　イ・ハ・ホ，15条1号 　　17条2項，20条 　　19条2項，20条	武器製造事業者及びその法人の役員 猟銃等製造事業者 猟銃等販売事業者	①　本法の罪による罰金以上の刑 ①′ 最近3年以内の他の法令の罪による罰金の刑でその情状が武器製造事業者として不適当な者 ②　刑執行終了後3年	1　許可をしてはならない 2　許可を取り消し，又は1年以内の期間を定めて事業の停止を命ずることができる
不動産特定共同事業法 　　6条5号・6号 　　ハ・ニ，36条1号	不動産特定共同事業者	①　法人については，本法，宅地建物取引業法，出資の受入れ，預り金及び金利等の取締りに関する法律，これらに相当する外国の法令の罪による罰金の刑（これに相当する外国の法令による刑を含む） 　　法人の役員については，禁錮以上の刑（これに相当する外国の法令による刑を含む），本法，宅地建物取引業法，出資の受入れ，預り金及び金利等の取締りに関する法律，これらに相当する外国の法令，暴力団員による不当な行為の防止等に関する法律，これらに相当する外国の法令，刑法204条，206条，208条，208条の2，222，247条，暴力行為等処罰に関する法律の罪による罰金の刑（これに相当する外国の法令による刑を含む） ②　刑執行終了後5年	1　許可を受けることができない 2　許可を取り消すことができる
不動産の鑑定評価に関する法律 　　14条の4，1号・3号，14条の16，1号	実務修習機関	①　本法の罪による刑 ②　刑執行終了後2年	1　登録を受けることができない 2　登録を取り消し，又は期間を定めて業務の全部若しくは一部の停止を命ずることができる

330 第2編 資料

資格制限法条	対象となる資格	① 資格を制限する刑 ② 資格制限の期間	効果
16条4号, 19条1項3号, 20条1項2号・3号	不動産鑑定士	① 禁錮以上の刑 ② 刑執行終了後3年	1 登録を受けることができない 2 登録を消除しなければならない
25条2号・6号・7号, 29条1項6号, 30条1号・2号	不動産鑑定業者	① 禁錮以上の刑, 本法, 鑑定評価等業務に関しての罪による罰金の刑 ② 刑執行終了後3年	1 登録を拒否しなければならない 2 登録を消除しなければならない
プログラムの著作物に係る登録の特例に関する法律 6条1号・3号イ, 20条2号	指定登録機関	① 本法, 著作権法の罪による罰金以上の刑 ② 刑執行終了後2年	1 指定を受けることができない 2 指定を取り消し, 又は期間を定めて事務の全部若しくは一部の停止を命ずることができる
弁護士法 7条1号, 17条1号	弁護士	① 禁錮以上の刑	1 弁護士となる資格を有しない 2 弁護士名簿の登録を取り消さなければならない

Ⅳ　人の資格制限に関する法令一覧表（ふ～ほ）　*331*

資格制限法条	対象となる資格	① 資格を制限する刑 ② 資格制限の期間	効　　果
弁理士法 　8条1号・2号・3号，24条1項3号	弁理士	① 禁錮以上の刑 ①′ 本法78条から81条まで，81条の3，特許法196条から198条まで，200条，実用新案法56条から58条まで，60条，意匠法69条から71条まで，73条，商標法78条から80条まで，同法附則28条の罪による罰金の刑 ①″ 関税法108条の4，2項・3項・5項，109条2項・3項・5項，112条1項，著作権法119条から122条まで，半導体集積回路の回路配置に関する法律51条1項，52条，不正競争防止法21条1項，2項1号から5号まで，7号，3項，4項の罪による罰金刑 ② ①′ は刑執行終了後5年 　①″ は刑執行終了後3年	1 弁理士となる資格を有しない 2 登録を抹消しなければならない
16条の3，5項2号，16条の12，1項	指定修習機関の役員	① 本法の罪による刑 ② 刑執行終了後2年	1 指定をしてはならない 2 指定を取り消さなければならない
放送法 　31条3項1号，35条	日本放送協会の経営委員会の委員	① 禁錮以上の刑	1 委員になることができない 2 罷免しなければならない
防衛省の職員の給与等に関する法律27条の9，1項1号	若年定年退職者	① 禁錮以上の刑（退職後にあっては在職期間中の行為に係るものに限る）	若年定年退職者給付金を支給しない
放射性同位元素等による放射線障害の防止に関する法律 　5条1項2号・4号，26条1項1号	放射性同位元素等の使用業者，放射性同位元素等の廃棄業者	① 本法の罪による罰金以上の刑 ② 刑執行終了後2年	1 許可を与えない 2 許可を取り消し，又は1年以内の期間を定めて放射性同位元素等の使用，廃棄の停止を命ずることができる

【ほ

332 第2編 資料

資格制限法条	対象となる資格	① 資格を制限する刑 ② 資格制限の期間	効　果
35条5項2号	放射線取扱主任者		免状の交付を行わないことができる
40条1号・3号, 41条の12, 1号	登録認証機関		1　登録をしてはならない
41条の16	登録検査機関		2　登録を取り消し,
41条の18	登録定期確認機関		又は期間を定めて
41条の20	登録運搬方法確認機関		業務の全部若しくは一部の停止を命
41条の22	登録運搬物確認機関		ずることができる
41条の24	登録埋設確認機関		
41条の26	登録濃度確認機関		
41条の30	登録試験機関		
41条の34	登録資格講習機関		
41条の40	登録定期講習機関		
ボート, モーター, 選手, 審判員及び 検査員登録規則 　14条3号, 19条 　6号	選手	① モーターボート競走法の罪による罰金以上の刑又は禁錮以上の刑 ② 刑執行終了後2年	1　登録してはならない 2　登録を消除し, 当該選手（審判 員・検査員）にその旨の通知をしなければならない
21条	審判員		
22条	検査員		
保健師助産師看護師法 　9条1号, 14条 　1項・2項	保健師, 助産師, 看護師, 准看護師	① 罰金以上の刑	1　免許を与えないことがある 2　免許の取消し, 又は3年以内の業務の停止の処分をすることができる

Ⅳ　人の資格制限に関する法令一覧表（ほ〜ま）　*333*

資格制限法条	対象となる資格	①　資格を制限する刑 ②　資格制限の期間	効　果
保険業法 　53条の2, 1項 　3号・4号 　53条の5, 1項	相互会社の取締役 相互会社の監査役	①　本法，会社法，一般社団法人及び一般財団法人に関する法律，金融商品取引法197条，197条の2, 1号から10号の3まで，13号から15号まで，198条8号，199条，200条1号から12号の2まで，20号，21号，203条3項，205条1号から6号まで，19号，20号，金融機関等の更生手続の特例等に関する法律549条，550条，552条から555条まで，557条，民事再生法255条，256条，258条から260条まで，262条，外国倒産処理手続の承認援助に関する法律65条，66条，68条，69条，破産法265条，266条，268条から272条まで，274条の罪による刑 ①′　禁錮以上の刑 ②　刑執行終了後2年 ②′　刑執行終了まで（執行猶予中を除く）	取締役（監査役）となることができない
保護司法 　4条2号，12条 　1項	保護司	①　禁錮以上の刑	1　なることができない 2　解嘱しなければならない
麻薬及び向精神薬取締法 　3条3項2号・ 　7号，51条1項	麻薬取扱者	①　罰金以上の刑 ②　刑執行終了後3年	1　免許を与えないことができる 2　免許を取り消し，又は期間を定めて麻薬に関する業務若しくは研究の停止を命ずることができる

334 第2編 資 料

資格制限法条	対象となる資格	① 資格を制限する刑 ② 資格制限の期間	効 果
50条2項2号ロ・ト，51条2項	向精神薬取扱者	① 禁錮以上の刑 ② 刑執行終了後3年	1 免許を与えないことができる 2 免許を取り消し，又は期間を定めて向精神薬に関する業務の停止を命ずることができる
【み 水先法 　　6条2号	水先人	① 禁錮以上の刑 ② 刑執行終了後5年	なることができない
15条2項1号・3号，24条1号	水先人養成施設	① 本法の罪による罰金以上の刑 ② 刑執行終了後2年	1 登録をしてはならない 2 登録を取り消し，又は期間を定めて業務の全部若しくは一部の停止を命ずることができる（法人の役員を除く）
民間事業者による信書の送達に関する法律 　　8条1号・3号，28条2号，34条	一般信書便事業者，特定信書便事業者	① 1年以上の懲役又は禁錮の刑 ② 刑執行終了後2年	1 許可を受けることができない 2 6月以内において期間を定めて事業の全部若しくは一部の停止を命じ，又は許可を取り消すことができる
13条3項，14条3項，34条	一般信書便事業の承継人，特定信書便事業の承継人		地位を承継しない
民法 　　891条1号	相続人	① 故意に被相続人又は相続について先順位若しくは同順位にある者を死亡するに至らせ，又は至らせようとしたために，刑に処せられた者	なることができない

Ⅳ　人の資格制限に関する法令一覧表（ま～り）　335

	資格制限法条	対象となる資格	①　資格を制限する刑 ②　資格制限の期間	効　　果
【や】	薬剤師法 　5条3号，8条 　2項2号・3号	薬剤師	①　罰金以上の刑	1　免許を与えないことがある 2　免許を取り消し，又は3年以内の業務の停止の処分をすることができる
【ゆ】	ユネスコ活動に関する法律 　11条1項2号	日本ユネスコ国内委員会の委員	①　禁錮以上の刑	解任することができる
【よ】	預金保険法 　19条2号	預金保険機構運営委員会の委員	①　禁錮以上の刑	解任することができる
	29条2項	預金保険機構の役員		
【り】	理学療法士及び作業療法士法 　4条1号，7条 　1項	理学療法士，作業療法士	①　罰金以上の刑	1　免許を与えないことがある 2　免許を取り消し，又は期間を定めて理学療法士又は作業療法士の名称の使用の停止を命ずることができる
	理容師法 　4条の3，2項 　3号イ，4条の 　15，1項	理容師試験の指定試験機関	①　本法の罪による刑 ②　刑執行終了後2年	1　指定をしてはならない 2　指定を取り消さなければならない
	旅館業法 　3条2項1号・ 　3号，8条	旅館業者	①　本法による刑 ②　刑執行終了後3年	1　許可を与えることができる 2　許可を取り消し，又は期間を定めて営業の停止を命ずることができる
	3条の2，2項 　3条の3，3項	旅館業の承継人		地位を承継しない
	旅券法 　13条1項3号	一般旅券の発給申請者・渡航先の追加申請者	①　禁錮以上の刑 ②　刑執行終了まで	発給又は渡航先の追加をしないことができる

336 第2編 資料

資格制限法条	対象となる 資格	① 資格を制限する刑 ② 資格制限の期間	効果
旅行業法 6条1項2号・6号, 19条1項2号	旅行業者, 旅行業者代理業者	① 禁錮以上の刑又は本法の罪による罰金の刑 ② 刑執行終了後5年	1 登録を拒否しなければならない 2 6箇月以内の期間を定めて業務の全部若しくは一部の停止を命じ, 又は登録を取り消すことができる
11条の2, 5項	旅行業務取扱管理者		欠格者となる
22条の2, 1項5号	旅行業協会の役員		指定することができない
12条の13, 1号	旅程管理業務主任者	① 本法の罪による罰金以上の刑 ② 刑執行終了後2年	登録を受けることができない
12条の23, 1号	登録研修機関		登録を取り消し, 又は期間を定めて業務の全部若しくは一部の停止を命ずることができる
林業種苗法 10条3項1号, 15条1項3号	林業用種苗生産事業者	① 本法の罪による罰金の刑 ② 刑執行終了後2年	1 登録をしない 2 登録を取り消すことができる
臨床工学技士法 4条1号, 8条1項	臨床工学技士	① 罰金以上の刑	1 免許を与えないことがある 2 免許を取り消し, 又は期間を定めて臨床工学技士の名称の使用の停止を命ずることができる
17条4項4号イ, 30条1項	指定試験機関の役員	① 本法の罪による刑 ② 刑執行終了後2年	1 指定をしてはならない 2 指定を取り消さなければならない

IV　人の資格制限に関する法令一覧表（り〜ろ）　*337*

資格制限法条	対象となる資格	①　資格を制限する刑 ②　資格制限の期間	効　果
【ろ】労働安全衛生法 46条2項1号・3号，53条1項1号	登録製造時等検査機関	①　本法の罪による罰金以上の刑 ②　刑執行終了後2年	1　登録を受けることができない 2　登録を取り消し，又は6月を超えない範囲内で期間を定めて業務の全部若しくは一部の停止を命ずることができる
54条	登録個別検定機関		
54条の2	登録型式検定機関		
77条3項	作業主任者等の登録教習機関		
54条の3，2項1号・3号，54条の6，1項	検査業者		1　登録を受けることができない 2　登録を取り消さなければならない
75条の3，2項3号・5号，75条の11，1項	衛生管理者等の免許試験の指定試験機関	①　本法の罪による刑 ②　刑執行終了後2年	1　指定をしてはならない 2　指定を取り消さなければならない
84条2項2号・3号，85条1項	労働安全コンサルタント，労働衛生コンサルタント	①　本法の罪による罰金以上の刑又は本法以外の罪による禁錮以上の刑 ②　刑執行終了後2年	1　登録を受けることができない 2　登録を取り消さなければならない
労働組合法 19条の4，1項 19条の12，6項	中央労働委員会の委員 都道府県労働委員会の委員	①　禁錮以上の刑 ②　刑執行終了まで	委員となることができない

338　第2編　資　料

資格制限法条	対象となる資格	① 資格を制限する刑 ② 資格制限の期間	効　果
労働者派遣事業の適正な運営の確保及び派遣労働者の保護等に関する法律 　6条1号・2号・9号・10号，14条1項1号 36条	労働者派遣事業者	① 禁錮以上の刑，又は本法その他労働に関する法律若しくは暴力団員による不当な行為の防止等に関する法律，刑法204条，206条，208条，208条の2，222条，247条，暴力行為等処罰に関する法律，出入国管理及び難民認定法73条の2，1項，健康	1 許可を受けることができない 2 許可を取り消すことができる
	派遣元責任者	保険法208条，213条の2，214条1項，船員保険法156条，159条，160条1項，労働者災害補償保険法51条前段，54条1項，厚生年金保険法102条，103条の2，104条1項，労働保険の保険料の徴収等に関する法律46条前段，48条1項，雇用保険法83条，86条の罪による罰金の刑 ② 刑執行終了後5年	欠格者となる
労働保険審査官及び労働保険審査会法 　30条2号，31条	労働保険審査会の委員	① 禁錮以上の刑	罷免しなければならない

（注）1　この表は，犯歴に係る欠格条項のある主な法令をまとめたものである。
　　　2　資格制限の期間欄の「刑執行終了後○年」，「刑執行終了まで」の記載は，法文において「○○の刑に処せられ，その執行を終わり又は執行を受けることがなくなった日から○年を経過しない者」等としている場合の略記であり，「刑執行終了後○年」，「刑執行終了まで」としている法文の例はない。
　　　　刑法等の一部を改正する法律（平成25年法律第49号）等の施行により，平成28年6月1日から，刑期の一部を実刑とするとともに，その残りの刑期の執行を猶予する刑の一部の執行猶予制度が導入されたことに伴い，その趣旨をいかすためには，いわゆる資格制限との関係においても，実刑期間は改正前の実刑と同等に扱い，猶予期間は改正前の猶予期間と同等に扱うのが相当と考えられるところ，刑の一部の執行猶予制度と資格制

限規定については，以下のように整理することができる。

(1) 「禁錮以上の刑に処せられ，その執行を終わるまで又はその執行を受けることがなくなるまでの者」との規定について

　　例えば，宗教法人法22条3号（役員の欠格），土地収用法54条2号（委員の欠格条項）等のように「禁錮以上の刑に処せられ，その執行を終わるまで又はその執行を受けることがなくなるまで」の間を欠格事由とする類型の規定は，禁錮以上の刑に処せられた者のうち，実刑の執行中の者については「その執行を終わるまで」の者に該当するとして，猶予期間中の者については「その執行を受けることがなくなるまで」の者に該当するとして，いずれも資格制限の対象とされるものである。

　　刑の一部の執行猶予の場合も，実刑部分の執行中の者及び猶予期間中の者のいずれも資格制限の対象とされる。すなわち，刑の一部の執行猶予の場合，実刑部分の執行中の者は「刑の執行を終わるまで」に該当し，猶予期間中の者は「その執行を受けることがなくなるまで」に該当することとなる。

　　また，会社法331条1項4号（取締役の資格等）等のように「（刑の執行猶予中の者を除く。）」とするものについては，執行猶予中の者を資格制限の対象外とするものであるが，刑の一部の執行猶予の場合，猶予期間中の者は「刑の執行猶予中の者」に該当するから，刑の一部の執行猶予の猶予期間中の者は資格制限の対象外とされることとなる。

(2) 「禁錮以上の刑に処せられ，その刑の執行を終わり，又はその刑の執行を受けることがなくなった日から〇年を経過しない者」との規定について

　　例えば，資金決済に関する法律99条1項4号（紛争解決等業務を行う者の欠格条項）等のように「刑の執行を終わった日」又は「刑の執行を受けることがなくなった日」から〇年間の付加期間中，更に資格を制限するものについては，刑の一部の執行猶予の場合，刑の一部の執行猶予の言渡しを取り消されることなく猶予期間を経過した者については，実刑部分の執行終了時に遡ってその時点から〇年間，資格制限の対象とされることとなる。この点，刑の一部の執行猶予の場合，猶予期間の経過により，刑を執行される可能性がなくなるのであるから，歴史的事実としては，猶予期間経過時にその刑の執行を受けることがなくなるといえる。

　　しかしながら，刑法27条の7は，猶予期間経過時において，実刑部分の期間を刑期とする懲役又は禁錮の刑に減軽され，実刑部分の終了時をその刑の執行終了時とする旨規定しているところ，猶予期間経過

340　第2編　資　料

　　　時以降の資格制限規定の適用においては，同条によって，実刑部分の
　　終了時が「刑の執行を終わった日」とみなされる結果，猶予期間の経
　　過時は「刑の執行を受けることがなくなった日」に該当しないことと
　　なるから，付加期間の起算日も「刑の執行を終わった日」である実刑
　　部分の終了時となる。
3　「○○の承継人」とは，事業の全部の譲り渡し，又は事業者について合
　併，分割若しくは相続があったときに，事業の全部を譲り受けた者，合
　併後存続する法人，合併により設立した法人，分割により事業の全部を
　承継した法人，相続人等をいう。
4　表作成に当たり，表記を簡略化した部分もあるので，必ず当該条文を
　確認願いたい。

第3編

先　　例

先例

342 第3編　先　例

犯罪人名簿 —目　次—

1　整備の基本，保存 ……………………………………………… 346
　　①　犯罪人名簿の取扱について ……………………………… 346
　　　　犯罪人名簿は，警察，検事局，裁判所等の照会に関するものは
　　格別，これを身元証明等のために使用することはできない
　　②　犯罪人名簿の取扱い ……………………………………… 346
　　　　刑法34条ノ2の規定により又は執行猶予期間満了により刑の
　　言渡しがその効力を失った者に対する犯罪人名簿の取扱い
　　③　刑の消滅等に関する照会の書式について …………………… 347
　　④　犯罪人名簿の取扱い ……………………………………… 349
　　　　検察庁からの既決犯罪人通知書等の保存年限及び刑法34条ノ
　　2の規定により刑の消滅があった場合の犯罪人名簿の取扱いにつ
　　いて
　　⑤　少年時の犯罪に関する犯罪人名簿の取扱い ……………… 349
　　⑥　沖縄の復帰に伴う犯歴事務の取扱いについて ………………… 350
2　身元証明の可否 ………………………………………………… 352
　㈠　証明してよい場合 ………………………………………… 352
　　⑴　行政庁等が公権力の行使等のために照会する場合 ………… 352
　　　①　犯罪人名簿の取扱い …………………………………… 352
　　　　　昭和21年11月12日付け内務省発地第279号各地方長官宛て
　　　地方局長通達中「警察，検事局，裁判所等」とあるのは，行政庁
　　　が各種の免許処分又は登録する際，法律により申請者の資格調査
　　　上必要がある場合又は下級行政庁等が当該申請書を経由申請する
　　　場合に，主務大臣・知事・市町村長等を含む
　　　②　犯罪人名簿の取扱い …………………………………… 352
　　　　•　法律により申請者の資格調査を必要とする場合又は下級行政
　　　　庁等が当該申請書を経由進達する場合の主務大臣，知事等の照
　　　　会は，法律のみならず，都道府県の条例，規則による場合でも

目　次　*343*

さしつかえない

- 　法律による申請者の資格調査を必要とする場合，申請者本人からの直接照会に対しては証明してはならない

③　身元調査に対する犯罪人名簿の取扱い ……………………………… 353

人事院が行う国家公務員の採用試験の際に，人事院事務総局又は人事院から委託された国の機関から受験者の本籍地市区町村長あてに身元調査票を送付して証明を求められたときは，これに応じなければならない

④　犯罪人名簿の取扱い ……………………………………………………… 354

法律により申請者の資格調査上必要がある場合又は下級行政庁が当該申請書を経由進達する場合に必要ありとして，各省の局部課長，都道府県又は市の部課長から身元証明を求められた場合，法令又は規則等により当該行政庁の長の権限を委託された者であることが確認される場合のほか応じられない

⑤　公社等の照会に対する犯罪人名簿の取扱い …………………………… 355

- 　日本国有鉄道，日本専売公社及び日本電信電話公社等から職員の採用，任用試験その他許可，認可等の資格調査のため身元照会があった場合，犯罪人名簿による回答はできない
- 　行政庁の総務部長，人事課長名で犯罪関係の照会があったときは，同部課長が当該行政庁の権限を委任された者であるときは，これに応じてさしつかえない
- 　司法官庁，公社若しくはこれ等の外郭団体から各種表彰規定による表彰を行うための資格調査の照会には応じられない

⑥　褒章条例に基く犯罪事実の調査 ……………………………………… 356

褒章条例に基づく犯罪事実の調査の照会には応じてさしつかえない

⑦　法令に基く欠格条項の調査と犯罪人名簿 …………………………… 356

官公庁から職員の任用予定者について犯罪事項の照会があった場合，その照会内容が関係法令に定めた欠格条項の範囲を越えて

いる場合であっても，公務員としての不適格性について調査する
ものであるかぎり回答すべきである

   ⑧　犯罪人名簿の取扱い ……………………………………………… 356
      農業委員会の委員の資格調査には，犯罪人名簿を利用すること
ができる

(2)　法令に根拠ある場合 ………………………………………………… 357
   ①　犯罪人名簿の取扱い ……………………………………………… 357
      日本弁護士連合会の弁護士名簿に登録するための経由進達上必
要があるとして，弁護士会から弁護士法に基づき照会があったと
きは，犯罪人名簿に基づき身元証明をしてさしつかえない

   ②　地方競馬全国協会に対する身元証明の回答の可否 …………… 357
      競馬法第22条で準用する同法第13条及び第16条の規定によ
り地方競馬全国協会からの身元証明については，回答してさしつ
かえない

   ③　地方職員共済組合等からの照会に対する身分証明 …………… 358
      地方職員共済組合等から給付を行うため必要ありとして，処刑
の有無につき照会があったときは，回答してさしつかえない

   ④　犯罪人名簿の取扱い ……………………………………………… 358
      恩給を受ける権利の回復のための刑の言渡しの効力の消滅の有
無の照会について，資格を回復した者の場合は，消滅した旨を回
答してさしつかえない。その場合の照会者及び証明文ついて

   ⑤　行政書士会が行なう行政書士名簿の登録のための身元証明 … 359
(二)　証明してはいけない場合 ……………………………………………… 359
   ①　犯罪人名簿の取扱い ……………………………………………… 359
      各種法令又は規則中に，免許又は認可を受けようとする者は，
犯罪に関する証明奥書を必要とする旨規定されているときは，申
請者の経由庁である知事若しくは厚生大臣等から請求があった場
合にのみ証明する

   ②　身元調査に対する犯罪人名簿の取扱い ………………………… 360

国民金融公庫の支所から身元調査の依頼があっても，同公庫は
行政庁でないから，これに応ずることはできない

③　犯罪人名簿の取扱い ……………………………………………… 360
　全国競走会連合会からモーターボート競走法に基づく，競走場，
ボート，モーター選手及び審判員登録規則に基づき，選手登録に
際して，選手の前科の有無について照会があっても，同会は行政
庁ではないから，回答することはできない

④　犯罪人名簿の取扱い ……………………………………………… 361
　個人又は私法人からの照会に対して，前科の有無の回答をして
はならない

⑤　国立学校長等の褒章条例に基く犯罪事実の調査 ……………… 362
　国立学校長等の褒章条例に基づく犯罪事実の調査には回答する
ことはできない

⑥　弁護士会から身元照会があつた場合 …………………………… 362
　弁護士会から弁護士法第23条の2の規定による受任事件につ
いて，前科について照会があった場合は，回答すべきでない

⑦　犯罪人名簿に基づく身元調査 …………………………………… 363
　都道府県の人事委員会，警察本部等からの職員の採用予定者の
資格調査を行うための照会は，地方公務員等の関係法令の欠格条
項に該当するものではないから回答する必要はない

⑧　犯罪人名簿の取扱い ……………………………………………… 363
　刑を受けた者から就職のための身分証明には回答してはならな
い

346 第3編 先 例

犯罪人名簿

1 整備の基本，保存

① 犯罪人名簿の取扱について

（昭和21.11.12内務省発地第279）
（号各地方長官宛　地方局長通達）

標記名簿は大正6年4月訓令第1号本籍人名簿整備方及び昭和2年訓令第3号入寄留者犯人名簿整備方により，それぞれ整備致しておることと思うが，これは，何れも選挙資格の調査のために調製保存しているのであるから，警察，検事局，裁判所等の照会に対するものは格別，これを，身元証明等のために使用するようなことは今後絶対にこれを避けるのは勿論，恩赦に因り資格を回復した者については，速に関係部分を削除整理する等，その者の氏名等を全く認知することができないようにし，犯罪人の処理上些も遺憾なきよう管下市区町村を御指導ありたい。

② 犯罪人名簿の取扱い

（昭和24.10.29自行発第4号都道府県総務部）
（長宛　地方自治庁連絡行政部行政課長回答）

問　犯罪人名簿は，大正6年4月訓令第1号本籍人犯罪人名簿整備方及び昭和2年訓令第3号寄留者犯罪人名簿整備方により市町村においてそれぞれ整備しているのであるが，刑法第34条ノ2の規定により一定年限（10年又は5年）を経過したときには刑の言渡は効力を失うものとされた結果，この年限を経過した者は犯罪人名簿を抹消することとなるが，市町村においてこの期限の経過がわからないため名簿の抹消ができず，裁判所，検察庁，行政官庁等の照会に対し確実な回答ができないこととなり，取扱に支障を来すこととなるから何分の御指示を願いたい。

答　刑法第34条ノ2の規定により又は執行猶予期間の満了により，刑の言渡がその効力を失つた場合には，市区町村における犯罪人名簿からその前

科を抹消するを相当とするが，従来市区町村において刑の執行を終り若しくはその執行の免除を得た年月日又は執行猶予取消の有無の通報をうけていないため，この際犯罪人名簿に記載されている該当のすべての前科につき一挙に整理抹消することは早急には困難であるので，さしあたつては官庁等の照会に対して前科の有無を回答し又は転籍地若しくは入寄留地市区町村長に前科を通知する等の場合において，必要があれば，その都度有罪の言渡をした裁判所に対応する検察庁に対し照会をし，その回答によつて，逐次犯罪人名簿の整備に当るように処置されたい。

　なお，本件については，法務府検務局と打合せ済であり，各検察庁に対して，別途本件に協力するよう指示があるはずであるから念のため申し添える。

③　刑の消滅等に関する照会の書式について

(昭和 34. 8. 13 自丁行発第 113 号各都道)
府県総務部長宛　自治庁行政局行政課長

　犯罪人名簿に記載された者の前科の抹消に関し，市区町村長からその者の本籍地を管轄する地方検察庁に対し刑法第 34 条ノ 2 の規定により刑の言渡が効力を失つたこと又は執行猶予期間の満了により刑の言渡が効力を失つたことの有無を照会する場合には，事務処理の都合上，今後は別紙の様式によることとされたい旨法務省から依頼がありましたので，貴職から貴管下市町村に対し御回示方お願いします。

（別紙）

第　　　号

刑の消滅等に関する照会書

本　籍

氏　名

年　齢　　　　年　月　日

右の者に関する左記前科につき刑法第三四条ノ二の規定により刑が消滅した事実の有無を調査のうえ回答願います。

　　年　月　日

　　地方検察庁検察官　　　　　　　　　殿

　　　　　　　　　　　　市区町村長　　　㊞

記

裁判及び確定の日	裁判所	罪名	刑名刑期金額	備考	刑の消滅または刑の言渡の効力の消滅の事実の有無回答
昭和　年　月　日　宣告 昭和　年　月　日　確定　略式・即決	裁判所 支部		懲役　年　月 罰金　　円		
昭和　年　月　日　宣告 昭和　年　月　日　確定　略式・即決	裁判所 支部		懲役　年　月 罰金　　円		
昭和　年　月　日　宣告 昭和　年　月　日　確定　略式・即決	裁判所 支部		懲役　年　月 罰金　　円		
昭和　年　月　日　宣告 昭和　年　月　日　確定　略式・即決	裁判所		懲役　年　月 罰金　　円		

右前科に関し下記回答欄記載のとおりであるから回答する。

　　昭和　年　月　日

　　市区町村長　　　　　　殿

　　　　　　　地方検察庁検察官

④　犯罪人名簿の取扱い

$$\left(\begin{array}{l}\text{昭和40. 9. 30自治行第126号佐}\\\text{賀県総務部長宛　行政課長回答}\end{array}\right)$$

問一　検察庁よりの既決犯罪人通知書等の保存年限は何年か。また，転籍等
　　により他市町村に戸籍の移動のあつた場合犯罪について通知するように
　　なつているが，この場合犯罪人名簿の原本は何年保存すればよいか。
　二　刑法第34条ノ2の規定により刑の消滅があつた場合の犯罪人名簿の
　　取扱いはどうすればよいか。

答一　ともに犯罪人名簿の当該部分が死亡，復権等により削除整理されるま
　　での間保存すべきものと解する。
　二　関係部分を削除整理する等，その者の氏名等を全く認知することがで
　　きないよう取扱うべきである。

⑤　少年時の犯罪に関する犯罪人名簿の取扱い

$$\left(\begin{array}{l}\text{昭和43. 6. 18自治行第59号広}\\\text{島県総務部長宛　行政課長回答}\end{array}\right)$$

問　少年時の犯罪により，犯罪人名簿に登載されている者が，その執行を終
　　了した旨検察庁からの通知に接したときは，この者の氏名を次の理由によ
　　り，名簿から削除してよろしいか。
　　　少年法第60条によれば「少年のとき犯した罪により刑に処せられて，
　　その執行を受け終り，又は執行の免除を受けた者は，人の資格に関する法
　　令の適用については，将来に向つて刑の言渡を受けなかつたものとみな
　　す」と規定されており，したがつて将来に向つて何らかの照会に対しても
　　回答することはすべきでなく，使用は許されないことになるので存続の必
　　要性もないと考えられる。
　　　刑法第34条ノ2の条文にも抵触しないものと考えられる。

答　お見込みのとおり。

350　第3編　先　例

⑥　沖縄の復帰に伴う犯歴事務の取扱いについて

(昭和47.5.18自治行第36号各都)
(道府県総務部長宛　行政局長通知)

　今般, 法務省においては, 沖縄の復帰に伴う犯歴事務について別紙による
こととなつた旨通知があつたので, 貴職から貴管下市町村に対して御回示の
うえ, 犯罪人名簿の整備につきいかんのないよう御指導願いたい。

（別紙）

　沖縄の復帰に伴う犯歴事務の取扱いについて

一　沖縄の復帰に伴う特別措置に関する法律（昭和46年法律第129号。以
　　下「特別措置法」という。）は, 本年5月15日沖縄の復帰に伴い, 同日全
　　面的に施行された。ところで, 特別措置法第25条（罰則に関する経過措
　　置）第1項では, 復帰の際沖縄に適用されていた刑罰に関する規定（以下
　　「沖縄の刑罰規定」という。）は, 復帰前の沖縄における行為については,
　　政令で定めるものを除き, なお, その効力を有するものとされ, 沖縄の刑
　　罰規定は, わが国法の中に取り込まれ, 復帰後は, 復帰前の行為について,
　　わが国法として適用できることとなつた。しかし, 右の沖縄の刑罰規定に
　　定める刑は, 復帰前にすでに改廃された沖縄の刑罰に関する規定に定める
　　刑を含め, 本土の刑法総則にいう刑（以下「本土刑」という。）ではなく,
　　沖縄の刑法総則が適用される刑（以下「沖縄刑」という。）であり, 両者
　　の刑は, 原則として相互に影響せず, 沖縄刑は本土刑の消滅の中断事由と
　　はならず, 逆に, 本土刑は, 沖縄刑の消滅の中断事由とはならない。また
　　沖縄刑は, 人の資格に関する本土法令の規定の適用については, 当該本土
　　法令の欠格事由に係る刑ではないが, 特別措置法第105条（農業委員会の
　　委員の選挙権等に関する経過措置）, 第118条（海区漁業調整委員会の委
　　員の選挙権等に関する経過措置）および第153条（公職選挙法に関する経
　　過措置）の各規定により, 沖縄の選挙権, 被選挙権に関する欠格事由が引
　　き継がれており, また, 同法第53条第3項に基づく各所管省庁関係の政
　　令により, 原則として本土法令において欠格事由とされている事実に相当

する事実が，復帰前に沖縄においてあつたときは，本土法令において当該欠格事由とされている事実があつたものとみなされているから，留意願いたい。

二　右に述べたことに伴い，検察庁における犯歴事務については，本土刑に係る犯歴と沖縄刑に係る犯歴は，それぞれ区別して取り扱うこととし，市区町村長に対してなされる既決犯罪通知書等については，それが沖縄刑に係るものであるときは，その適宜の箇所に㊑と朱書して表示したうえ送付することとされた。

　　ついては，市区町村においても，㊑と表示された既決犯罪通知書等については，これが沖縄刑に係るものであることを認識せられ，犯罪人名簿の作成およびその取扱い上，本土刑に係るものと明確に区別するよう特段の配慮を願いたい。

三　次に，沖縄に本籍を有する者に係る本土刑の犯歴票は，従来東京地方検察庁において保管されていたのであるが，沖縄の復帰に伴い，那覇地方検察庁に保管換えされることとなり，また，これと同時に，復帰前の沖縄の検察庁において保管されていた本土に本籍を有する者に係る沖縄刑の犯歴票は，それぞれその本籍地を管轄する本土の地方検察庁に保管換えされることとなつた。ついては，これら保管換えにより，新たに右の犯歴票の保管庁となつた検察庁は，当該犯歴票に記載された犯歴のうち，いまだ刑が消滅していないものについて，復帰後できる限りすみやかに本籍地の市区町村長に対し既決犯罪通知の手続をとることとなる。したがつて，刑法第27条の規定による刑の言渡しの効力の喪失または同法第34条ノ2の規定による刑の消滅その他の犯歴事務に関する市区町村からの照会にあたつては，本土刑であると沖縄刑であるとを問わず，調査の必要が生じたつど，従前どおり当該照会に係る者の本籍地を管轄する地方検察庁（本邦に本籍を有しない者等にあつては，東京地方検察庁）に対して行なうこととされたいが，この場合，沖縄刑に係る照会については，その照会書の適宜な箇

352 第3編 先 例

所に㊞と朱書して表示するよう配慮を願いたい。なお，㊞の表示がなされ
ていない照会については，検察庁においては，本土刑についてのみ調査し
て回答することとなるので，念のため申し添える。

2 身元証明の可否

(一) 証明してよい場合

(1) 行政庁等が公権力の行使等のため照会する場合

① 犯罪人名簿の取扱い

(昭22.8.14発地第160号各都)
(道府県知事宛　地方局長通知)

標記の件に関しては，客年11月12日内務省発地第279号で通達したとこ
ろであるが，該通達中「警察，検事局，裁判所等」とあるのは，警察及び司
法関係庁のみならず，行政庁が獣医師免許，装蹄師免許等，各種の免許処分
又は弁護士，弁理士，計理士等の登録等をする際において，法律により申請
者の資格調査を必要とする場合又は下級行政庁等が当該申請書を経由進達す
る必要がある場合においては，主務大臣，都道府県知事，市町村長等を含む
意であるから，御了知相成りたい。

② 犯罪人名簿の取扱い

(昭和23.9.8自発第766号大分)
(県総務部長宛　自治課長回答)

問　法律により申請者の資格調査を必要とする場合又は下級行政庁等が当該
　申請書を経由進達する場合においては，主務大臣，知事，市町村長から照
　会のあつたときは証明してよいとあるが，

　一　条例規則等で資格調査を必要とする場合も，知事，市町村長の照会に
　　対しては，証明してさしつかえないと思うがどうか。

　二　法律により申請者の資格調査を必要とする場合，申請者からの直接の
　　照会に対しても，証明してさしつかえないと思うがどうか。

答一　お見込のとおり。

二　申請者に直接証明してはならない。なお，申請者は自らその旨記
　　載すれば足りる取扱である。

③　身元調査に対する犯罪人名簿の取扱い

$$\begin{pmatrix}昭和 28. 8. 24 自乙発第 555 号各\\都道府県知事宛　自治庁次長通知\end{pmatrix}$$

　標記の件について別紙一のとおり人事院から依頼があつたが，本件に関す
る当庁の見解は，別紙二のとおりであり，人事院当局の依頼は至当と認めら
れるので，この旨管下市区町村に御連絡の上宜しく御指導賜わりたい。

　　別紙一

　　身元調査に対する犯罪人名簿の取扱について（依頼）

$$\begin{pmatrix}昭和 28. 7. 23 自治庁次\\長宛　人事院職員局長\end{pmatrix}$$

　人事院が行う採用試験の際には，受験者の身上調査のため，従来人事院事
務総局または人事院から委託された国の機関（現在では国家地方警察本部，
海上保安庁，法務省および労働省）が，本籍地市区町村長あて身元調査票を
送付し証明を依頼しておりますが，一部の市区町村においては，法の解釈上
の疑義からその証明の保留あるいは回答の遅延がみられ，試験業務の運営に
しばしば支障をきたしてまいりました。

　このことについては，すでに貴庁から一部地方自治体に対して「法律によ
り申請者の資格調査を必要とする場合」に該当するものとして，そのつど証
明発行の取扱方に関し指示していただいておりましたが，その後も同様な傾
向がみられますので，人事院事務総局または人事院から委託された国の機関
が，国家公務員法第 38 条に基く欠格条項および公務員としての不適格性に
ついて調査する身元調査に関しては，特に迅速，円滑なおとりはからいを願
いたく，重ねて貴庁から管下地方自治体を通じて各市区町村長にお伝えくだ
さるよう依頼します。

　　別紙二

　　犯罪人名簿の取扱について

354 第3編　先　例

$$\left(\begin{matrix}昭和25.8.17発連第448号山\\口県知事宛　地方自治庁次長\end{matrix}\right)$$

　貴管下下関市長においては，さきに人事院事務総局調査局長等の行政庁からの犯罪人名簿による既決事項についての証明依頼に対して，昭和21年11月12日内務省発地第279号及び昭和22年8月14日内務省発地第160号の通達に基いて拒否する旨の回答をされた趣であるが，右に対しては，次のように取扱がなされるべきであるから御了知の上しかるべき御指導相成りたい。

　昭和21年内務省発地第279号中「警察，検事局，裁判所等」とあるのは，単に警察，司法関係の官庁のみならず，広く各主務大臣，都道府県知事，市町村長等の行政庁をも含む意であつて，身元調査その他のために，個人の直接証明の用に供することは許されないのであるが，法律により特定の者の資格調査その他のために，必要があるとき，関係行政庁の照会に対しては，それに応ずべき取扱になつている。

④　犯罪人名簿の取扱い

$$\left(\begin{matrix}昭和30.1.14自丁行発第27号広\\島県総務部長宛　行政課長回答\end{matrix}\right)$$

問　犯罪人名簿の取扱に関しては，昭和21年11月12日発地第279号及び昭和22年8月14日内務省発地第160号通知により管下市町村を指導しているが，この通知によれば，法律により申請者の資格調査を必要とする場合又は下級行政庁等が当該申請書を経由進達する場合においては，主務大臣，知事，市町村長等から照会のあつたときは，証明してよいとあるが，左記設例の照会に対しては，市町村長は，当該行政庁の照会とみなして証明することはできないものと思うがどうか，但し，法令又は規則等により当該行政庁の長の権限を委任された者であると確認される限りにおいては，たとえ部課長等の職名を用いた照会であつても，これには応じてさしつかえないと思うがどうか。

例

　一　本　省—局，部，課長

犯罪人名簿　*355*

　二　都道府県一部，課長

　三　市一部，課長

答　いずれもお見込のとおり。

⑤　公社等の照会に対する犯罪人名簿の取扱い

（昭和 32. 12. 24 自丁行発第 226 号）
（北海道総務部長宛　行政課長回答）

問　市町村長に対する身元調査としての犯罪人名簿の登載事項にかかる照会
は警察，検察庁，裁判所等の司法官庁の外，人事院，都道府県知事，市町
村長等の行政庁が職員の採用，任用試験，各種免許等につき法律上の資格
調査のために行う照会に対しても回答でき得る旨通達されているが左記事
例にあたる場合の照会に対して市町村長は犯罪人名簿記載事項につき回答
をなし得るや。

　一　行政庁以外の日本国有鉄道，専売公社等より職員の採用，任用試験そ
　　の他許，認可等の資格調査につき照会があつた場合。

　二　行政庁の事務取扱機関である総務部長，人事課長名をもつて所問の照
　　会があつた場合。

　三　司法官庁，公社もしくはこれ等の外郭団体より各種表彰式規定による
　　表彰を行うためその資格調査として照会があつた場合。

答一　日本国有鉄道，日本専売公社及び日本電信電話公社については職員の
　　任用につき，法律上欠格事由を定めた規定がないから，所問のごとき照会
　　に対し，回答することはできない。

　二　所問の内容が明らかでないが，法令等に基く資格調査であつて，部課
　　長が当該行政庁の権限を委任された者である場合には，応じてさしつか
　　えない。

　三　回答することはできない。

356 第3編 先 例

⑥ 褒章条例に基く犯罪事実の調査

(昭和34. 1. 27自丁行発第6号東京)
(都総務局行政部長宛　行政課長回答)

問　褒章条例に基く褒章等の具申手続に必要な身分調査作成のため，行政庁
　　が行う処刑の有無に関する照会に対して，市区町村長は，犯罪人名簿によ
　　つて回答をなしてさしつかえないか。
答　お見込のとおり。

⑦ 法令に基く欠格条項の調査と犯罪人名簿

(昭和34. 3. 19自丁行発第38号北)
(海道総務部長宛　行政課長回答)

問　最近各官公庁から職員の任用予定者の犯罪事項を照会される例が多いが，
　　国家公務員法，地方公務員法，自衛隊法等で定められた欠格条項の規定と
　　違い，照会文はほとんど「当該任用予定者が罰金以上の刑罰に処せられた
　　ことがあるか，あればその罪名，刑名及び判決年月日，言渡裁判所を通知
　　されたい。」というような内容のものでこれは関係法令に定められた欠格
　　条項の範囲をこえる調査であるから，犯罪人名簿の取扱についての通達
　　（昭和21. 11. 12，昭和22. 8. 14，昭和28. 8. 24）の趣旨に基き，当該任用
　　予定者の前科の有無にかかわらずすべて回答しないのが相当であると考え
　　るがどうか。また，何らかの回答をしなければならないものであれば，そ
　　の回答の内容を関係法令に定められた欠格条項に該当する部分の有無のみ
　　に限るのが相当か。それとも照会されたとおり罰金以上の刑全部について
　　の有無及びその罪名等を回答すべきか。
答　法令に基く欠格条項及び公務員としての不適格性について調査するもの
　　であるかぎり照会の事項についても回答すべきである。

⑧ 犯罪人名簿の取扱い

(昭和38. 10. 18自治丁行発第61号農林)
(省農業経済局農政課長宛　行政課長回答)

問一　農業委員会の選挙による委員の資格を調査するに当つては，農業委員

会および選挙管理委員会は，犯罪人名簿を利用することができると思うがどうか。

二　農業委員会および選挙管理委員会が利用することができる場合に，その事務取扱手続如何。

答一　お見込のとおり。

二　資格調査のため必要な事項を当該委員の本籍地の市町村に照会すべきである。

(2) **法令に根拠ある場合**

① **犯罪人名簿の取扱い**

（昭和 24. 12. 19 発連第 94 号各都道府県）
（知事宛　地方自治庁連絡行政部長通知）

首題の件については，昭和 21 年 11 月 12 日内務省発地第 279 号及び昭和 22 年 8 月 14 日同第 160 号により通達したところであるが，今回弁護士法の改正（昭和 24 年法律第 205 号）により，弁護士となるには，日本弁護士連合会に備えた弁護士名簿に登録されなければならなくなつたので，この登録の経由進達のため，弁護士会から弁護士法に基き弁護士名簿登録申請者の資格調査上必要な照会があつた場合には，これに対しても身元証明を与える取扱と致されたい。

なお，右の旨，貴管下市町村に通達されたい。

② **地方競馬全国協会に対する身元証明の回答の可否**

（昭和 38. 4. 11 自治丁行発第 34 号地）
（方競馬全国協会宛　行政課長回答）

問　競馬法第 22 条において準用する同法第 13 条及び 16 条の規定による地方競馬全国協会が行なう犯罪調査に関する身元証明の照会に対しては，日本中央競馬会の照会に対するものと同様に，市区町村長から回答して頂けるものと解してさしつかえないか伺います。

答　お見込のとおり。

358 第3編 先 例

③ 地方職員共済組合等からの照会に対する身分証明

$$\left(\begin{array}{l}\text{昭和38. 11. 27}\\\text{行政課決定}\end{array}\right)$$

問 地方職員共済組合，公共企業体職員等共済組合等が，その給付を行なうために必要な，法令に基づく，給付を受けるべき者についての処刑の有無に関する照会に対して，市区町村長は身元証明を行なつてさしつかえないものと思うがどうか。

答 お見込のとおり。

④ 犯罪人名簿の取扱い

$$\left(\begin{array}{l}\text{昭和 39. 1. 21 自治行第 8 号愛}\\\text{知県総務部長宛　行政課長回答}\end{array}\right)$$

問一 法令による資格調査のための照会は，従来から回答する扱いとされていたが，本人の恩給を受ける権利の回復のための刑の言渡しの効力の消滅の有無の照会には，資格を回復した者の場合消滅した旨回答することはできると思うがどうか。

　二　本件の回答がさしつかえないものであるとした場合

　(1)　本人の在職した職の所属長たる行政庁からの照会にかぎらず給付すべき共済組合の組合長またはその委任に基づく組合支部長等からの照会に対しても回答してさしつかえないか。

　(2)　照会様式が証明願である場合別記様式の証明書を交付してさしつかえないか。

　（記　別）

証　明　書

本　籍　地

戸籍の筆頭者

本　人

生　年　月　日

裁判言渡し年月日

犯罪人名簿　*359*

　　　判　　　　　決　　　　　　　　裁判所名

　　裁判確定年 月 日

　　　……により刑の言渡しの効力が失われたものとされた者

　　上記のとおり証明する

　　　　年　　　月　　　日

　　　　　　　　　　　　　　　　名古屋市　　　　　　区長

答一　お見込のとおり。

　二　　(1)　昭和 38 年 11 月 27 日付行政課決定により承知されたい。

　　　(2)　さしつかえない。

⑤　行政書士会が行なう行政書士名簿の登録のための身元証明

$$\binom{\text{昭和 47. 9. 30}}{\text{行政課決定}}$$

問　行政書士法の一部を改正する法律（昭和 46 年法律第 101 号）による改
　正後の行政書士法では行政書士名簿の登録は行政書士会（現行法では日本
　行政書士会連合会）が行なうものとされているが，市町村長は行政書士の
　登録のため行政書士会から照会があつた場合には，これに対しても身元証
　明を与える取扱いとしてさしつかえないと解するがどうか。

答　お見込みのとおり。

（二）　証明してはいけない場合

　①　犯罪人名簿の取扱い

$$\binom{\text{昭和 23. 9. 4 自発第 709 号和歌}}{\text{山県総務部長宛　自治課長回答}}$$

問　各種法令又は規則中に免許あるいは認可を受けようとするものは，法第
　何条何項又は法第何条に該当の有無を証する書面すなわち犯罪に関係のあ
　る証明奥書等を必要とする実例にかんがみ，これらの証明についていかに
　取り扱つたらよいか。

　　昭和 22 年 8 月 14 日付内務省発地第 160 号御通達の趣旨によれば，行政

庁からこの分に対する照会は別途にあるようにも思われるが，一例として国民医療法施行規則第5条によれば申請者の添付すべき書類中にも必要なこととなつており，申請者の方にも書類完備上絶対的なようにもある。

答　犯罪人名簿の取扱については，刑余者の処遇上遺憾なきを期する趣旨をもつて，昭和21年11月12日内務省発地第279号及び昭和22年8月14日発地第160号をもつてそれぞれ各都道府県知事あて通知されたが，御照会の場合は申請者本人に対しては証明書を交付せず，もつぱら経由庁たる知事若しくは厚生大臣の請求があつた場合にのみ証明すべきである。なお，申請者においては，申請書にその旨記載しておけば足りる取扱と承知ありたい。

② 　身元調査に対する犯罪人名簿の取扱い

（昭和29. 4. 19自丁行発第43号和
歌山県総務部長宛　行政課長回答）

問　最近管下市町村に対し，国民金融公庫和歌山支所から身元調の依頼が行われているが，国民金融公庫は行政庁ではなく，また，法律上も公庫職員の資格調査については何ら規定されていないので，昭和21年11月12日付内務省発地第279号，昭和22年8月14日付発地第160号，昭和28年8月24日付自乙発第555号通達等により，該照会には応じられないと解するがどうか。

答　お見込のとおり。

③ 　犯罪人名簿の取扱い

（昭和30. 10. 19自丁行発第138号和
歌山県総務部長宛　行政課長回答）

問　モーターボート競走法に基く競走場，ボート，モーター選手及び審判員登録規則に基き，全国競走会連合会が選手の登録に際して同規則第30条の規定により選手の前科の有無につき市町村に照会があつた場合には，この連合会は行政庁とは認め難いから，該照会に応じられないと解するがど

犯罪人名簿　*361*

うか。

答　お見込のとおり。

④　犯罪人名簿の取扱い

(昭和 32. 10. 24 自丁行発第 185 号)
(千葉県総務部長宛　行政課長回答)

問　身元証明書交付については昭和 21 年 11 月内務省地方局長通牒趣旨昭和
　22 年 8 月，昭和 24 年 10 月右修正通牒がなされている処でこれによつて
　事務の処理に当つているものですが（自己又は他人からの請求に前科等が
　ないという事実を証明する途は，閉されている。）次のような場合如何に
　処理すべきであるか。
　　本籍当管内にある者に対する「民法施行法第 27 条」に該当しない旨の
　証明願を〇〇県教育研究所何某名儀で請求してきた。
　1　右証明書は交付することができない旨をしたため，なお，必要である
　　ならば右研究所の所長（公認のものと思料されるから）から右照会嘱託
　　されるよう書添えて返戻照会した。
　2　次に同請求者から電話で（遠隔地）証明書を出さないのは不当である，
　　他の市町村では交付しているとの叱問である。
　3　所属の長名儀で嘱託照会することはできないその理由は法人組織によ
　　る団体の代表者に過ぎないとのことがある。
　　　〇〇県教育研究所長又は財団法人設立委員代表者何某でもよい旨を答
　　えた。

答　設問の教育研究所の性格が明らかでないが，個人又は私の法人よりの照
　会に対し，前科の有無の回答をしてはならない。なお，民法施行法第 27
　条の規定による剥奪公権及び停止公権はいずれも旧刑法における罪に係る
　ものであり，現在はほとんど適用の余地がないものと思料されるから念の
　ため申添える。

362　第3編　先　例

⑤　国立学校長等の褒章条例に基く犯罪事実の調査

(昭和34. 9. 12 自丁行発第130号)
愛知県総務部長宛　行政課長回答

問　市町村において調製保存している犯罪人名簿は，警察，裁判所等のほか，知事，市町村長等の行政庁から法律上の資格調査のため行う照会に対しては回答して差支えない旨指示されているところでありますが，昭和30年2月9日付文人総第15号文部次官通知によりますと，各国立学校及び私立大学（私立短期大学を含む。以下同じ。）にあつては，褒章条例に基く推せんを，知事を経由せずに文部大臣に対して行つても差支えない取扱とされておりますので，これに基き国立学校長，私立大学長から，犯罪の有無の照会があつた場合回答すべきかどうか，いささか疑義がありますので，何分の御教示をお願いします。

　なお，公立大学長から叙位，叙勲の内申のため照会があつた場合には，如何に取扱うべきか併せて御教示願います。

答　いずれも法令に基く行政庁の資格調査とは認められない。

⑥　弁護士会から身元照会があつた場合

(昭和36. 1. 31 自治丁行発第7号)
愛知県総務部長宛　行政課長回答

問　市町村長の調製保存する犯罪人名簿は，選挙資格を調査するためのものであるとともに，従来からの自治省通達により警察，裁判所のほか都道府県知事，市町村長等の行政庁が法律上の資格調査のために行なう照会に対しては格別，一般の身元照会等には回答しない取扱いとする旨指示されているところでありますが，今般熱田区長あて東京弁護士会会長から弁護士法第23条の2の規定により照会がありました。これが照会については前記諸通達の主旨から回答できないものと解してよろしいでしようか。

答　お見込のとおり。

犯罪人名簿　　*363*

⑦　犯罪人名簿に基づく身元調査

（昭和 42. 2. 14 自治行第 12 号宮）
（城県総務部長宛　行政課長回答）

問　最近都道府県の人事委員会又は警察本部等から職員の採用予定者の資格
調査を行なうため，次のような事項について，関係市町村に対して照会が
なされておりますが，本来犯罪人名簿に基づく身元調査に関する照会は，
昭和 21 年 11 月 12 日付内務省発地第 279 号各地方長官あて地方局長通知
等により警察等の司法関係庁のほか人事院，都道府県知事，市町村長等の
行政庁が職員の採用等につき法律上の資格調査を行なう必要がある場合に
限られるものとされているので，下記事項のうち(1)および(4)については，
地方公務員等の関係法令の欠格事由に該当するものでもなく，また市町村
長の調査権限の範囲をこえるものであるから，これらについて回答する必
要はないと解してよろしいでしようか。

記

(1)　起訴又は逮捕されたことがありますか。

(2)　処罰されたことがありますか。

(3)　禁治産，準禁治産の宣告を受けたことがありますか。

(4)　本人の父母，兄弟姉妹，祖父母等に(1)および(2)に該当する者がありま
すか。

(5)　破産の宣告を受けたことがありますか。

答　お見込みのとおり。

⑧　犯罪人名簿の取扱い

（昭和 47. 7. 31 自治行第 59 号青森）
（県総務部長あて　行政課長回答）

問　次の刑罰を受けた者から，就職のため身分証明願が提出されましたが，
証明してよろしいか。

　　　刑名，刑期　　　　懲役　1 年 6 ヶ月

　　　刑執行猶予期間　　3 年

364 第3編 先 例

　刑確定年月日　　　昭和43年7月6日

答　刑の有無に関係なく，個人からの照会に対して回答してはならない。

著 者 略 歴

冨 永 康 雄 （とみなが やすお）

栃木県生まれ
早稲田大学卒業
東京地方検察庁，東京高等検察庁，最高検察庁，公正取引委員会，法務省刑事
局総務課補佐官（検務担当），法務総合研究所等を経て横浜地方検察庁事務局
長を最後に退官し，現在検察協会常務理事

五訂版　前科登録と犯歴事務

定価：本体 3,900 円（税別）

平成 4 年 7 月 11 日　初 版 発 行
平成 28 年 9 月 20 日　五訂版発行

著　者　冨　永　康　雄

発行者　尾　中　哲　夫

発行所　日 本 加 除 出 版 株 式 会 社

本　　社　郵便番号 171 - 8516
　　　　　東京都豊島区南長崎 3 丁目 16 番 6 号
　　　　　Ｔ Ｅ Ｌ　（03）3953 - 5757（代表）
　　　　　　　　　　（03）3952 - 5759（編集）
　　　　　Ｆ Ａ Ｘ　（03）3953 - 5772
　　　　　Ｕ Ｒ Ｌ　http://www.kajo.co.jp/

営　業　部　郵便番号 171 - 8516
　　　　　東京都豊島区南長崎 3 丁目 16 番 6 号
　　　　　Ｔ Ｅ Ｌ　（03）3953 - 5642
　　　　　Ｆ Ａ Ｘ　（03）3953 - 2061

組版・印刷　㈱亨有堂印刷所　／　製本　牧製本印刷㈱

落丁本・乱丁本は本社でお取替えいたします。
©YASUO TOMINAGA 2016
Printed in Japan
ISBN978-4-8178-4333-3　C2032　¥3900E

JCOPY　〈出版者著作権管理機構　委託出版物〉
本書を無断で複写複製（電子化を含む）することは，著作権法上の例外を除き，禁じられています。複写される場合は，そのつど事前に出版者著作権管理機構（JCOPY）の許諾を得てください。
また本書を代行業者等の第三者に依頼してスキャンやデジタル化することは，たとえ個人や家庭内での利用であっても一切認められておりません。

〈JCOPY〉 ＨＰ：http://www.jcopy.or.jp/, e-mail：info@jcopy.or.jp
電話：03-3513-6969，ＦＡＸ：03-3513-6979

月刊誌のご案内

昭和59年「住基時報」として創刊
全国の市町村を結ぶ実務研究情報誌

住民行政の窓

編集協力　市町村自治研究会

A5判　本体619円＋税

● 住民基本台帳・マイナンバー関連等の最新の情報や解説をはじめ、各自治体のマイナンバー制度導入の取組事例やコンビニ交付サービスの実施状況、取組内容等を紹介。

● 示唆に富んだ論壇、全国市町村長によるコラムや市町村の紹介、地形図でたどる日本の風景等、充実した最新の記事を収録。

昭和33年創刊
戸籍実務に欠かせない法律実務専門誌

戸籍時報

戸籍時報編集部

A5判　本体600円＋税

● 最新の法令・通達の解説から、家事事件における重要判例の紹介、親族相続等の家族法研究の論説・解説を掲載。

● 外国身分法の邦訳・解説等、渉外実務に不可欠な情報も充実。

ご購入方法	お電話またはFAX、ホームページにてご購入いただけます。
定期購読	最新号を毎月お届けする定期購読もお申込みいただけます。詳しくはお問合せください。
バックナンバー	在庫につきましては、お問合せください。ホームページでもご案内しております。

日本加除出版

〒171-8516　東京都豊島区南長崎3丁目16番6号
TEL（03）3953-5642　FAX（03）3953-2061（営業部）
http://www.kajo.co.jp/